Reinhard K. Sprenger

An der Freiheit des anderen kommt keiner vorbei

Das Beste von Reinhard K. Sprenger

Mit Illustrationen von Daniel Balzer

Campus Verlag
Frankfurt/New York

MIX
Papier aus verantwortungsvollen Quellen
FSC® C014889
FSC
www.fsc.org

ISBN 978-3-593-39927-0

Umschlaggestaltung: Anne Strasser, Hamburg
Satz: Fotosatz L. Huhn, Linsengericht
Gesetzt aus: Scala, Sabon und Futura
Druck und Bindung: Friedrich Pustet KG, Regensburg
Printed in Germany

Dieses Buch ist auch als E-Book erschienen.
www.campus.de

INHALT

Vertrauen

Motivation

VORWORT VON REINHARD SPRENGERS VERLEGER

Freiheit, Selbstverantwortung, Vertrauen ein praxisgerechtes Verständnis von Motivation: Das sind die vier Säulen des Denkens von Reinhard Sprenger, wobei er die Freiheit über alles andere stellt und die Notwendigkeit von Selbstverantwortung und Vertrauen daraus ableitet – deshalb der Titel dieses Buches. Durch diese Herleitung und Kombination, geschrieben im einzigartigen Sprenger-Stil, unterscheiden sich seine Inhalte von denen aller anderen Management- und Führungsdenker und machen seine Einmaligkeit, seine Unverwechselbarkeit, seine Wichtigkeit und Relevanz aus.

Entsprechend sind Freiheit, Selbstverantwortung, Vertrauen und Motivation auch die vier Säulen dieser Auswahl der besten Passagen aus Reinhard Sprengers Werken. Für uns bei Campus ist es ein Privileg, sie ihm zu seinem 60. Geburtstag vorzulegen und überhaupt mit ihm zusammenzuarbeiten. Er ist ein in jeder Hinsicht herausragender Autor.

Unsere Zusammenarbeit kam dadurch zustande, dass ich ihn wegen eines Zeitschriftenbeitrags angeschrieben habe. Daraus entstand im Jahr 1991 sein erster Bestseller mit dem Titel *Mythos Motivation*, ein Standardwerk bis auf den heutigen Tag. In den seither vergangenen mehr als 20 Jahren haben wir weitere sieben Bücher von ihm verlegerisch betreut (von den dazugehörigen Hör- und elektronischen Büchern ganz zu schweigen). Gekrönt wurde diese Erfolgsserie von seinem letztjährigen Bestseller *Radikal führen.*

Campus und ich haben Reinhard Sprenger viel zu verdanken, auch über den wirtschaftlichen und profilbildenden Erfolg seiner Bücher hinaus. In unserer Verlagspraxis und in der vieler anderer Unternehmen haben sich seine Prinzipien bewährt: Mitarbeitern ein Maximum an Freiheit zu geben und ihnen Vertrauen entgegenzubringen. Auch wir versuchen, das von Sprenger postulierte Prinzip Selbstverantwortung mit dem Leitmotiv »Die Entscheidungskompetenz folgt der Sachkompetenz« zu leben. Unsere Entscheidungswege, die Wege eines konzernunabhängigen, inhabergeführten Verlags, sind kurz, damit die Vernunft nicht auf der Strecke bleibt. Wir halten viel von Vertrauen, von Freiheit, davon, Menschen die Wahl zu lassen, von Verhandlungen – obwohl autoritäre Lösungen manchmal leichter zu sein scheinen. Auch deshalb sagen oft Besucher, die in die Verlagsräume kommen: »Bei euch ist es lebendig, man spürt die Neugier und das Interesse über den eigenen Aufgabenbereich hinaus.« Das ist ein großes Kompliment und nicht zuletzt Reinhard Sprengers Prinzipien zu verdanken.

Jedes der Werke von Reinhard Sprenger hat mir helle Lichter für meine Unternehmenspraxis aufgesetzt. Für mich ist es eine Ehre, Ihnen diese Auswahl aus seinen

Werken vorzulegen – vom unstrittig wichtigsten Experten für Mitarbeiter- und Unternehmensführung im deutschsprachigen Raum.

Thomas Carl Schwoerer
Frankfurt, im Mai 2013

101
102
104
107
90°
60°
0°
30°
60°
90°
SOUTH
ATLANTIC
COLONIAL POSS
COMMERCIAL
90°
60°
12 /

FREIHEIT

Wovon träumen Sie? Vom nächsten Urlaub, von der nächsten Gehaltserhöhung, von der neuen Liebe, die so ganz anders wäre als die alte? Die Antwort auf Fragen wie diese fällt meistens leicht. Es genügt ein Blick in die Werbe-Einblendungen des Vorabendprogramms, um ein Bild davon zu gewinnen, wovon die meisten Menschen träumen: von dem, was sie *nicht* haben. Warum aber leben sie ein Leben, das sie offenbar nicht leben wollen? Auch darauf fällt die Antwort selten schwer: weil eben die Umstände so sind, wie sind; weil man morgens eben zur Arbeit muss und wegen der Kinder und so fort. Die Entfernung zwischen dem Leben, wie es sein könnte, und dem, wie es ist – für viele ist sie so groß wie die Entfernung vom Andromeda-Nebel zur Erde.

Dies gilt besonders für die Arbeitswelt. Wie anders ist es zu erklären, dass die Umfragen zur Zufriedenheit im Job alljährlich zu erschreckenden Ergebnissen kommen: Jeder Zweite macht nur Dienst nach Vorschrift, jeder Dritte hat innerlich gekündigt, die Chefdiffamierungsbücher boomen. Die Unternehmen scheinen von Zombies bevölkert, die Tag für Tag an ihrem Arbeitsplatz erscheinen, ohne dort je anzukommen oder innerlich anwesend zu sein.

Bekanntlich ist es der Platonische Sokrates, der die Frage, »wie man leben soll«, erstmals ausdrücklich für sich selbst stellt und es ablehnt, darauf eine generelle, unterschiedslos auf alle Menschen zutreffende Antwort zu geben. Es ist der jeweils individuelle Mensch, der nach seinem Weg im Leben sucht. Wäre es anders, bräuchte von Individuum gar keine Rede zu sein. Doch in einer Gruppe, in der Gesellschaft, so die Theorie, sind Einzelne immer bestrebt, ihr Verhalten den Normen und Erwartungen ihres sozialen und kulturellen Umfeldes anzupassen. Wir folgen deshalb selten unseren eigenen Wegen, sondern stattdessen den Mustern, denen eben alle anderen auch folgen. Das spart Zeit, Nerven und die Auseinandersetzung mit schwierigen Fragen. Es hat aber auch Nachteile.

Die Vervielfachung von Angeboten, die Pluralisierung von Werten vergrößern die Möglichkeiten der Selbstbestimmung, der Individualität. Im Gegenzug erhöhen sie die Anforderungen an die Fähigkeit des Einzelnen, seine Werte zu erkennen und ihnen entsprechend zu handeln. Was würden Sie tun, wenn Sie wüssten, dass Sie nur noch zwei Jahre zu leben hätten? Sie würden sehr wahrscheinlich anfangen, das zu tun, was Ihnen wichtig ist, und die Dinge ignorieren, von denen Ihnen andere gesagt hatten, dass Sie sie tun sollen und dass sie wichtig sind. Sie würden sich bewusst entscheiden, sich ans Steuer Ihres Lebensautos setzen und bestimmen, wohin Ihr Leben »führt«.

Jede Wahl, die wir treffen, ist ein Zeugnis für unsere Autonomie, für unser Gefühl der Selbstbestimmung. Fast jeder Politik-, Sozial- oder Moralphilosoph in der abendländischen Tradition seit Platon hat solcher Autonomie eine besondere Bedeutung eingeräumt. Und mit jeder neuen Ausweitung der Wahlmöglichkeiten erhalten wir noch mehr Gelegenheit, unsere Autonomie auszuüben und damit unseren Charakter unter Beweis zu stellen. Wir können heute im Vergleich zu früheren Generationen weitaus freier über unser Leben bestimmen, wissen aber nicht mehr genau, was für eine Art Leben wir führen wollen. Hier beginnt das Problem mit der Freiheit. Denn jede Entscheidung für das eine ist zugleich eine Entscheidung gegen das andere. Was man tut, kann man auch unterlassen. Das ist eine Entscheidung – und sie liegt bei jedem Einzelnen. Zugespitzt haben es die Existenzialisten so formuliert: Der Mensch ist zur Freiheit verdammt.

Was den »freien Menschen« ausmacht, ist nicht die Maximierung seiner Möglichkeiten, sondern das Bewusstsein seiner Wahlentscheidungen und die Bereitschaft, Verantwortung für die Konsequenzen dieser Entscheidungen zu übernehmen, die Kosten, die mit jeder Wahl verbunden sind, anzuerkennen. Während äußere Freiheit eine Größe ist, die sich aus rechtlichen, sozialen und politischen Umständen zusammensetzt, beschreibt innere Freiheit einen Zustand, in dem der Mensch seine eigenen ihm zur Verfügung stehenden Möglichkeiten nutzt, um auszuwählen. Darin liegt seine Freiheit. Und mit ihr die Voraussetzung für ein gelingendes Leben.

DIE MACHT DER WAHLFREIHEIT

Ein Tag wie jeder andere

Mittwochmorgen. Sie sind gerade aufgestanden, und das einzig Ausgeschlafene in diesem Moment ist die »Einen wunderschönen guten Morgen!«-Stimme der Radiomoderatorin, die das heutige Telefonspiel erklärt. Eine Reise nach Mauritius können Sie gewinnen, wenn Sie jetzt ganz schnell anrufen und den Werbespruch des Senders vorsingen. Auf Mauritius, tja, da wäre es jetzt wärmer. Dort bräuchten Sie nicht den Bericht zu schreiben, den der Chef Ihnen gestern zur »Überarbeitung« wieder auf den Schreibtisch gelegt hat. Und es würden nicht diese gelben Klebezettel an der Tür hängen: »Stromrechnung überweisen!«, »Leere Flaschen wegbringen!« Der Wasserhahn tropft, und Sie erinnern sich dunkel, dass Sie sich schon vor drei Wochen darum kümmern wollten.

Ein Tag, nicht besser oder schlechter als die meisten in Ihrem Leben. Wenn Sie nach Hause kommen, werden Sie auf die immer gleiche Frage »Wie war's heute im Büro?« die gleiche Antwort wie gestern und an den Tagen zuvor geben: »Wie immer.«

Vielleicht haben Sie sich früher einmal alles anders

vorgestellt. Aber das ist lange her. Es hat sich halt so ergeben. Fast wie von selbst. Inzwischen wissen Sie, dass »man sich nach der Decke strecken muss«. Sie funktionieren. Nur manchmal, wenn zusätzlich der Wagen nicht anspringt, der Mantel sich in der Autotür verklemmt und der Hausmeister Sie zum zehnten Mal daran erinnert, das Garagentor zu schließen, möchten Sie das alles abschütteln wie ein nasser Hund den Regen. Von wegen Mauritius!

Neben vielen kleinen Dingen, die einem das Leben schwer machen, gibt es noch die wirklich belastenden Probleme: Vor Kurzem ist auch in Ihrem Unternehmen der Begriff Stellenabbau gefallen. »Sie wissen ja, wir sind in unserem Unternehmen eine große Familie. Und nun hat unser Familienoberhaupt einen Beschluss gefasst: Sie werden bald das Nest verlassen müssen.« Wen wird es zuerst treffen? Welche Zukunft erwartet Sie, wenn Sie den Schwarzen Peter ziehen? In diesen Zeiten scheint es auf jeden Fall klug, sich ruhig zu verhalten und nicht unangenehm aufzufallen. Vielleicht hätten Sie vor einem Jahr die Stelle in München annehmen sollen, die Ihnen angeboten worden war. Damals dachten Sie aber an die Kinder, denen Sie einen Umzug nicht zumuten wollten (sie hatten sich gerade gut eingewöhnt, die lang ersehnten Freunde gefunden – es ging einfach nicht!). Außerdem war da das Häuschen, das Sie wenige Jahre zuvor gekauft und gerade fertig eingerichtet hatten.

Vielleicht sind es auch andere Lebensumstände, die Sie beschäftigen: Sie hetzen von einer Verpflichtung zur anderen und reiben sich auf. In Ihrer Beziehung kriselt es schon seit längerer Zeit. Die Kredite auf das Haus müssen abbezahlt werden. Die Schwiegermutter ist ein Pflegefall. Auf die Pflegestation eines Altenheims wollen Sie sie nicht abschieben, aber Sie haben schon länger keinen richtigen Urlaub mehr gemacht. Da sind möglicherweise die Folgen einer früheren Heirat. Die Unterhaltszahlungen. Als Alleinerziehende: Kochen, Waschen, Kinder betreuen, Geld verdienen. Vielleicht macht es Ihnen auch einfach zu schaffen, dass Sie die großen Ziele aufgegeben haben und Ihre Lebensträume nun im Kino verwirklicht sehen.

»Ja, wenn …«, fangen Sie dann an und zählen all die Umstände, Sachzwänge, Verpflichtungen auf, aus denen die Routine Ihres Alltags besteht und auf die Sie am liebsten sofort verzichten würden. Eine lange Liste? Und eins passt irgendwie zum anderen? Bis Sie am Ende wieder überzeugt sind, dass das alles so sein muss und Sie gar nicht anders können? Nicht, weil Sie es so wollen, sondern weil »die Umstände« so und nicht anders sind?

Ich möchte Ihnen einen Gedanken zumuten, der – anstelle einer Antwort, wie Sie dieses oder jenes Detail in Ihrem Leben abändern könnten – auf den Ausweg verweist und Ihnen das zurückgibt, was Sie brauchen, um der Unzufriedenheit zu entkommen: Wahlfreiheit. Dieser Gedanke lautet: *Sie haben Ihr Leben, so wie es jetzt ist, frei gewählt.* Diesen Alltag, diesen Job, diesen Chef, diese Kollegen, diese Wohnung, diese Stadt, diesen Partner (oder auch Ihr Single-Dasein) – all das und alle anderen Umstände sowie Begleitumstände Ihres Lebens: Sie haben sie gewählt. Dafür sind Sie verantwortlich. Und nur Sie. Egal, welche Motive Sie hatten, einerlei, was Sie bewog: Sie haben es sich ausgesucht.

Sie haben *alles*, was jetzt ist, entschieden und damit selbst gewählt – und Sie können all dies auch wieder abwählen. Dafür wäre dann wieder ein Preis zu zahlen. Wie hoch der ist, entscheiden nur Sie selbst.

So lässt sich unsere Wahlfreiheit zusammenfassen:

1. Sie können alles tun.
2. Alles hat Konsequenzen.

Einfache, klare Sätze. Aber offenbar schwer verdaulich. Ich habe bis heute nahezu ausschließlich Menschen kennen gelernt, die zwar – einerseits – *alles tun wollen*, aber – andererseits – *den Preis dafür nicht zahlen wollen.* Mit jeder Wahl sind aber zwangsläufig bestimmte Auswirkungen verbunden, die wir gleichzeitig mitwählen. Es gibt keinen Trick in der Welt, der es uns erlaubt, diesen Konsequenzen auszuweichen. Aber genau das scheinen alle zu erwarten. Und wenn das nicht gelingt, nicht gelingen *kann*, fangen sie an zu jammern.

Ein wunderbares Geschenk

Jede Ameise weiß, was sie zu tun hat, sobald sie dem Ei entschlüpft ist. Sie hat – wie alle Tiere – ein festes Programm, nach dem sie lebt. Sie hat einen Instinkt, der ihr auf jeden Reiz unverrückbar die Reaktion vorgibt.

Anders der Mensch. Er folgt keinem Schema F. Er wird nicht einfach von Instinkten gesteuert. Er ist frei – das heißt, er kann wählen, was er in einer bestimmten Situation tut. Ein Tier verhält sich, der Mensch handelt. Eigentlich ein wunderbares Geschenk, oder?

Das Problem ist: Die meisten Menschen haben vergessen, dass sie *wählen.* Sogar täglich wählen. Sie vergessen einfach, dass sie sich für diese Lebensumstände täglich neu entscheiden. Dass sie sie auch abwählen könnten, wenn sie wollten, und es aus Gründen nicht tun, *für die nur sie selbst verantwortlich sind.* Dass sie diesen Ehepartner, der vielleicht schon länger nicht mehr ihre Leidenschaft entfacht, jeden Tag wieder und wieder wählen. Dass sie zu diesem Chef, über den sie sich mit periodischer Regelmäßigkeit bis zur Weißglut ärgern, jeden Tag Ja sagen. Ebenso zu dem Stau, in dem sie jeden Morgen stehen. Die Vereinskollegen, die so furchtbar lahm sind und überhaupt nicht aus den Sträuchern kommen – sie wählen sie täglich. Ihr Übergewicht, auch das wählen sie täglich. Das Gehalt, das natürlich immer ein wenig zu niedrig ist, auch das wählt jeder Einzelne von uns an jedem Letzten oder Ersten des Monats.

Ein Beispiel: Sie sollten eigentlich die Unterlagen für die Versicherung bearbeiten, die schon vergangene Woche angemahnt wurden. Stattdessen lesen Sie dieses Buch. Was Sie momentan *eigentlich* tun wollen, ist – dieses Buch zu lesen! Wenn Sie etwas »eigentlicher« wollten, würden Sie es tun. Mehr noch: Es gibt in Ihrem Leben im Augenblick nichts Wichtigeres, als dieses Buch zu lesen.

Eine etwas vollmundige Behauptung? Prüfen Sie den Gedanken: Wenn es etwas Wichtigeres gäbe, würden Sie es schlicht tun. Sie würden keine Sekunde zögern. Sie würden jetzt das Buch zur Seite legen. Niemand könnte Sie aufhalten. Wenn Sie also weiterlesen, dann haben Sie Preise verglichen, sich *entschieden*, es sich ausgesucht.

Das, was Ihr Leben im Moment ausmacht, ist der Weg, den Sie gewählt haben. Es gibt immer auch einen anderen Weg, etwas zu tun. Meistens auch mehr als einen. Doch viele halten an einer Methode fest, ein Ziel zu erreichen oder ein Problem zu lösen. Sie kommen gar nicht auf die Idee, einen anderen, vielleicht den *eigenen*, den besonderen Weg zu gehen. Statt es auf eine alternative Weise anzugehen, verdoppeln sie ihre Anstrengungen. Und wenn es dann nicht funktioniert, resignieren sie. Schließlich geben sie auf. Dabei liegt die Wahl immer in ihrer Hand.

Hinter selbst gewählten Gittern

Viele Angestellte rechtfertigen beispielsweise ihre Versetzung in eine andere Stadt oder gar in ein anderes Land gegenüber ihrer Familie oft damit, dass sie »keine andere Wahl« gehabt hätten. Ich will nicht Entscheidungsprozesse verharmlosen, die persönlich oft als dramatisches Wechselbad der Gefühle erlebt werden. Ich kenne diese innere Zerrissenheit aus eigener Erfahrung und weiß, wie belastend sie ist. Wenn sie sich aber so entschieden haben und was immer sie dabei auch empfinden: Sie haben die Ansprüche ihrer Familie abgewählt zugunsten der Ansprüche ihres Unternehmens.

Vielleicht bedroht diese Klarheit ihr Rollenverständnis vom guten Vater oder von der guten Mutter. Schließlich wollen sie als fürsorglicher Elternteil gelten. Da ist es naheliegend, auf einen bekannten Trick zurückzugreifen: Die anderen werden Verständnis haben, wenn sie erzählen, dass sie doch letztlich keine Wahl hatten. Doch! Die hatten sie. Sie wollen aber für ihre Entscheidung nicht geradestehen. Wie Kinder, die glauben, nicht gesehen zu werden, wenn sie die Augen schließen.

Auf einer Zugfahrt kam ich mit einem städtischen Beamten ins Gespräch, der sich über die weitaus besseren Verdienstmöglichkeiten in der Wirtschaft beklagte. Ich wandte ein: »Als Sie Beamter wurden, wussten Sie doch, dass Sie mit dieser Wahl das Gelübde auf lebenslange Armut abgegeben haben. Außerdem können Sie doch jederzeit Ihren Beamtenstatus aufgeben und sich einen Job in der Wirtschaft suchen.« »Aber die Arbeitsplatzsicherheit, der Leistungsdruck, die Pension ...«

»Darf ich es in meinem Leben so haben, wie ich es gerne hätte?« Sie haben es so! Auch wenn es sich noch so hart anhört: Sie sind nicht gezwungen worden, Ihr Leben in der gerade praktizierten Form zu leben. Dem liegen Entscheidungen und damit abgelehnte Alternativen zugrunde. Mögen diese auch noch so abwegig sein. Immer dann, wenn Sie anfangen, über etwas zu lamentieren – dann haben Sie vergessen, dass Sie es sich ausgesucht haben.

Preisvergleich

»Ich möchte dich gerne heiraten«, sagt die Frau zu ihrem Geliebten. »Glaube mir, ich wünsche mir nichts sehnlicher auf dieser Welt. Aber ich kann mich nicht von meinem Mann trennen. Er würde es nicht überstehen. Er braucht mich. Ohne mich kann er nicht leben.« Worte, die in so manchem Liebesdrama fallen und die Sie so ähnlich vielleicht auch schon einmal gehört haben. Jedoch: *Kann* sich diese Frau nicht trennen? Ist es nicht die Loyalität gegenüber ihrem Mann und ihre Sorge um sein Wohlbefinden, die sie bei ihm bleiben lassen? Hat sie sich nicht *für* bestimmte Werte und *gegen* andere entschieden?

Alle Menschen wollen ein gutes, ein gelungenes Leben führen. Aber nur wenige sind bereit, den Preis zu zahlen, der in der Regel dafür fällig ist. Sie sind nicht bereit, das Opfer zu bringen. Sich anzustrengen. Etwas anderes hintanzustellen. Eventuell sogar Regeln zu brechen, die ihnen Tradition und Erziehung mit auf den Weg gegeben haben. Wie oft träumen wir davon, alles stehen und liegen zu lassen: das langweilige Vorstadtdasein, die freudlose Arbeit, den Chef, der nicht sieht, was wir leisten, und stattdessen permanent Druck macht. Wäre es nicht toll, einfach einen Schnitt zu machen? Noch einmal völlig neu anzufangen? Am besten an einem anderen Ort? Wir spüren, welche Potenziale noch in uns schlummern und wie viel Energie wir freisetzen würden, wenn wir genügend Freiraum hätten.

Gerade Menschen in der Lebensmitte leiden häufig unter einer Art »Festlegung«: Wenn nichts Entscheidendes geschieht, werde ich die mir verbleibenden Lebensjahre auf die immer gleiche Weise verbringen. Alle Entscheidungen sind getroffen. Meine Ehe ist so, wie sie ist; mein Beruf steht ebenso fest … Zweifel nagen: War das alles richtig so? Hätte ich Besseres erreichen können, wenn ich mich anders entschieden hätte? Ist es jetzt zu spät, die Weichen neu zu stellen? War das jetzt schon alles?

Auch wenn es sich seltsam anhört: In jeder Sekunde unseres Lebens sind wir frei, alles über den Haufen zu werfen und neu zu beginnen. Dennoch schöpfen die meisten Menschen diese Freiheit nur selten aus, ja sie sind sich ihrer Freiheit gar nicht bewusst. Der Preis scheint zu hoch. Aber sind die Folgen einer Neuentscheidung wirklich so schrecklich? Was würde schlimmstenfalls passieren, wenn Sie einen Strich zögen und zum Beispiel Ihren Job hinwerfen würden? Erwartet Sie die Arbeitslosigkeit? Fürchten Sie Statusverlust, einen Karriereknick? Würden Sie die Selbstachtung verlieren, weil Sie glaubten, versagt zu haben? Hätte das Wohlleben ein Ende? Müssten Sie vielleicht Ihr Auto verkaufen?

Oder was würde geschehen, wenn Sie jemandem die Freundschaft aufkündigten? Wenn Sie ihm in aller Deutlichkeit sagten, dass Sie mit ihm nichts mehr zu tun haben wollen? Oder: Was, meinen Sie, wären die Folgen, wenn Sie etwas täten, das niemand in Ihrem Freundeskreis oder Ihrer Familie von Ihnen erwartet hätte? Fürchten Sie Liebesverlust? Dass die anderen Sie nicht mehr mögen? Wenn das zutrifft, dann ist es Ihnen wichtiger, als Ihr eigenes Leben zu leben. In Ordnung, dafür haben Sie sich entschieden.

Ich argumentiere hier nicht moralisch. Mir geht es um die Definition des Preises. Niemandem steht es an, für jemand anderen zu definieren, dass dieser oder jener Preis höher oder niedriger zu bewerten sei. Das ist ausschließlich eine Frage der persönlichen Einschätzung.

Wofür der eine seinen Job kündigt, ringt dem anderen nur ein müdes Lächeln ab. Wofür der eine sein Leben hingibt, gilt dem anderen nichts. Auch wer sich umbringt, wählt die – aus seiner Sicht – bessere Alternative. Wenn Sie aber mit allen Gegebenheiten in Ihrem Alltag leben können, nur zum Beispiel nicht mit der Tatsache, dass Ihre Wohnung an einer viel befahrenen Straße liegt, dann gibt es Hunderte von Wohnungen, die ruhiger gelegen sind. Sie können dort hinziehen. Dafür ist dann ein Preis fällig. Auch wenn Sie mit allen Umständen in Ihrem Job leben können, nur nicht mit der Tatsache, dass Sie zu wenig Geld verdienen, dann gibt es zahlreiche Alternativen, die Ihnen ein Vielfaches einbringen. Auch dafür ist dann ein Preis fällig. Der neue Job ist vielleicht nicht so angenehm oder liegt in einer anderen Stadt und setzt sogar die Trennung von Ihrer Familie voraus. Vielleicht verlangt er Ihnen auch ab, sich die Hände schmutzig zu machen oder gar Ihre Haut zu Markte zu tragen. Das wollen Sie nicht? Dann ist es Ihnen auch nicht wichtig genug, mehr Geld zu verdienen. Dann haben Sie sich dagegen entschieden.

Grundsätzlich gilt:

Wer sagt: »Ich kann nicht«, der will nicht.

»Das ist doch Theorie!« Ist es das? Alles nur Theorie? Das Argument trifft daneben, wobei ich weit entfernt bin, jemandem zu empfehlen, er solle seinen Job aufgeben. Viele Menschen indes haben sich im Laufe der Jahre derart im Wohlstand eingerichtet, dass schon allein die Verlustangst zur Zwangsjacke und die Freiheit der Wahl vergessen wird.

Konsequent gedacht: Man ist nicht bereit, die Annehmlichkeiten zu opfern, auf der anderen Seite aber bereit, täglich zu einem verhassten Arbeitsplatz zurückzukehren und sich schikanieren zu lassen. *Dieser* Preis wird gezahlt, der andere nicht. Das ist die Entscheidung. Sie hätte auch anders getroffen werden können.

Die kalten Duschen des Lebens

Oft erscheint nichts schwieriger, als eine klare, bewusste Entscheidung zu treffen. Wir werden kaum alle Auswirkungen unserer Entscheidung gedanklich vorwegnehmen können. Wir sind fast immer gezwungen, aufgrund unvollständiger Informationen zu wählen. Die vielen Möglichkeiten liegen gewissermaßen hinter einer Milchglasscheibe. Oder, wie der Philosoph Immanuel Kant es einst ausdrückte: »Die Notwendigkeit zu entscheiden übersteigt die Möglichkeit zu erkennen.« Warten auf uns vielleicht hinterher noch mehr Probleme als vor unserer Entscheidung?

Außerdem sind wir natürlich äußeren Einflüssen ausgesetzt. Wählen ist natürlich nur im Rahmen der Naturgesetze möglich; wir können das Gravitationsgesetz nicht außer Kraft setzen. Und die wenigsten von uns leben einsam auf einer Insel. Wir sind soziale Wesen und brauchen andere, um unsere Ziele zu erreichen. Nicht zuletzt stoßen uns Ereignisse zu, die nicht im Bereich unserer Kontrolle liegen: politische, wirtschaftliche, gesundheitliche. Oft tun wir uns auch einfach nur schwer mit den Konsequenzen unserer Entscheidungen. Sie sind nicht immer vorhersehbar und vor allem nicht immer angenehm. Ja, es gibt sie, die kalten Duschen des Lebens. »Das habe ich nicht gewählt«, protestieren wir dann, »das ist mir zugestoßen!« Mag sein.

In einem erweiterten Sinne haben Sie aber die Konsequenzen Ihrer Wahl *der Möglichkeit nach* alle mitgewählt. Das Leben ist immer lebensgefährlich. Der Philosoph Martin Heidegger schreibt: »Wenn der Mensch geboren ist, ist er bereit zu sterben.« Wenn ich bei einem Erdbeben von der herabstürzenden Zimmerdecke erschlagen werde, so geht dem – so absurd es zunächst auch klingen mag – die Wahl voraus, in überdachten Räumen zu leben. (Einige Naturvölker weigern sich deshalb, Häuser zu betreten.) Oder die Klage über den sogenannten »Zufall«, dass jemand an der nächsten Straßenecke überfahren wurde. So tragisch und traurig das im Einzelfall sein mag: Wenn jemand gewählt hat, am Straßenverkehr teilzunehmen, hat er grundsätzlich auch die Möglichkeit mitgewählt, überfahren zu werden.

Das mag manchem zu allgemein und grundsätzlich sein. Aber Sie werden sich kaum dem Gedanken verschließen können, dass Sie zumindest verschiedene Wahlmöglichkeiten haben, auf die Ereignisse zu *reagieren*. Dass Unvorhersehbares auftritt, mag nicht Ihre Wahl sein. Wie Sie darauf reagieren, schon.

DER MYTHOS DER SACHZWÄNGE

Wer sitzt am Steuer?

Wer sitzt am Steuer Ihres Lebensautos? Sie selbst oder Ihr Chef? Sie oder Ihr Ehepartner? Sie selbst oder das Geld, das Schicksal, die Verhältnisse? Lassen Sie »die Umstände« steuern? Oder sind Sie gar Opfer einer mächtigen internationalen Verschwörung mit dem Namen »die anderen«?

Sachzwänge scheinen besonders geeignet, der Freiheit eine Absage zu erteilen. Denn wer sich dem Sachzwang beugt, tut, was zu tun ist, beziehungsweise lebt so, wie alle leben. Man will ja kein Außenseiter sein. In der Tat ist der Weg der Notwendigkeit viel gebahnter als der der Freiheit. Das ist vertrautes Gelände, die Sicherheit des Bewährten. Aber gibt es Sachzwänge wirklich? Ist der Hinweis darauf nicht vielmehr eine Denkfaulheit, Bequemlichkeit, ein vorgeschobenes Argument? Meine These ist:

Es gibt keine Sachzwänge.

»Ich hatte doch damals keine Wahl!«, heißt es empört, und schnell sind sie zur Stelle: Familie oder Immobilie. Vielen ist einfach nicht bewusst, dass sie gewählt haben. Sie bauen sich über Jahre und Jahrzehnte ihre Lebensumstände zusammen, als deren Opfer sie sich danach erleben. Richtig aber ist: Alles, was im Augenblick ist und geschieht, ist die Folge von Entscheidungen, die Sie irgendwann vorher in Ihrem Leben getroffen haben – ob Ihnen das nun gefällt oder nicht. Sie haben vielleicht nicht auf genau dieses Ergebnis gezielt, das mag sein. Aber dennoch ist es eine Konsequenz Ihrer früheren Entscheidung. Vielleicht haben Sie diese Entscheidung auch nicht sehr bewusst, nicht sehr aufmerksam, nicht in klarer Sicht der Alternativen getroffen und halten sie deshalb nicht für eine Entscheidung. Oder die abgewählte Alternative erschien Ihnen so absurd, dass Sie sie nicht wirklich in Erwägung gezogen, nicht wirklich ernsthaft geprüft haben. Diesem »Nicht-wirklich-in-Erwägung-Ziehen« ist aber schon immer eine Wahl vorausgegangen, die meist eine Entscheidung für ganz bestimmte Werte oder Lebensweisen beinhaltete. So wurde Ihre Berufswahl vielleicht vom Gedanken beeinflusst: »Bei einem anderen Job droht mir später doch die Arbeitslosigkeit.« Das schien Ihnen keine »wirkliche« Alternative, die Sie hätten wählen können, weil Sie zuvor schon eine Entscheidung für ein Leben »jenseits der Sozialhilfe« getroffen hatten.

Ein Bekannter erzählte mir, er sei als kleiner Junge fasziniert von der Seefahrt gewesen. Das Meer, die großen Schiffe, die weite Welt hätten auf ihn eine ungeheure Anziehungskraft ausgeübt. Seine Eltern erzählten aber allen Bekannten schon seit er drei Jahre alt war, dass er sicher einmal Mediziner würde und die elterliche Praxis übernähme. Nach dem Abitur liebäugelte er tatsächlich kurzzeitig mit der Idee, zur See zu fahren. Die Nachricht von der drohenden Medizinerschwemme bewegte ihn stattdessen, noch eben das Studium anzuhängen. Im Urlaub am Meer, den er sich nach dem Studienabschluss gönnte, ergriff ihn wieder die Sehnsucht. Doch als er zurückkehrte und der Universitätsprofessor ihm nachdrücklich zur Promotion riet, begrub er seinen »unrealistischen« Traum endgültig. Heute, mit gut gehender Praxis, erscheint ihm der Gang der Dinge irgendwie »natürlich« und »vernünftig«. Heimlich bedauert er, das Seemannsleben nie ausprobiert zu haben. Er hat aber auch nicht das Gefühl, dass jemals wirklich eine Entscheidung anstand. Was er nicht sieht: Er hat eine Wahl getroffen. Er hat sich früh entschieden, den Kampf mit den Eltern nicht aufzunehmen. Er hat sich für die Fortsetzung der Familientradition entschieden sowie für Wohlstand, soziales Ansehen und Sicherheit. Gleichzeitig hat er die Möglichkeit eines aufregenden, spannenden, abenteuerlichen Lebens, das mit vielen Unwägbarkeiten einhergeht, abgewählt. Und er wählt sie jeden Tag erneut ab. Darüber zu urteilen steht niemandem an. Aber weil er die Alternative nicht ernsthaft geprüft hat, erinnert er sich nicht mehr, dass er gewählt hat und wählt.

Für viele gehört der Sachzwang einfach nur zu jener Diagonale des Erfolgs, die von links unten nach rechts oben verläuft. Viele haben sich ihren Sicherheitscontainer so luxuriös ausmöbliert, dass es ihnen geradezu absurd erscheint, etwas davon aufs Spiel zu setzen. Die Ketten aus Gold binden ebenso wie die Ketten aus Eisen. Das führt dann zu der bekannten Verfettung der Herzen und der Bankkonten.

Und in der Tat kann der Preis aus der Sicht des Einzelnen außerordentlich hoch sein. Doch darum geht es mir hier gar nicht, denn keineswegs will ich jemandem leichtfertig nahe legen, seinen Wohlstand und die Sicherheit stabiler materieller Verhältnisse zu opfern. Das Problem ist, dass viele nicht bereit sind, für die Auswirkungen ihres Festhaltens Verantwortung zu übernehmen, sie als Resultat ihrer Entscheidung anzuerkennen und die Unbeweglichkeit als Preis zu zahlen.

Je mehr Dinge Sie haben, desto mehr haben die Dinge Sie.

Jeder Komfort muss bezahlt werden. Es heißt ja nicht zufällig »Immobilie« – sie macht immobil. Und so kenne ich zahlreiche Menschen, die bereit sind, in ihrem Arbeitsleben täglich Abwertungen und Respektlosigkeiten hinzunehmen sowie ihre Würde und ihren aufrechten Gang zu opfern, die aber nicht bereit sind, auf ihren Sechszylinder zu verzichten. Dazu entscheiden sie sich täglich. Das ist ihre Wahl.

Gehen wir ins Extrem und jeder prüfe sich selbst: Wer hindert Sie, den Traumjob als Segellehrer in der Karibik anzunehmen? Wer hindert Sie, die fehlende Ausbildung nachzuholen, die Arbeitsgenehmigungen zu beantragen, die Einreisebestimmungen zu prüfen? Sie selbst ganz allein. Sonst niemand. Sie wollen auf die Annehmlichkeiten Ihres vollklimatisierten Sicherheitscontainers nicht verzichten. Das will ich keineswegs kritisieren. Aber beschuldigen Sie nicht Ihre Familie, die Umstände ... All das *können* Sie abwählen, wenn Sie wollen. Wenn Sie es nicht wollen und weiter so leben wie bisher, dann tun Sie es in dem Bewusstsein, diese Umstände gewählt zu haben. Sie haben die Wahlfreiheit! Damit entfällt jede Grundlage der Schuldzuweisung. Und damit entfällt jede Grundlage des »Ich kann ja nicht, weil ...«

Opfer der Umstände?

Ich erinnere mich noch gut an die Reaktion meines Vaters, als wir über den Gedanken der Wahlfreiheit sprachen. Väterlich milde und seine ganze Lebenserfahrung ausspielend, meinte er: »Das hast du wohl auf der Universität gelernt. Das Leben, das sieht doch ganz anders aus.« Zum Beweis verwies er auf seine Erinnerung an die NS-Zeit: »Man hätte uns doch damals an die Wand gestellt.« Bums! Da war es, das Mega-Argument, von denen ich später in meinem Berufsleben noch so viele ähnliche hören sollte (neuerdings: »Ich kann da als Politiker nichts machen, ich folge nur den Vorschriften aus Brüssel!«). Das Rädchen-Gerede der Manager, die Befehlsnotstands-Entschuldigung der Elterngeneration: Man verliert sich in der Bodenlosigkeit extremer existenzieller Bedrohungen, um das Prinzip der Wahlfreiheit zu widerlegen.

Es steht Kindern niemals an, die Motive ihrer Eltern zu bewerten. Dazu haben sie kein Recht. Und auch mir steht es nicht zu, die Entscheidung meines Vaters, sich nicht dem Widerstand gegen Hitler angeschlossen zu haben, zu kritisieren. Aber es gab Menschen, die haben sich »an die Wand stellen lassen«. Es war wählbar. Ich sage nicht, dass das eine moralisch hochstehend, das andere feige ist. (In dieser Hinsicht sollten wir Zeitgenossen uns an die eigene Nase fassen.) Ich sage nur: So hoch der Preis auch sein mag, für die Konsequenzen seiner Entscheidung trägt mein Vater die Verantwortung.

Die Freiheit ist ein wundersames Ding. Die meisten von uns sehnen sich danach, schätzen sie als höchstes Gut. Gleichzeitig aber erschreckt sie viele Menschen zu Tode. Weil aus ihr auch Schuld resultieren kann. Schauen wir uns beispielsweise an, wie in modernen Gesellschaften Verbrechen reflektiert werden. Der Bildungsbürger führt sie auf die Gräuel desolater Familienverhältnisse, auf seelische Defekte und soziale Missstände zurück. Da müsse man ja geradezu »zwangsläufig« kriminell werden! Menschelnd werden die Dinge ins Gegenteil verkehrt: aus Tätern werden Opfer. Sie sind von vornherein unmündige Personen; ihr Rechtsbruch insofern verstehbar, ein Unfall. Der Unhold gehört dann in die Gesellschaft der Kranken, Armen und Ausgestoßenen, denen fürsorglich und therapeutisch zu begegnen ist. Ähnlich wie Krankheit heute kaum mehr der körperlichen Verfassung und der individuellen Lebensführung zugeschrieben wird, sondern dem Stress, dem Leistungsdruck oder anderen bösen Mächten, so werden Verbrechen entkriminalisiert: »Die Verhältnisse« sind schuld, nicht der Verbrecher.

Der Zweck dieser Umwidmung ist offensichtlich: Freiheit, Verantwortung und Schuld sollen ausgelöscht werden. Indem man das Böse zur seelischen Entgleisung verniedlicht und den Täter zum gestrauchelten Mitmenschen inmitten widriger Umstände verharmlost, ist letztlich niemand mehr für die Tat dingfest zu machen. Außer natürlich: »die Verhältnisse«. Dabei hält dieser Trick nicht einmal der einfachsten logischen Prüfung stand. Wie viele Menschen weisen ähnlich misslungene Biografien auf, ohne kriminell zu werden? Wie viele Menschen fristen ein trostloses Dasein, ohne andere zu schädigen?

Für unsere Gesellschaft hat der Verweis auf »die Verhältnisse« katastrophale Folgen: Indem man Täter zu Opfern einer biografischen Fehlentwicklung umtauft, lädt man dazu ein, sich selbst als Opfer zu fühlen. Der Einzelne mag sich fragen: Habe ich nicht auch ein Handicap, weil meine Eltern sich trennten, als ich erst vier Jahre alt war? Bin ich nicht auch benachteiligt, weil ich nicht studiert habe? Darf ich mich nicht jetzt – im Umkehrschluss – schadlos halten am Staat, an den Sozialversicherungen, den anderen?

Vielleicht können sich noch einige von Ihnen an Plakate aus der Zeit des Kalten Krieges erinnern: »Stell dir vor, es gibt Krieg und keiner geht hin.« Sie mögen über die freche Wendung geschmunzelt haben – worauf hier so überraschend und provokant hingewiesen wurde, war die Tatsache, dass nicht Generäle, Verteidigungsminister oder der »militärisch-industrielle Komplex« den Krieg diktieren. Es ist jeder Einzelne, der sich entscheidet, in den Krieg zu ziehen. Niemals kämpft »eine Nation« oder »ein Volk«. Auch wenn es sich sehr unbequem anhört: Es sind die Einzelnen, die die Wahlentscheidung für oder gegen den Krieg treffen. Damit sage ich nicht, dass ein Krieg geführt oder nicht geführt werden *sollte*. Ich sage, dass Kriege geführt werden, weil Individuen sich entschieden haben, die Uniform anzuziehen und das Gewehr zu schultern. Individuen, keine Nation oder eine Gruppe von Nationen. Das gilt auch für die Verbrechen vom 11. September 2001: Es war nicht Al Quaida, es war nicht der Islam, schon gar nicht der Irak, der die Flugzeuge entführte und in die Twin-Towers flog – es waren einzelne Menschen, die sich entschieden hatten, so zu handeln.

Das Problem der Wahl stellt sich hier in aller Schärfe. Denn das Problem mit dem Rattenfänger ist niemals der Rattenfänger, es sind immer die Ratten. Solange sich kein Widerstand regt, kann jeder – wer auch immer – davon ausgehen, dass die anderen mit seinem Handeln einverstanden sind. Sonst würden sie ja aufmucken. Auch Regierungen sind bekanntlich nur so gut wie die Menschen, die ihnen Beine machen. Wenn deutsche Historiker behaupten, »dass Deutschland nach 1933 ein ›besetztes Land‹ war« (Hans Rothfels), in dem es einem »Verbrecherclub« gelungen war, das deutsche Volk »zwölf Jahre hindurch in seine Gefolgschaft zu zwingen« (Friedrich Meinecke), dass der Nationalsozialismus »eine satanische Verfälschung echter deutscher Tradition« gewesen sei (Gerhard Ritter), dann ist diese Opferrolle als Gegenerzählung zu Schuld und Verdrängung menschlich verständlich, aber faktisch Unfug. Gerade wir in Deutschland sollten nie vergessen: Niemals macht der Diktator die Verhältnisse; immer machen die Verhältnisse den Diktator.

Spielball des Arbeitsmarkts?

Ich wähle ein anderes rigoroses Beispiel zur Verdeutlichung der Wahlfreiheit und Verantwortung des Einzelnen: Nehmen wir für einen kurzen Augenblick an, das Unternehmen, für das Sie gearbeitet haben, ist in Konkurs gegangen, und Sie stehen plötzlich »auf der Straße«. Vergegenwärtigen Sie sich einen Augenblick das bedrückende Gefühl der Nutzlosigkeit, wenn Sie plötzlich Ihren Job verlieren. All Ihre Erwartungen, all Ihre Pläne ... Über Arbeit jammert man so lange, bis man keine mehr hat. Was dann kommt, ist wirklich nicht lustig.

Ich weiß um die Problematik dieses Themas; dennoch die Frage: Wer ist verantwortlich für Ihre Arbeitslosigkeit? Es fallen Ihnen sicher etliche Leute ein, auf die Sie mit dem Finger zeigen könnten: das Management Ihres Unternehmens, die gnadenlosen Wettbewerber, der Wirtschaftsminister, der Ihre Branche nicht weiter subventionieren will, die EU, die den Markt nicht reguliert hat, die Gewerkschaften, die sich bei den Tarifverhandlungen nicht gemäßigt haben.

Aber fragen Sie sich weiter: Wer hat sich dieses Unternehmen ausgesucht? Wer hat damals die Alternativen ausgeschlagen? Wer hat sich für diesen Job entschieden? Wer hoffte auf bessere Zeiten, als die ersten Warnsignale unüberhörbar waren? Was haben Sie in den letzten Jahren unternommen, um Kontakte zu knüpfen, Alternativen vorzubereiten, sich fortzubilden, Ihre Qualifikation zu erweitern?

Der ehemalige Bundespräsident Roman Herzog rief in einer damals viel beachteten »Berliner Rede« zur Selbstverantwortung auf. Unter diesem Stichwort sagte er: »Ich mache den 35-jährigen Kohlekumpeln, die in Bonn für den Erhalt ihres Arbeitsplatzes demonstriert haben, keinen Vorwurf.« Sein Vorwurf gelte vielmehr jenen, die den Bergleuten eingeredet hätten, ihr Beruf habe uneingeschränkte Zukunft.

Da sind sie wieder: Opfer, so weit das Auge reicht. Sie hatten es ja nicht wissen können. Sie sind nicht verantwortlich für ihre Berufswahl. Sie können nichts für ihr Ausharren in einem Arbeitssektor, der ein völlig überteuertes Produkt herstellt (das niemand braucht) und der deshalb seit über 40 Jahren von Steuergeldern lebt. Würden die Bauern in Schleswig-Holstein Ananas züchten und dafür den Beistand des Steuerzahlers fordern, würden wir sie nicht auch für verrückt halten? Ist es also angebracht, von Opfern zu sprechen? Nein, Selbstverantwortung fragt anders: Warum haben die Bergleute sich die Zukunftsfähigkeit ihres Berufs einreden *lassen*? Und mit welchem Recht glauben sie, weiterhin auf Kosten anderer leben zu dürfen? Wenn ich dann lese, dass Jugendliche auch heute noch weiterhin Bergleute werden wollen und auf jede Lehrstelle sechs Bewerber kommen, dann verschlägt es mir die Sprache.

Ein Studienkollege von mir ist zur Zeit der »Lehrerschwemme« ausgebildet worden und hat keine Anstellung erhalten. Lange fuhr er Taxi und wartete darauf, doch noch Lehrer werden zu können. Er wartete darauf, dass andere aktiv werden und etwas für ihn tun, nämlich ihm eine Lehrerstelle anbieten. Mittlerweile sind einige Jahre ins Land gegangen, die Kulissen sind verschoben, die Chance, in seinem Alter noch Lehrer zu werden, ist gering. Er fährt immer noch Taxi. »Das sind die mir doch schuldig!« Was? »Die Anstellung.« Wer? »Der Staat.«

Zugegeben: Nicht jeder hat immer und gleichzeitig alle Möglichkeiten. Nicht alle können den Weg vom Polier zum Programmierer, vom Bergmann zum Barmann, vom Zugführer zum Fremdenführer gehen. Es gibt viele Hindernisse, viele Unbequemlichkeiten, viele Hürden. Und einige unter Ihnen würden mir jetzt sicher gerne erzählen, was Sie schon alles versucht haben, um einen Job zu bekommen: »Ich habe über 200 Bewerbungen geschrieben, niemand will mich!« Ja, ich kenne viele Menschen in ähnlicher Situation. Aber sich einreihen in die Schlange vor der Klagemauer hilft nicht. Wenn Sie das Problem wirklich lösen wollen, würde es Sie sogar schwächen.

Viele verpassen den Zeitpunkt, wo der Preis, das Spielfeld zu verlassen, noch vergleichsweise niedrig ist. Sie halten fest, möchten bleiben, wollen gleichsam »überwintern«. Sie hoffen, dass der Kelch an ihnen vorübergeht. Wie bei dem Gedanken an den möglichen Verkehrsunfall: »Mich wird es schon nicht treffen.« »Rekordscheidungsraten? Aidsgefahr? Ich doch nicht!« Und dann erwischt es einen doch.

Wenn Sie wirklich das Problem lösen wollen, handeln wollen, dann müssen Sie die eingefahrene Denkschiene verlassen. Wenn Sie auf einem Spielfeld spielen, wo die anderen Mitspieler auf Sie verzichten können und wollen – gehen Sie weg! Sonst beendet der andere früher oder später das Spiel. Und wenn Sie nicht als Arbeitnehmer unterkommen, können Sie auf die Seite der Arbeitgeber wechseln. Prüfen Sie den Gedanken, in die Selbstständigkeit zu wechseln! Ein arbeitsloser ehemaliger Kaufhausdetektiv betreibt heute mit großem Erfolg eine Suchmaschine, die verflossene Jugendlieben wieder ausfindig macht, alte Militärkameraden in aller Welt sucht und Schulfreunde für Klassentreffen zusammenführt. Ein befreundeter Arzt fand nach vielen Bemühungen und mancher Enttäuschung eine vorzügliche Anstellung in Norwegen. Und Sie? Nehmen Sie wirklich alle Möglichkeiten wahr?

Arbeitslosigkeit ist immer *auch* das Ergebnis eigenen Handelns beziehungsweise Nicht-Handelns. Wer keine Arbeit hat, hat *diese* Arbeit nicht. Eine andere könnte er haben. Vielleicht nicht dauerhaft, vielleicht nicht so gut bezahlt, vielleicht nicht seiner Ausbildung entsprechend, vielleicht in einer anderen Branche, einer anderen Stadt, einem anderen Land. Aber ohne Arbeit müsste er nicht sein.

Das mag hart klingen, insbesondere, wenn Sie selbst betroffen sind. Und dass wir als Gesellschaft alle Anstrengungen unternehmen müssen, um möglichst allen Menschen ein Leben in Würde, das heißt mit sinnvollen Arbeitsmöglichkeiten, zu eröffnen, steht wohl außer Frage. Aber, auf den Einzelnen geschaut, gilt:

Jammern hilft nicht!

Wenn Sie auf ein Spielfeld gehen, dann wählen Sie gleichzeitig auch die Spielregeln, nach denen dieses Spiel gespielt wird. Nach den Regeln unseres Wirtschaftssystems haben Sie als Angestellter die Möglichkeit mitgewählt, vom Unternehmen versetzt, befördert, gefeuert zu werden. Diese Fremdbestimmung haben Sie sich ausgesucht ... was weder gut noch schlecht ist; es hat nur Konsequenzen. Ganz im Gegensatz zum Selbstständigen: Dieser hat ein anderes Spiel gewählt. Er trägt allerdings auch andere Risiken – keine Aufträge zu erhalten und damit ebenfalls arbeitslos zu werden. Aber auch diese Gefahr besteht eigentlich nicht; es besteht lediglich die Gefahr, dass er *diese* Arbeit nicht mehr ausführen kann.

Wie Sie es auch drehen und wenden: Sie haben die Möglichkeit des Verlusts Ihres Arbeitsplatzes ebenso gewählt wie die Art und Weise, in der Sie auf den Verlust reagieren. Sie können sich lange damit beschäftigen, den Schuldigen ausfindig zu machen. Sie können in Selbstmitleid versinken und zur Flasche greifen. Sie können alle Samariter dieser Welt herbeirufen. Sie können dem Staat die Bürde aufhalsen, er habe gefälligst dafür zu sorgen, dass es Ihnen gut geht. Sie können abwarten, dass es von alleine besser wird, dass andere etwas für Sie tun, dass der Märchenprinz kommt, der alles wieder zum Guten wendet. Sie können Stoßgebete zum Himmel schicken und die Engel als schnelle Eingreiftruppe erflehen. Sie können den Kopf in den Sand stecken. Aber:

Wer heute den Kopf in den Sand steckt,
knirscht morgen mit den Zähnen.

Ich behaupte: *Wenn Sie andere für Ihre Arbeitslosigkeit verantwortlich machen, werden Sie immer arbeitslos bleiben!* Ich will damit nicht mit Blick auf die Vergangenheit beschuldigen, sondern für die Zukunft ermutigen. So zu denken, ist sehr praktisch. Wenn Sie die Verantwortung für Ihre Arbeitslosigkeit nicht übernehmen, übernehmen Sie auch nicht die Verantwortung für den Neubeginn. Dann vertrauen Sie den Politikern oder den Unternehmern mehr als sich selbst. Dann – und nur dann – haben Sie ein echtes Problem.

Wenn Sie denken, die Unternehmer, die Konjunktur,

der Wettbewerber oder die Ausländer seien für Ihre Situation verantwortlich, dann geben Sie die Macht an all diese Menschen und Institutionen ab. Sind Sie sich bewusst, dass Sie damit Ihr Leben in die Hände anderer legen? Dass Sie Ihr Leben von anderen leben lassen? Wollen Sie das wirklich? Wenn Sie Ihre Arbeitslosigkeit überwinden wollen, dann brauchen Sie Macht über Ihr Leben. Die Kraft für den Neuanfang bekommen Sie nur, indem Sie nichts von anderen erwarten. Nichts vom Staat. Nichts vom Zufall. Nichts von äußeren Mächten. Indem Sie alles von sich selbst erwarten. Praktischer also ist es, sich zu fragen: Was kann ich jetzt tun? Was sind meine Handlungsmöglichkeiten? Darum geht es:

Handeln statt Jammern!

»So leicht geht das aber nicht!« Einverstanden. Ich habe auch nicht gesagt, dass es leicht sei. Ich habe gesagt: Sie haben die Wahl! Übrigens: Wenn Sie als Angestellter in einer Firma arbeiten, haben Sie auch die Möglichkeit mitgewählt, Ihren Chef zu feuern. Und rein statistisch verlassen zigmal mehr Arbeitnehmer ihre Arbeitgeber als umgekehrt. Jeder, der einmal einen Chef oder eine Firma abgewählt hat, kennt das Gefühl der Befreiung, das sich plötzlich und gleichsam aus dem Stand einstellt. Es ist, als würden Sie das Licht anknipsen. Prüfen Sie den Gedanken: In Wirklichkeit sind immer *Sie* der Arbeit-Geber. Und Sie sind derjenige, der sich die Freiheit nehmen kann, zu wählen und zu handeln – und so Verantwortung für das eigene Tun zu übernehmen.

IST WILLENSFREIHEIT EINE ILLUSION?

Aber fühlen wir uns automatisch gut, wenn wir die Verantwortung für unser Leben übernehmen? Offensichtlich nicht immer: Ein Teil der Menschheit sucht stets nach einer Instanz, der man die Verantwortung für das eigene Tun aufbürden kann. Früher machte man vor allem Gott, die Vorsehung, dann – wie oben gezeigt – die Politik verantwortlich. Heute scheinen einige Naturwissenschaftler diese Rolle übernehmen zu wollen und kommen damit einem Bedürfnis nach naturwissenschaftlicher Sicherheit nach. Sie unterscheiden zunächst zwischen Handlungsfreiheit und Willensfreiheit. Die Handlungsfreiheit besteht in der Wahl der Mittel und Wege zu bestimmten Zielen. Die Handlungsfreiheit sagt: »Wir können *tun*, was wir wollen.« Die Willensfreiheit ist davon zu scheiden. Sie besteht darin, sich ohne fremdes Diktat eigene Ziele zu setzen. Hier lautet die Frage: »Können wir auch *wollen*, was wir wollen?« Das heißt, ist der Mensch frei in der Wahl seiner Beweggründe? Kann er sich befreien von Herkunft, Tradition, Erziehung? Die Angriffe einiger Naturwissenschaftler zielen auf diese »Willensfreiheit«. Vieles ist hier übertrieben und massenmedial inszeniert, wenn sie zum Beispiel melden, sie könnten nun »Gedanken lesen«, weil ihr Scanner mit 60

Prozent Wahrscheinlichkeit voraussagt, ob die Versuchsperson nun den rechten oder linken Arm heben wird. Aber es gibt doch ernsthafte, irritierende Sachfragen: Was ist mit einem Kind, das von Eltern, Lehrern oder gar von einem totalitären Staat indoktriniert wird? Was ist mit der objektiven, vom Einzelnen aber unbemerkten Manipulation durch Tradition und Kultur? Determiniert das nicht unser Denken, unser Wollen und letztlich auch unser Handeln?

Die Frage wurde schon im Mittelalter diskutiert, und es mag für viele eine akademische Diskussion sein, unterscheidet doch der Alltagsverstand diese beiden Freiheitsdimensionen nicht. Allerdings hätte ein Beweis fehlender Willensfreiheit erhebliche Konsequenzen für unser Menschenbild und damit für die Gesellschaft, die wir auf dieses Menschenbild bauen. Stünde dann nicht sogar die Freiheit grundsätzlich infrage? Wie frei sind wir wirklich?

Die Hirnforscher popularisieren und ergänzen dabei Erkenntnisse des amerikanischen Neurophysiologen Benjamin Libet aus den 70er Jahren, der nachweisen konnte, dass im Gehirn elektrische Erregungsveränderungen auftreten, *bevor* uns unser Wollen bewusst wird. Es geht also um die Reihenfolge: Wir glaubten bisher, dass wir erst entscheiden und danach handeln. Umgekehrt sei es richtig: Wir tun nicht, was wir wollen; sondern wir wollen, was wir tun. Offenbar beschließt das Gehirn eine Handlung und erst danach wird dem Handelnden dieser Beschluss bewusst. Die von Libet gemessene Zeitverzögerung von einigen Hundert Millisekunden konnte man noch als Fehlmessung kritisieren. Spätere Forschungen (zum Beispiel von John-Dylan Haynes) haben zwischen Hirnaktivität und bewusster Entscheidung sogar bis zu zehn Sekunden gemessen. Das war nun nicht mehr zu ignorieren.

Obwohl die Datenlage schmal und die Interpretation umstritten ist, haben diese Untersuchungen große Aufmerksamkeit gefunden. Bis heute werden sie als Beleg dafür genommen, dass das Gehirn gleichsam »an uns« und unserem freien Willen »vorbei« entscheidet: »Wenn du denkst, du denkst, dann denkst du nur, du denkst.« In Wirklichkeit denke da niemand, sondern das Gehirn spiele sein eigenes Neuronenspiel. Demzufolge hätten wir keinen bewussten freien Willen, auch anders handeln zu können, als wir gehandelt haben. Im Grunde seien wir determiniert, neuronale Verschaltungen legten uns fest. Damit sei die »ganze« Freiheit letztlich Illusion. Verantwortung? Schuld? Was kann ich dafür? Ich war es nicht! Mein Gehirn war es! Seitdem stehen etliche Elefanten im Porzellanladen – zum Beispiel bei der Frage, wie man Kinder und Kranke behandeln soll. Verbrecher sind nicht verantwortlich für ihr Tun, weil sie vom Hirn gesteuert wurden. Die zentrale Kategorie des Christentums, die freie Entscheidung für oder gegen Gott, alles nur Einbildung. Wir sollten den Neurobiologen aber für diese Behauptung nicht allzu böse sein: Sie sind ja nicht selbst dafür verantwortlich, sondern wurden von ihrem Hirn gesteuert.

Man könnte das Ganze also als Sturm im Wasserglas abtun, wenn man auf dünner Forschungsbasis derart fundamentale Aussagen über die menschliche Natur abzuleiten glaubt. Und Libet selbst hat später erklärt, dass zwar der Willensprozess unbewusst eingeleitet werde, aber immer noch genug Zeit bleibe, sodass die Bewusstseinsfunktion die Handlung noch steuern könne, und dass das »Ich« also gleichsam ein Vetorecht habe. Das wurde jedoch nicht mehr gehört – die Neuroparty lief. Denn schon der bloße Hinweis auf die Hirnforschung genügt, um die Illusion von harten Fakten zu erzeugen und die Freiheitsliebenden als neu-romantische Spinner abzutun.

Man muss sich nicht im Dickicht der neurologischen Argumente verirren, um die Dinge zu klären. Dafür will ich zwei Irrtümer aufzeigen und eine praktische Überlegung anstellen:

Die Verwechslung von Freiheit und Zufall

Niemand hat je bestritten, dass unsere Freiheit Grenzen hat. Eine grenzenlose Freiheit wäre leer – über sie könnte man schlicht keine Aussagen machen. Man könnte sie einfach nicht von Nicht-Freiheit unterscheiden. Erst wenn ich Bedingungen einführe, kann ich den Kontrast sehen. Deshalb ist Freiheit immer *innen* – innerhalb von Grenzen. Gäbe es diese Grenzen nicht, dürften wir nicht mehr von Freiheit sprechen, sondern von Zufall oder Chaos.

Die Handlungsfreiheit zum Beispiel hat *faktische* Grenzen. Ich kann nicht ohne Hilfsmittel 10 Meter hoch springen; wer im Gefängnis sitzt, kann nicht gehen, wohin er will; wir können nicht wählen, ewig zu leben (jedenfalls nicht im Diesseits).

Und genau so ist es auch mit der Willensfreiheit. Ein von unseren Erfahrungen, Prägungen und Erinnerungen losgelöster Wille wäre eben kein Wille mehr, sondern purer Zufall, Beliebigkeit. Aber keine unserer Entscheidungen ist zufällig. Sie ist gebunden an unzählige kleine Ursachen, Erfahrungen in Kindheit und Beruf, Menschen, denen wir begegnet sind, Bücher, die wir gelesen haben. Insofern sind Entscheidungen begründbar. Wir können sie uns bewusst machen, aber diese Prozesse finden auch ohne unsere Beobachtung statt. Und einerlei ob bewusst oder unbewusst, kein anderer Mensch auf dieser Welt hat exakt dieselben Erfahrungen in Kindheit und Beruf, ist denselben Menschen in gleicher Weise begegnet, hat kulturelle Prägungen in gleicher Weise verarbeitet.

Wie anders sollten wir diese Unterschiede bezeichnen, wenn nicht als »Ich«? Schon bei simpler Selbstbeobachtung wird einem klar, dass ganz bestimmte Verhaltensweisen fremder Kulturen für einen selbst völlig ausgeschlossen sind. Man käme »überhaupt nicht auf die Idee«. Um das festzustellen braucht es keine Hirnforschung. Insofern sind Freiheit und Determiniertheit keine Widersprüche, sondern bedingen einander. Die Krux der Willensfreiheit liegt nicht im »Dass« der Bedingtheit, sondern in ihrem »Wie«. Auf der Basis und im Rahmen von Grenzen erlebe ich mich als frei – das heißt, zu freien Entscheidungen fähig.

Die Trennung von Hirn und Person

Menschen denken gern in Gegensätzen. »Entweder-oder« ist ein beliebtes Stück, das auch in der aktuellen Diskussion gerne aufgeführt wird. Wer ist das, der da entscheidet? Ich *oder* Neuronen? Freiheit *oder* Hirn? Eigentümliche Gegensatzpaare. Der freie Wille schwebt ja nicht völlig losgelöst irgendwo herum in einem Paralleluniversum. Mein Gehirn – das bin ja auch ich! Jedenfalls lassen sich mein Hirn und seine Ströme auf mich als Person zurückführen und auf niemand anderen. Es mag sein, dass ich noch mehr bin als nur Gehirn, aber mein Gehirn ist von mir als Einheit nicht zu trennen. Wenn ich sage: »Ich habe aus freiem Willen entschieden«, dann sage ich nicht: »Ich habe ohne jegliche Ursache und völlig willkürlich entschieden.« Ich sage nur: »Ich habe aufgrund bestimmter Ursachen entschieden, von denen mir einige bekannt sind, einige unbekannt, die aber in jedem Fall mich als Person voraussetzen.« »Ich«, das ist kein Zufallsgenerator, sondern ein Mensch mit seiner – und nur seiner – Geschichte.

Vielleicht hilft der Vergleich mit einem Eisberg. Bekanntlich ragen nur etwa 10 Prozent seines Volumens aus dem Wasser. Das ist unsere bewusste Denktätigkeit. 90 Prozent liegen unter Wasser – das sind die unbewussten und nur schwer zu beobachtenden Prozesse in unserem Gehirn. Aber die eisberghafte Masse ist eine Einheit, auch wenn nur ein kleiner Teil sichtbar ist. Es mag mithin sein, dass alle unsere Entscheidungen von kausalen Prozessen in unserem Gehirn bestimmt sind. Na und? Wo ist das Problem? Deshalb erlebe ich mich doch als frei im Sinne von selbstbestimmt, das heißt, ich werde nicht gezwungen, handele nicht zufällig und erlebe mich als Urheber der Entscheidung. Und auch der Gesetzesbrecher weiß, dass er ein Gesetz bricht.

Willensfreiheit ist intuitiv und praktisch

Bislang kannten wir als Gattung Mensch die drei großen Kränkungen: die des Kopernikus, dass die Erde nicht der Mittelpunkt des Weltalls sei; die des Darwin, der mit seiner Evolutionstheorie das Schöpfungsvorrecht des Menschen bestritt; und die des Freud, dass nicht das »Ich«, sondern das Unbewusste Herr im Hause sei. Dazu käme jetzt als vierte Kränkung noch die der Hirnforschung, die uns zu Robotern erklärt, die von der Natur so programmiert sind, dass sie es gar nicht merken. Aber schon oft haben wissenschaftliche Erkenntnisse unser Bild von uns und der Welt zu verändern gesucht – mit wenig konkreten Konsequenzen. Abends geht für die meisten Menschen immer noch die Sonne unter, obwohl wir seit Langem wissen, dass sich die Erde dreht. Unser Menschenbild mit den Kernbestandteilen Selbstbewusstsein, Freiheit und Verantwortung wird sich auch diesmal wieder als erstaunlich stabil erweisen. Warum? Weil die simple Intuition gegen die Erkenntnisse der Hirnforscher spricht. Wir erfahren uns in unseren alltäglichen Handlungen als Wählende, insofern Freie. Wer mehrmals täglich »Ich will!« gesagt hat, für den ist sein freier Wille zweifelsfrei. Wir können uns unseren freien Willen einfach nicht wegdenken. Wer in einem Restaurant sitzt und zwischen Erbsensuppe und Linsensuppe entscheiden muss, der kann sich nicht einfach weigern, seinen Willen auszuüben. Denn auch das wäre eine Willensentscheidung. Und unser alltägliches Moralbewusstsein funktioniert unausrottbar gleich, auch wenn wir vorher einen Vortrag über die »Illusion der Willensfreiheit« gehört haben.

Das alles kann also durch den Determinismus nicht beunruhigt werden. Und deshalb prallen die Steinwürfe der Hirnforschung regelmäßig an unserer Lebenswelt ab. »Die Erfahrung«, so Friedrich Schiller vor 200 Jahren, »beweist die Freiheit. Wie kann die Theorie sie verwerfen?«

Aber noch aus einem anderen Grund ist diese Debatte für das tatsächliche Leben kaum von Bedeutung: Die Willensfreiheit ist *praktisch*. Wie brauchen sie. Wir könnten gar nicht handeln ohne die Voraussetzung eines freien Willens. Selbst wenn wir von einer vollständigen Determiniertheit unseres Willens überzeugt wären, müssten wir doch leben, *als ob* wir einen freien Willen hätten. Die Annahme eines freien Willens ist eben ein bestimmtes kulturelles Konzept, mit dessen Hilfe wir unser Verhältnis zur Welt bestimmen. Dieses Konzept ist hilfreich und praktisch. Oder anders formuliert: Die Willensfreiheit muss nicht bewiesen werden, sie wird unterstellt. Und diese Unterstellung ist die Voraussetzung für unser Zusammenleben. Ohne sie ist Gesellschaft nicht denkbar. Sie mag sogar tatsächlich vom naturwissenschaftlichen Standpunkt aus eine Illusion sein. Aber dann gehört sie zu den *praktischen* Illusionen, ohne die wir nicht leben können – ebenso wie Wahrheit, Gott, Verstehen, Zeit, Liebe, Schuld. Man hat Leute, denen man vorher den Determinismus »bewiesen« hat, virtuelle Entscheidungen treffen lassen – mehrheitlich ließen die Probanden ihrem Egoismus, ja bösen Willen freien Lauf. Hingegen versuchten jene Versuchspersonen, ihre Motive moralisch zu kontrollieren, die von ihrer persönlichen Zurechenbarkeit überzeugt waren. Und im antiken Athen, so wird erzählt, habe einmal ein Dieb vor Gericht gesagt, zu stehlen sei ihm vom Schicksal vorherbestimmt worden. Worauf der Richter sagte: »Mag sein, aber auch, Prügel dafür zu bekommen.«

Die eigentlich interessante Frage aber ist, warum die Ergebnisse der Hirnforschung auf so breite Resonanz stoßen. Was macht die Idee, es gäbe keinen freien Willen, so attraktiv? Mündige Bürger, die problemlos täglich hundertfach »ich« sagen, verspüren offenbar tiefe Genugtuung, wenn sie erfahren, dass sie aus Sicht ihres Hirns gar nicht existieren. Begeistert stürzen sie sich in die Bugwellen der Selbstauslöschung, wenn sie darüber aufgeklärt werden, dass ihre Liebe und ihr Begehren zerebrale Verrücktheiten sind, die auch ohne ihr Zutun stattfinden. Jubelnd berauscht man sich an der Nachricht, dass man sein eigenes Erleben (»Ich kann auch anders«) eintauschen kann gegen die Diktatur des limbischen Systems. Warum? Nun, es ist ein Erlösungsversprechen. Eine Entschuldigungskulisse. Die Annahme, alles sei Schicksal und programmiert, verspricht Entlastung von Verantwortung. Sie schützt uns gegen die Fröste der Freiheit und entbindet uns von der Pflicht zur Autonomie. Man kann sie als Alibi für Nicht-Handeln missbrauchen und so unsere Welt einfacher und de-komplexer machen.

Das ist es also, was die Naturwissenschaften bereitstellen: Trost. Sie mildern die tägliche Anstrengung, des eigenen Glückes Schmied sein zu müssen. Sie erklären Schuld und Scheitern, entlasten von Selbstanklage und Reue-Blues. Unversehens fühlt man sich entlastet vom weißen Rauschen der vielfachen Überlegungen, mit denen wir zu einem Ja oder einem Nein kommen sollen. Entscheidungen verlieren ihr drückendes Gewicht. Welche Möglichkeit des Ausruhens! Wie freundlich das auch klingt: »Du hast Mist gemacht und du fühlst dich auch schuldig, aber tröste dich, du kannst nichts dafür, es war dein Hirn.« Ein Freispruch erster Klasse.

In einer geradezu weltformelhaften Drehung unserer geistigen Tradition sind wir an einen Punkt gekommen, an dem das Fehlen von Willensfreiheit nicht schwächt – sie *stärkt* das offenbar überforderte »Ich«. Wer Stärkung sucht, der findet sie hier. Ist es nicht tröstlich, im Falle eine Niederlage einfach sein Hirn anklagen zu können und festzustellen, wir *konnten* gar nicht gewinnen? Man bedenke allerdings, dass das dann auch für den Erfolg gilt. Auch der fand dann ohne unser »Zutun« statt. Will das jemand mit Wirklichkeitssinn behaupten? Und kann man die darin liegende Entmutigung der Menschen übersehen?

Das größte Geschenk, das uns als Menschen gemacht wurde, ist die Freiheit der Wahl. Wir können jederzeit über verschiedene Verhaltensweisen nachdenken und diejenigen auswählen, die unser Leben gelingen lassen. Und der Mensch kann alles dadurch adeln, dass er es will. *Natürlich* sind wir in dem Gebrauch dieser Freiheit beschränkt. Wie sollte es auch anders sein? Umso wertvoller ist der Spielraum, der uns bleibt. Für ihn muss man kämpfen. Und selbst das Hirn ist zu kostbar, um es den Hirnforschern zu überlassen. So wie die Freiheit zu kostbar ist, um sie von der Politik, der Wirtschaft oder den Organisationen, in denen wir tätig sind, über Gebühr einschränken zu lassen. Gerade in Unternehmen ist die angewandte Freiheit wichtiger denn je.

FREIHEIT – »DENNOCH!«

Unter den zu erwartenden wirtschaftlichen Bedingungen brauchen wir mehr Freiheit, Selbstverantwortung, Eigeninitiative und unternehmerische Kraft in Firmen und Unternehmen. Das bedeutet für die Organisationen vor allem ein *Loslassen*: von der Alles-im-Griff-Mentalität, von den Planungsexzessen, den Misstrauensinszenierungen, den Überregulierungen, der fehlerfeindlichen Unternehmenskultur, der Verfolgerrolle im Selbstbild vieler Vorgesetzter.

Selbstverantwortlich und unternehmerisch handelt ein Mitarbeiter, wenn er Aufgaben und Handlungsweisen aus einer breiten Skala nichtstereotyper Möglichkeiten auswählt. Wenn er den Rahmen des Üblichen sprengt. Wenn er Möglichkeitsbewusstsein entwickelt. Wenn er das Vorformulierte, das Genormte, das Regelhafte überschreitet. Das aber erzeugt Unsicherheit, bedeutet Wagnis, eben das, was unternehmerisches Handeln charakterisiert. Wer wirklich mehr Selbstverantwortung, mehr unternehmerischen Geist in der ganzen Breite seiner Firma will, wer wirklich will, dass jeder Mitarbeiter mehr Eigeninitiative entwickelt, der muss *in die Organisation wieder die Unternehmung einführen.*

Wenn Sie wirklich Unternehmertum anerkennen wollen, dann müssen Sie den »Geist aus der Flasche« lassen. Das heißt: *Wahlmöglichkeiten eröffnen.* Unternehmertum kann sich nur entwickeln, wenn das Handeln in den Unternehmen nicht durch Direktiven, Regularien, Richtlinien, Dekrete, Verordnungen und Anordnungen vollständig determiniert ist. Nur Freiheit macht verantwortlich. Dazu müssen Sie kleine Einheiten bauen, Unterschiedlichkeit fördern, Fehlschläge als unvermeidliche Begleiterscheinungen tolerieren. Für ein Mehr an Originalität sich einsetzen, für ein Mehr an Freiraum, für ein Mehr an gewollter und bewusst zugelassener Unsicherheit. Für ein bescheidenes »Dennoch« unter schwierigen Bedingungen. Denn das Problem »Unternehmertum im Unternehmen« lässt sich nicht ohne Überhänge lösen. Wo Menschen zusammenarbeiten, wird es immer Richtlinien und Vorschriften geben. Es geht um das gestaltbare *Maß* unternehmerischen Spielraums. Man wird kaum glaubwürdig Intrapreneurship fordern und gleichzeitig immer neue Anpassungszwänge auftürmen können, ohne zu verwirren und letztlich die Zynismuslücke zu vertiefen. Um diese Lücke stattdessen zu schließen, brauchen wir in Unternehmen Führungskräfte, denen gerne und freiwillig gefolgt wird.

SELBSTGEWÄHLTE AUFGABEN

Machen wir ein kleines Ratespiel. Was haben die folgenden – völlig willkürlich ausgewählten – Führungskräfte gemeinsam?: Konrad Adenauer – Franz Beckenbauer – Jeanne D'Arc – Henry Ford – Mahatma Gandhi – Bill Gore – Max Grundig – Steve Jobs – John F. Kennedy – Martin Luther King – Lenin – Moses – Heinz Nixdorf – Walter Rathenau – John D. Rockefeller – Maggie Thatcher – Nelson Mandela – Lech Walesa. Eine eigenartige Mischung, nicht wahr? Wenn Sie aber alle individuellen Eigenschaften, alle historischen Umstände und unterschiedlichen Handlungsfelder einmal ausblenden, wenn Sie Ihr persönliches Urteil über diese Menschen für einen Augenblick suspendieren, was bleibt dann übrig? Welches Kriterium machte aus diesen Menschen Führer? Diese Menschen verbindet nur eines: Es gab Menschen, die ihnen *folgten.* Es gab Menschen, die „Ja" zu ihnen sagten. Es gab Menschen, die sich von ihrer Führung eine Verbesserung ihrer Lebensqualität versprachen. Menschen haben sie als Führungskräfte anerkannt. Auch wenn es einigen Lesern zu simpel, zu wertfrei, fast archaisch anmutet:

Führende haben Folgende.

Das ist die Basis, ein natürliches Gesetz. Es in Deutschland zur Geltung zu bringen, ist nicht ohne Verlegenheit. Die Erfahrung des Nationalsozialismus hat wohl auf Jahrzehnte hinaus einen unbefangenen Zugang zu diesem Fundament versperrt (was die Frage nach dem „Wohin?“ der Führung aufwirft, aber dazu später mehr). Soweit ich sehe, hat auch erstmals ein Amerikaner – Warren Blank – darauf hingewiesen: Freiwillige Gefolgsleute sind das unabdingbare Gegenstück zu Führungskräften. Ohne sie findet keine Führung statt. Nur derjenige, dem die Menschen *freiwillig* folgen, hat als Führungskraft eine Existenzberechtigung. Wer die Karriereleiter hinaufgestiegen ist, ist von denjenigen abhängig, die er hinter sich gelassen hat.

Ich mache manchmal die einigermaßen irritierende Erfahrung, dass Menschen, die meiner Idee von einer »idealen« Führungskraft zum Teil dramatisch widersprechen, ausgesprochen erfolgreich sind: die Ergebnisse stimmen; die Atmosphäre zwischen den Menschen stimmt. Auf der anderen Seite gibt es zahlreiche Beispiele von Führungskräften, die geradezu einem Modellheft der Managementliteratur entsprungen zu sein scheinen – und unter optimalen Bedingungen scheitern. Wie ist das zu erklären? Offenbar *passt* eine Führungskraft zu dieser Aufgabe, zu dieser Mitarbeitergruppe, zu diesem Chef. Und eine andere nicht. Man sieht: Mit Handbuchweisheiten um sich zu werfen oder gedankenvoll nickend hochimpressionistische Eignungsurteile über »geborene Führer« auszutauschen, ist wenig hilfreich. Auch ein Churchill konnte seine große Rolle nur im Krieg spielen; zu Friedenszeiten ist ihm nichts eingefallen.

Mitarbeiter müssen Führung wählen können, um ihren unbestreitbaren Beitrag als Hilfe anzuerkennen. Wenn Sie diesem Gedanken zustimmen können, dann ist nicht mehr irgendein theoretisch idealisiertes Anforderungsprofil die Messlatte, sondern die Praxis. Dann sind für Führung situative Kriterien höher zu bewerten als die Stellenbeschreibung, die letztlich nichts anderes als die marktferne Dominanz der Organisation spiegelt. Sie müssen Situation und Individuum zur Passung bringen. Dann hat Führung genau so lange Bestand, wie eine Führungskraft auf freiwillige Gefolgschaft rechnen kann. Dann müssen Sie bei den Organisationsstrukturen alles verhindern, was Führungsverhältnisse über diesen Zeitpunkt hinaus aufrechterhält. Niemandem ist gedient, wenn Führung künstlich beatmet und der natürliche Energiefluss gestaut wird. So produziert man Resignation und Zynismus. Für die Unternehmen erwächst daraus die Aufgabe, die Besetzung von Führungsaufgaben grundsätzlich nicht an Ewigkeitserwartungen zu binden.

Führende haben Folgende – eine Binsenweisheit? Mag sein, aber offenbar geht niemand in die Binsen. Die Implikationen dieser Perspektive sind so gravierend, dass sie zumeist reflexhaft abgelehnt werden. »Da ist doch der Willkür Tür und Tor geöffnet!« Wie viel Misstrauen artikuliert sich in dieser Aussage, wie viel Skepsis gegenüber dem Individuum, wie viel antidemokratische Einstellung kommt so zutage. Oder: »Die Führungskräfte schleimen sich doch dann nur noch an, um wiedergewählt zu werden!« Gegenbeispiel: Vor einigen Jahren machte man im Böblinger Leiterplattenwerk von Hewlett Packard ein Experiment, über das erstaunlich wenig publiziert wurde. Man enthob alle Vorgesetzten ihrer Personalverantwortung, gab ihnen Spezialaufgaben und bat die etwa 400 Mitarbeiter des Werkes, sich in jeder Weise selbst zu organisieren. Einzige Vorgabe: die Ausschussquote durfte nicht steigen und die Produktivität nicht sinken. Was machten die Mitarbeiter? Sie etablierten sofort neue Führungskräfte, die nun aber von ihnen gewählt wurden. Das Ergebnis? Die Produktivität stieg (bei stabiler Mitarbeiterzahl) im ersten Jahr um 18 Prozent, im zweiten Jahr um knapp 30 Prozent. – Ich denke, es ist an der Zeit, endlich den Menschen etwas zuzutrauen: dass sie einen selbstgesetzten Qualitätsmaßstab für ihre Arbeit haben und dass sie weder Leistungsverweigerer noch Organisationsanalphabeten sind.

DIE KONKRETE UTOPIE: FREIHEIT

Wechseln wir die Perspektive und betrachten die Freiheit in Staat und Gesellschaft. Was ist das Ziel gesellschaftlicher Entwicklung, was soll diese bewirken? Amartya Sen, Nobelpreisträger der Ökonomie, hat eine Antwort versucht; ihr möchte ich mich anschließen: »Entwicklung«, so schreibt er, »ist der Prozess der Ausweitung von Freiheiten.« Ralf Dahrendorf hat das später aufgegriffen. Danach ist Freiheit als Leitwert weder Wohlstand noch soziale Teilnahme, weder harte Arbeit noch Zugang zu gesellschaftlichen Positionen, weder Bildung noch irgendeine »Gerechtigkeit«. Die unverwechselbare Grundbedeutung von Freiheit ist:

1. die Abwesenheit von Zwang und
2. die Ermutigung zur Eigentätigkeit.

Das zusammen ergibt Lebenschancen, das heißt Wahlmöglichkeiten. Genau das war auch Kants Rechtsauffassung: Der Staat ist die *freiwillige* Vereinigung der Menschen unter Rechtsgesetzen. Als Freiheitsordnung »a priori«. Das Gegenteil von staatlicher Gängelung ist eben nicht Chaos, sondern Gestaltungsfähigkeit, Freiraum, Selbstregelsetzung. Das meint vor allem die Freiheit, sein eigener Herr sein zu können ohne die nötigende Willkür eines anderen. Das Freiheitsprinzip als Grund, aber auch als Grenze des Staates. Das bedeutet, Lenkungszwecke aus dem Recht und dem Handeln des Staates zu bannen.

Ich mache mir nichts vor: Von allen politischen Kategorien ist Freiheit hierzulande die unbeliebteste. Und eine Freiheitsordnung »a priori« geht vielen zu weit. Sie halten es für unvermeidlich, sogar für angemessen, dass die Freiheit hinter die Lenkung zurücktritt. Sie fragen: »An welchem Punkt überwiegen die Kosten für die Freiheit den Gewinn durch staatliche Lenkung?« Darauf ist zu antworten: Diese Waagschale gehört in den Kaufladen! Dem pragmatischen Kalkül will ich hier strikte Buchstäblichkeit entgegensetzen: Freiheit ist nicht verhandelbar! Ich wende mich gegen eine Verrechnungspraxis, der keine Rechtsgarantie mehr heilig ist. Was immer man von staatlicher Lenkung halten mag – sie hat jedenfalls keinen Platz in der Auslegung einer Verfassung, die gerade entworfen wurde, um den Bürger *gegen den staatlichen Übergriff* zu sichern. Auch wenn dieser sich als Zwangsbeglückung freundlich maskiert.

Eine Politik der Freiheit will, dass sich Lebenschancen erweitern, auch dann, wenn die Ausweitung zunächst nicht allen gleichermaßen zugutekommt. Sie akzeptiert Ungleichheit als Element der Freiheit. Denn nicht jeder kann mit Freiheit gleich gut umgehen. Aber der weit überwiegende Teil. Und es ist auch richtig, dass die Flut des wirtschaftlichen Wachstums nicht alle Boote hebt. Die Hilfe für eine Minderheit aber darf die Mehrheit nicht hilflos machen. Es sei denn, man will genau das. Wie die Lebenschancen der Erfolgreichen auf andere ausgeweitet werden können, das ist dann eine zweite Frage. Zunächst muss man den Leistungsfähigen einmal den Freiraum einräumen, erfolgreich zu werden. Erst dann kann man über das »Teilen« nachdenken.

Das, was wir dann Staat nennen, ist ein *reduzierter* Staat. Reduziert auf das Erlassen allgemeiner Regeln, des äußeren Schutzes und des Rechts. Wir brauchen, und das mag manchen überraschen, die Autorität des Staates nicht als *Hilfe*, sondern als *Macht*. Als Gewaltmonopolist, nicht als Fürsorger; als Macht, die die Entwicklung *freiwilliger* und *geordneter* Formen des Zusammenlebens ermöglicht. Der nur all jene Wege zu diesem Ziel ausschließt, die mit Zwang verbunden sind. Der insofern »gleichgültig« ist gegenüber den verschiedenen Wegen zum gelungenen Leben, so es nicht die Rechte eines anderen verletzt. Er muss gegenüber der frei gewählten Lebensführung seiner Bürger peinlich neutral sein.

Dieser Staat ist Methode, nicht Inhalt. Er darf verwalten, nicht regieren. Er lehnt »politische Führung« ab. Er hat kein eigenes »Interesse«. Er will weder erziehen noch geistig lenken. Er will den Bürger nicht anreizen, nicht manipulieren, nicht verführen. Das Gemeinwohl wird nicht durch staatliche Lenkung hergestellt, sondern durch das lebenspraktische Wirken der Bürger. Wir Bürger sind in ihm Individuen, die von niemandem als Mittel zum Zweck benutzt werden dürfen. Wir Bürger sind in ihm nicht Objekte seiner Beeinflussung, sondern Subjekte unseres eigenen Handelns. Er gesteht auch jedem Bürger zu, seine eigenen Fehler zu machen. Dieser Staat behandelt uns mit Gelassenheit, er hält Distanz, ist zurückhaltend, mischt sich nicht ein. Er orientiert sich an drei Kriterien: Respekt! Respekt! Respekt! Er lässt uns unser Leben selbst entscheiden, wie und mit wem wir auf welche Weise zusammenleben wollen, welche Idee vom guten Leben wir dabei verfolgen und welche Menschen uns dabei *freiwillig* helfen wollen. Er vertraut unseren Fähigkeiten zur Problemlösung. Es geht ihm vor allem darum, möglichst jeden Menschen so leben zu lassen, wie es ihm oder ihr gefällt. Dieser Staat hat im Privatleben der Bürger schlicht nichts verloren.

Willst du was erreichen? Tue weniger!

Die alten Rezepte – die Geste des Machers, die umfassende Problemlösung, die »klare Linie«, der »Masterplan«, die Politik »aus einem Guss«, der Staat wird's richten!, neue Gesetze gegen die Schwarzarbeit!, neue Gremien für die Produktion von Nobelpreisträgern!, neue finanzielle Lockungen für Selbstständige! – all das gehört ins Antiquariat. Was heute Not tut, das sind keine Rezepte, das ist eine Haltung. Denn staatliche Willkürakte funktionieren nicht bei weichen Faktoren, die die harten sind. Sie funktionieren nicht bei Mentalitäten: nicht bei Ehrgeiz, nicht bei Beweglichkeit, nicht bei Selbstvertrauen. Gerade auf den Feldern, die eine Gesellschaft erfolgreich machen, kann der Staat nichts erzwingen oder erkaufen, nichts herbeimotivieren oder herbeibelohnen. Er kann es nur *ermöglichen*.

Ermöglichen, dass heißt vor dem Hintergrund des bisher Gesagten: Platz machen, Raum geben für unterschiedliche Lebenswirklichkeiten, für ein *selbstgesteuertes* Leben. Er muss *lassen*, weniger machen. Er muss verzichten, auf Macht und Einfluss. Er muss den eigenen Willen aufgeben. Ihm ist der Verwaltungs*weg* wichtiger als ein Regierungs*ziel*. Er muss mithin dem Anspruch entsagen, 1. ein normatives Gerüst für alle durchsetzen zu wollen, und 2. eine bestimmte Endzeitvorstellung erreichen zu wollen. Politisches Handeln kann heute nicht mehr darin liegen, Konflikte zwischen Klassen und Kollektiven zu lösen, sondern darin, das individuelle Handeln zu erleichtern. Aufgabe der Politik ist es, weder die Bürger zu verwöhnen noch zu aktivieren, sondern in Ruhe zu lassen. Das heißt: sich verabschieden von der großen Lösung für alle; die kleine Lösung für einige ist der weit modernere Weg. Reform, das ist dann die Re-Form, das Zurück-Formen, was vom Staat ver-formt wurde. Er muss wieder Diener werden. Ein guter Diener zwingt seine Dienstleistung nicht auf. Er reagiert auf das, was nachgefragt wird. Er hält sich im Hintergrund und zieht sich zurück, wenn er nicht mehr gebraucht wird. Er hält sich an das, was niemand besser als Friedrich Dürrenmatt gesagt hat: »Sei menschlich, nimm Abstand.«

Wie kann das konkret aussehen? Was kann der Bürger zu einer Gemeinschaft beitragen, die Distanz hält, die ihn respektiert, die ihn nicht erziehen will? Was tun, wenn wir Freiheit nicht verlegen mit »Sachzwängen« oder »Notwendigkeiten« verkaufen wollen, sondern sie für etwa Wunderbares halten? Was vorschlagen, wenn man nicht eine Position beziehen will, die man von vornherein mit milder Verständnisgeste als »verloren« bezeichnet? Denn der Staat ist ja eine Neurose, die in ihrer Selbsterhaltung weitaus kreativer ist als der von ihr geplagte Patient. So leicht lässt sich der Meinungsstammtisch der Volkserzieher nicht unterkriegen! Und aus dessen Perspektive bleibt der Entwurf einer Gesellschaft aus der Kraft der Freiheit reine Willkür und anarchische Spinnerei.

Die Antwort auf all diese Fragen *will* ich nicht geben, eine Großtheorie *kann* ich nicht leisten. Wichtiger noch: Ich lehne es ab, eine Gemeinschaft zu *planen*, in der jeder leben *soll*. Wer eine freie Gesellschaft will, der will keinen einheitlichen Zielkatalog durchsetzen. Der hat keine festgelegte Ansicht über das, was wichtig und was unwichtig ist. Er hat kein Leitbild. Jedenfalls nicht für die *ganze* Gesellschaft – außer dem der freien Gesellschaft natürlich, aber aus diesem Selbstwiderspruch kommt niemand heraus. Jedoch: *Wege* kann ich zeigen. Entschieden sogar. Mir wird zwar von der politischen Bühne dauernd gesagt, das Schlimmste, was man den Menschen zumuten könne, sei eine neue »Balance« zwischen kollektiver Sicherung und Eigenverantwortung (mutet irgendwie weicher an als »Selbstverantwortung«), und es mag sogar sein, dass in einigen Bereichen eine neue Balance ausreicht – in anderen reicht das nicht. Da geht es ums Abschaffen. So, wie die Dinge liegen, können wir gar nicht übertreiben. Da müssen wir fundamental korrigieren, nicht dekorieren. Da brauchen wir keine Weichzeichnerpolitik, keine Politik des »ein bisschen«. Da brauchen wir einen großen Wurf. Da geht es ums »Zumuten«, in dem sich der Mut wundervoll versteckt hat.

Wir leben in Zeiten, wie sie für eine wirklich fundamentale Wende kaum besser sein könnten. Mehr denn je sind die Worte John Gardners berechtigt, US-Minister unter Lyndon B. Johnson: »Wir stehen vor atemberaubenden Möglichkeiten, die als unlösbare Probleme verkleidet sind.«

Bürgergesellschaft statt Staatsgesellschaft

Die Politik lässt sich kaum allein als »Schuldige« an den vermeintlich unlösbaren Problemen dingfest machen. Das zirkuläre Geflecht von Verwöhnungsforderung der Bürger, Eigeninteresse der Politik und selbstlaufender Bürokratie hat keinen Anfang. Wir müssen die Scheinwerfer erneut drehen: Wir, die Bürger, sind vor allem gefragt. Wir müssen uns selbst etwas sagen. *Uns* betrifft es. Das Einzige, was uns von einer guten Zukunft abhält, sind wir selber. Könnte es nicht auch sein, dass wir unsere eigene Unbeweglichkeit immer mal gerne der Bürokratie in die Schuhe schieben? Könnte es nicht auch sein, dass wir unsere Mut- und Ideenlosigkeit mit dem Einfluss des Sozialstaats entschuldigen? Könnte es nicht auch sein, dass die Politik nur deshalb ein Spielfeld für mittlere Talente geworden ist, weil Fähigere naserümpfend zur Seite stehen? So wie es vor 1933 schon einmal war?

Zunächst unsere wichtigste und schwierigste Aufgabe: die Sensoren schärfen! Wir müssen wieder empfindsam werden für die versteckten Infantilisierungen, Entmündigungen, Zwangsbeglückungen. In den

Nachrichten, in den Talkshows, in den vielfältigen Angeboten zur Selbstverkindlichung. Wir müssen wieder ein Gefühl für die *Ablehnung* entwickeln, die in dem staatlichen Zurichtungswillen steckt, uns gegen das »Pass dich an!« empören, das sich verbirgt hinter wohlanständig klingenden »Förderprogrammen« und »Schutzmaßnahmen«. Provozierbar müssen wir sein! Was geht es den Staat an, ob ich rauche, dick bin, wofür ich mein Geld ausgebe oder auch *nicht* ausgebe? Wir Bürger müssen mit geschärften Sinnen durch die Welt der »großen Verführung« wandern, die mit der Freiheit, der Würde, der Autonomie des Einzelnen kaum noch etwas anzufangen weiß. Wir müssen wachsam sein gegenüber jeder Form von Distanzlosigkeit, Bevormundung und Infantilisierung. Bevor wir das Erstgeburtsrecht unserer Bürgerwürde gegen das Linsengericht des Anpassens verkaufen, sollten wir erkennen, dass damit unser Stolz, unser Wohlstand und unsere Lebensqualität ihr Ende fänden. Kein finsterer Leviathan wäre daran schuld. Nur wir selbst – weil wir unaufmerksam waren.

Und wir müssen *selbst* handeln. Wir müssen uns die Gesellschaft wieder aneignen. Das heißt: dem Staat entreißen. Wir müssen gesellschaftliche Verantwortung übernehmen, uns einmischen. Wir müssen uns bürgerschaftlich engagieren, das Prinzip der Gegenseitigkeit wiederentdecken, die Verantwortung für den Nahbereich. Denn das Recht auf ein individuelles Leben bedingt die Pflicht zur Beteiligung am Allgemeinen. Eine geschenkte Freiheit ist nichts wert; wir müssen sie *täglich* neu erobern. Wir dürfen uns nicht länger behindern lassen von politischen Oberlehrern, Besserwissern und

Alleskönnern, die keinen Respekt zeigen vor jenen, für die sie arbeiten und die sie bezahlen. *Wir* müssen anfangen, *wir* müssen die Verantwortung übernehmen – sie kann nicht gepredigt, nur getragen werden. Das Genossenschaftswesen hat trotz vieler Rückschläge einige Aspekte bewahrt, die anzusehen sich lohnt.

Und wehren können wir uns. Mit zwei einfachen Mitteln. Das eine besteht darin, all jene zu unterstützen, die sich gegen die Volksmoralisten stemmen. Es gibt sie, allerdings muss man manchmal nach ihnen suchen. Dort kann man sich beteiligen. Jeder Bürger muss seinem lokalen Politiker permanent auf die Zehen treten. Wir müssen für mehr »Nichtbeamte« im Parlament sorgen – unabhängig von der politischen Farbe.

Das andere Mittel steht wirklich jedem zur Verfügung. Es besteht darin, der Pädagogisierung der Politik nicht mehr zuzuschauen und dem staatlichen Oberlehrer keinen Beifall mehr zu zollen. Wer schlechte Witze erzählt und keine Lacher mehr erntet, wird irgendwann damit aufhören. Wir können die Einladung des Staates zur Selbstentmündigung ausschlagen: auf »Förderung« verzichten, Zuschüsse ablehnen – auch wenn uns der höhnische Alltagsverstand »Masochismus!« zuruft. In der Tat, kostenlos ist das nicht zu haben. Aber niemand kann uns zwingen, in die Möhre hineinzubeißen, die uns vor der Nase baumelt. Niemand kann uns zu irgendeinem Handeln verführen, wenn wir es nicht wollen. Wir müssen uns nicht lenken lassen. Wir müssen unser Leben nicht nach dem Prinzip des größtmöglichen Steuervorteils ausrichten. Wir müssen uns nicht vom Staat vorschreiben lassen, wie wir unsere Lebenszeit verbringen. Mehr noch: Wir können Einfluss nehmen.

Wir können Produkte meiden, an denen Subventionen kleben. Wir können subventionierten Unternehmen die eigene Kaufkraft zeigen: einfach dort nicht einkaufen. Wir können quasselige Politsendungen durch niedrige Einschaltquoten abstrafen. Wir können das Kleine dem Großen vorziehen, das Lokale begünstigen, das Besondere, den Laden an der Ecke. Wir müssen uns nicht von Rabatten, Bonus-Meilen und Treue-Punkten zu Pudeln abrichten lassen, die nach Leckereien japsen. Wir müssen uns auch nicht verbeamten lassen. Wir können uns sogar selbstständig machen. Und Unternehmensführer können auf staatliche Hilfe ganz bewusst verzichten. Das alles können wir tun. Wenn wir *wollen*. Wenn jeder an seinem Ort ein kleines Stück mehr Selbstverantwortung und Eigensinn lebt, dann werden sich die Effekte addieren.

Freiheit, auf ihr ruht unsere liberale Zivilisation. Sie ist nicht Mittel, sondern Selbstzweck. Aber ihre Freiräume schrumpfen stetig. Weil wir uns zu viel gefallen lassen. Weil wir keine Verantwortung übernehmen. Weil wir nicht handeln – und Nicht-Handeln heißt *Zustimmen*. Wer Freiheit will, der muss auch bereit sein, den Preis dafür zu zahlen. Was das heißt, weiß jeder in dem Moment, in dem es gefordert ist.

me, myself & i

SELBSTVER-
ANTWORTUNG

Wenn von Verantwortung die Rede ist, schwingt oft ein Klageton mit: Wer die Verantwortung trägt, ist schuld an den Verhältnissen. Die Politiker, die Manager, alle anderen. Ich jedenfalls bin es nicht. Im Unternehmen tragen zweifellos die Führungskräfte die Verantwortung. Und entsprechend unverantwortlich sind die Mitarbeiter. Das ist die Tragik.

Die organisierte Unverantwortlichkeit hat viele Namen. Sie ist nicht zuletzt eine Begleiterscheinung des modernen, vernetzten Unternehmens, in dem flache Hierarchien, Projekt- und Teamarbeit den Alltag bestimmen. Viele tragen einen kleinen Teil zum Ganzen bei, aber nur wenige fühlen sich für dieses Ganze verantwortlich. Moderne Organisationen sind riesige Netze miteinander verbundener Aufgaben. Die Knoten dieses Netzes sind die einzelnen Mitarbeiter. »Ich habe doch nur ...«, beginnen die Ent-Schuldigungen, die entverantwortenden Sätze. Ich war es nicht. Das hat Vorteile, es entlastet. Es hat aber einen großen Nachteil: Es versperrt die Handlungsmöglichkeiten. Es versperrt den Weg zu einer aktiven Haltung, einer eigenen Antwort.

Ein modernes Beispiel ist die beeindruckende Karriere der Diagnose »Burnout«: Dafür verantwortlich gemacht werden die steigenden Anforderungen der Unternehmen, die ständige Abrufbereitschaft, das Tempo, die Technik, die tausend E-Mails am Tag, das ganz Hamsterrad, aus dem es offenbar kein Entkommen gibt. Aber diese Anforderungen sind die Anforderungen der anderen – und es ist der Verzicht auf eine eigene Antwort, auf die Verantwortung für sich selbst. Viele haben vergessen, die Verantwortung – nicht nur im Beruf – für sich und ihre Grenzen, ihre Motivation, ihre Leistung, kurz: für ihr Leben, als aktive Aufgabe zu verstehen. Es ist bequemer, sich in der Opferrolle einzurichten. Für beide Seiten. Und Applaus erhält, wer den gesamtgesellschaftlichen Wettbewerb um die optimale Opferposition gewinnt.

Als wichtigste Führungsaufgabe gilt heute wie eh und je: Ziele definieren, Ergebnisse (und Mitarbeiter) kontrollieren, sagen, wo es langgeht und schauen, ob auch alle anderen brav dort langgehen. Dem muss entgegengehalten werden: Die wichtigste Führungsaufgabe ist die Stärkung der Selbstverantwortung im Unternehmen. Dies gilt umso mehr, als es tendenziell immer weniger Führungskräfte mit immer größeren Führungsspannen gibt.

Selbstverantwortung verändert das Handeln des Einzelnen, weil es die Frage nach Verantwortung anders stellt. Anstatt »Wer ist schuld?«, muss es heißen: »Was kann ich dafür tun?«, »Wie kann ich die Aufgabe lösen?«

Führungskräfte sind nicht dafür da, andere an die Hand zu nehmen und zu den Lösungen zu führen, sondern dafür, die Bedingungen der Möglichkeit von Selbstverantwortung zu schaffen. Je mehr Verantwortung dem Einzelnen abgenommen wird, desto weniger Selbstverantwortung wird sich entwickeln. Freiräume, Spielräume, um eigene Antworten zu finden und zu verantworten. Mitarbeiter, die denken, anstatt zu kopieren, die kreativ sind, anstatt nur darüber nachzudenken, was der Chef möchte.

Selbstverantwortung ist die Voraussetzung für Commitment. Eine Führungskraft, die Selbstverantwortung als zentralen Wert anerkennt, ist daher mehr vom Lassen bestimmt als vom Machen. Denn wer ein Problem hat, hat auch immer die Ressourcen, es zu lösen.

Aber offenbar hat es Vorteile, auf Selbstverantwortung zu verzichten. Denn die Frage bleibt: Warum tun das so viele? Die kürzeste Antwort lautet: weil Leiden leichter ist als Handeln. Weil man passiv bleiben kann. Weil man einen Jammerzirkel gründen kann. Weil man sich legitimiert fühlt, mit seiner Hand in der Tasche anderer Leute zu leben. Doch nur wer die Verantwortung für sein eigenes Handeln übernimmt, gestaltet sich als Persönlichkeit. So wie Menschen mit Erfolgsintelligenz jede Form von Selbstmitleid ablehnen – selbst wenn sie ungerecht behandelt wurden, geben sie nicht auf. Derjenige also kommt am weitesten, der bei sich selbst bleibt.

SELBSTBESTIMMT LEBEN

»Ich«: ein Sich-Ent-Schließen

Der Philosoph Martin Heidegger stellt sich in seinem Hauptwerk *Sein und Zeit* (1927) die Frage: Wann bin ich ganz »bei mir«? Wann erfahre ich mich ganz als »Selbst«? Wann bin ich ganz »wirklich«? Seine Antwort: im Augenblick. Und er beschreibt, dass für die meisten Menschen das Leben lediglich »geschieht«. Es fließt wie ein gleichförmiger Strom am Rande ihrer Existenz vorbei. Es »passiert«. Sie nehmen eher eine beobachtende, unbeteiligte, kraftlose Position ein. Menschen als Strandgut des Lebensstroms.

Jeder hat aber auch in jedem Augenblick neu die Möglichkeit, die Situation gleichsam zu ergreifen, sich willentlich zu dem zu *entschließen*, was er gerade tut. Und in diesem Ent-Schluss wird etwas *ent*-schlossen, was vorher *ver*-schlossen war: das Selbst. Es steht also immer wieder neu zum willentlichen Entschluss an.

Es gibt mithin eine enge Verbindung zwischen Willen und Identität: »Ich kann, wenn ich will« – das stellt die wesentliche Erfahrung der Identität dar. Der Wille ist der eigentliche Kern des Selbstbewusstseins. Nur im Willen zur Entscheidung, nur wenn die Energie von innen kommt, erfährt sich der Einzelne als *für sich stehend*, als selbst-ständig. Denn nur wenn wir etwas wollen, wenn wir entschieden sind, stoßen wir auf Widerstände. Und erst durch diese Erfahrung entsteht ein Gegensatz von Selbst und Außenwelt, erleben wir uns als »Ich« im Unterschied zu anderen.

Ihre Lebensumstände sind es also nicht, die Sie zu dem machen, der Sie sind. Die Umstände machen lediglich sichtbar, wer zu sein Sie gewählt haben. Ihr »Ich«, Ihre Identität, das, was man eine starke Persönlichkeit nennt, ist ein Akt der Abgrenzung, des Erwachsenwerdens, des »Heraus!« aus der Abhängigkeit.

Sie sind das, wofür Sie bereit sind, Verantwortung zu übernehmen.

Wenn von Selbstbewusstsein gesprochen wird, ist damit oft eine krause Mischung aus Selbstverliebtheit, Erfolgsgier und eindrucksvollem Auftreten gemeint. Das wahre Selbstbewusstsein ist aber *das Ersetzen von »So ist es passiert« durch »So wollte ich es« für den Blick auf die Vergangenheit; von »Ich muss« durch »Ich will« für die Gegenwart und Zukunft.* Die Erfahrung des eigenen Willens ist somit notwendig für die Herausarbeitung eines starken »Ich« beziehungsweise eines starken Selbstbewusstseins. Entschiedenheit heißt dann: Ich kann, weil ich weiß, was ich will. Das, was ich tue, wird nicht nur getan, es ist auch gewollt. Das heißt entschieden leben.

Das Ende der Schuldzuweisung

Im Reich der Selbstbestimmung sitzen nicht mehr »die anderen« am Steuer Ihres Lebensautos, sondern Sie selbst. Sie haben die Kontrolle über Ihr Leben, entscheiden selbst, wie viel Einfluss Sie anderen in Ihrem Leben einräumen. Im Reich der Selbstbestimmung gibt es Freiheit. Und gerade deshalb auch Verantwortung.

Nur Freiheit macht verantwortlich.

Im Reich der Selbstbestimmung, wo Sie die Energie aus sich selbst beziehen, haben Sie sich weitgehend unabhängig gemacht vom gehobenen oder gesenkten Daumen anderer; Sie gehen Ihren eigenen Weg. Sie übernehmen Verantwortung für alles, was Sie tun oder lassen. Sie sind sich bewusst, dass Sie alles, was ist, gewählt haben. Wenn Sie Ihre Wahlmöglichkeiten als begrenzt ansehen, dann sind Sie es selbst, der sie begrenzt. Das ist das Ende der Schuldzuweisung. Das Ende des Jammerns. Das Ende des Lamentierens und Wehklagens. Das Ende der Opfer-Story. Das Ende der Wacht am »Jein«.

Wenn Sie im Reich der Selbstbestimmung leben, dann ist Ihnen klar geworden, dass niemand Macht über Sie hat, sondern dass Sie Macht immer nur verleihen. Sie können immer wieder täglich neu über Ihre Lebenssituation entscheiden. Sie tun alles, was Sie tun, freiwillig.

Wenn Sie etwas nicht tun, dann, weil Ihnen anderes wichtiger ist. Weil Sie es abgewählt haben. Sie anerkennen keine Sachzwänge mehr. Wenn Sie jemand zwingt, dann sind Sie es selbst. Sie sind sich bewusst, dass Sie das Ergebnis Ihres eigenen, täglichen Wählens sind. Sie erleben Ihr Leben als Ihr *eigenes*, als einzigartiges Leben. »Selbst gewählt!« ist Ihr stolzes Erklärungsmuster. Sie übernehmen Verantwortung für das Gute und das Schlechte in Ihrem Leben. Sie sind das, was Sie zu sein gewählt haben. Sie *wollen* es so.

Aber Sie können täglich neue Wege wählen. Sie können jemand anderes sein, wenn Sie wollen. Sie können neue Vorstellungen entwickeln, neue Lebenssituationen realisieren.

Verschließen Sie deshalb Ihre Augen nicht vor den Alternativen. Prüfen Sie alle Möglichkeiten ohne Vorurteile, lassen Sie sich nicht den Blick verstellen von dem, was andere von Ihnen erwarten. Denn Sie wählen nur dann im eigentlichen Sinne des Wortes, wenn Sie alle Alternativen grundsätzlich zulassen. Sonst bleibt die Entscheidung kraftlos.

Ändern Sie auch Ihre Sprache. Verstecken Sie sich nicht hinter schwachen Passivformulierungen. Bevorzugen Sie das Aktiv. Verlassen Sie die Schlachtfelder des Konjunktivs (»Ich sollte …«) und wechseln Sie in die Klarheit des Indikativs: »Ich tue …« Vor allem aber vermeiden Sie Man-Formulierungen (»Man müsste …«) und ersetzen Sie sie durch klare Ich-Botschaften. Das »Was kann ich dafür …?« ergänzen Sie um ein einziges Wort: »Was kann ich dafür … tun?«

Wenn Ihnen etwas nicht gefällt, dann können Sie es ändern. Wenn Sie es aus irgendeinem Grunde nicht ändern können, weil etwas ist, wie es ist, dann zerbrechen Sie sich darüber nicht weiter den Kopf. Gehen Sie weg, wenn es Ihnen wichtig ist. Dahin, wo Sie das finden, was Sie suchen. Aber wenn auch das nicht möglich ist oder aber wenn Sie sich gegen das Weggehen *entscheiden:* Wählen Sie die Situation, in der Sie jetzt sind, bewusst wieder! So, wie sie ist. Steigen Sie *voll* ein. Anerkennen Sie sie mit Liebe und Hingabe. Stehen Sie voll zu ihr. Und beenden Sie die Hängepartie. Nicht, weil das moralisch wäre. Sondern weil es ganz einfach praktisch ist: Sie tun für sich das Beste, wenn Sie Ihr Bestes geben. Tun Sie daher das, was Sie tun, mit ganzem Herzen. Oder lassen Sie es. Sagen Sie entschieden »Ja!« zu Ihrem Handeln, weil nur so das Handeln Freude macht. Meiden Sie die Halbherzigkeit. Verabschieden Sie sich von der Unentschiedenheit.

Sie müssen auch nicht mehr zwanghaft irgendwelche Ziele erreichen, um glücklich zu sein. Geben Sie *jetzt* alle Energie hinein in das, was Sie tun. Nicht morgen beginnt das Leben; es findet heute statt. Erleben Sie Befriedigung in jedem Augenblick, nicht nur bei etwaiger Zielerreichung. Verplempern Sie Ihre Lebenszeit nicht mit Vorbereiten. Beugen Sie sich nicht den Mittel-zum-Zweck-Dummheiten des »Um zu«. Das »Jetzt noch nicht, aber später mal!« lässt Sie nicht mehr die Gegenwart verpassen. *Diesen* Augenblick gilt es zu leben. Es ist Ihr Leben, zu dem Sie jetzt erneut aufbrechen können. Sie haben nur dieses eine! Oder haben Sie noch ein zweites im Rucksack?

Übernehmen Sie die ganze Verantwortung für Ihre Motivation. Nur dann kann Sie niemand beherrschen. Möchten Sie sich von jemand anderem motivieren lassen außer von sich selbst? Ihre Energie kommt von innen, von Ihrer Entschiedenheit. Damit ist Commitment die Leitlinie Ihres Handeln.

Energie von innen = Kontrolle von innen.

So erhalten Sie Ihre Würde, Ihre Selbstachtung. Das gibt Ihnen die Kraft und die Energie zu handeln, um Situationen zu ändern, wenn Sie Ihnen nicht mehr gefallen.

Sie sind sich bewusst: Wenn Ihr Lebensglück davon abhängt, ob jemand anderes etwas tut oder lässt, dann haben Sie einen dornenreichen Lebensweg vor sich. Warten Sie also nicht darauf, dass andere Menschen sich verändern. Warten Sie nicht darauf, dass Ihr Leben von allein besser, gerechter und liebenswerter wird. Warten Sie nicht darauf, dass die Umstände Sie glücklich machen. Sie sind für ein erfülltes Leben selbst verantwortlich.

Auch wenn Sie im Reich der Selbstbestimmung leben, sind Sie Wirkungen und störenden Einflüssen ausgesetzt. Ihr Leben ist dann keineswegs frei von Problemen, Schwierigkeiten und Misserfolgen. Es werden Ereignisse dabei sein, die Sie als Leid erleben. Aber dieses Leid lähmt Sie nicht mehr. Sie wählen Ihre Reaktion. Ihre Leitidee ist: »Handelnd reagieren!« Auszurutschen ist kein Problem, liegen bleiben schon.

Nehmen Sie Ihre persönliche Lebensgeschichte ernst, aber nicht wichtig. Nicht erst seit Max Frisch wissen wir, dass unsere Gegenwartsinteressen sich ihre Vergangenheit basteln. Auf die Frage »Was steckt dahinter?« kann die schlichte Antwort nur lauten: »Gar nichts.« Wahrheiten werden nicht entdeckt, sie werden *gemacht.* Das Gespensterkabinett der Psychologie hat daher für Sie einen gewissen Unterhaltungswert. Aber wühlen Sie nicht in Ihrer Vergangenheit, um sich als Opfer fremder Mächte zu erniedrigen. Die Möglichkeiten der täglichen Neuentscheidung sind viel spannender.

Sie verfügen über ungewöhnlich viel Energie, sind neugierig im besten Sinne. Gehen Sie dorthin, wo es etwas zu lernen gibt, wo Sie herausgefordert werden, wo es spannend ist, wo Sie scheitern können! Es geht in Ihrem Leben um Lebendigkeit, nicht um Bequemlichkeit. Sie müssen nicht zu allem und jedem eine Meinung haben. Begnügen Sie sich hin und wieder, ein Thema einfach zu durchdenken. Weinen Sie den sogenannten »verpassten Gelegenheiten« keine Träne nach. Es hilft einfach nicht. Es zieht Sie nur runter. Aber tun Sie das, was Ihnen wirklich wichtig ist, was Sie wirklich wollen. Es wäre traurig, wenn Sie später beklagten, was Sie alles *nicht* getan haben. Denn: Wie ungern jemand stirbt, hängt davon ab, was und wie viel er ungetan gelassen hat. Wir alle haben eine unheilbare Krankheit. Sie heißt Leben.

Zusammengefasst: Wechseln Sie vom Reich der Fremdbestimmung über ins Reich der Selbstbestimmung!

Reich der Fremdbestimmung		**Reich der Selbstbestimmung**
die »anderen«	→	das autonome »Ich«
Fremdsteuerung	→	Selbststeuerung
Zwang	→	Freiheit
Notwendigkeit	→	Möglichkeit
Opfer-Story	→	Selbstverantwortung

passiv → aktiv
Energie von außen → Energie von innen
Motivierung → Motivation

Die allermeisten Menschen bewegen sich meinem Erleben nach fast ausschließlich im Reich der Fremdbestimmung. Und es fällt ihnen oft nicht einmal auf. Wenn es ihnen doch auffällt, dann behaupten sie steif und fest, es sei schwer, ins Reich der Selbstbestimmung überzuwechseln. Ich hingegen halte ein Leben im Reich der Fremdbestimmung für viel beschwerlicher. Und niemand sagt, dass Sie sofort von null auf hundert kommen müssen. Manchmal reicht nur ein kleiner Schritt. Setzen Sie sich an das Steuer Ihres Lebensautos und rollen Sie erst einmal los. Wenn Sie dann ins Rollen gekommen sind, ergibt sich vieles von allein.

Es geht auch gar nicht darum, irgendwo anzukommen. Lang antrainierte Lebenskonzepte sind nicht im Handumdrehen änderbar. Es geht darum, sich auf die Reise ins Reich der Selbstbestimmung zu begeben. Auch hier ist der Weg das Ziel. Dieser Weg wird bisweilen blockiert und boykottiert von jenen, die im Reich der Fremdbestimmung leben wollen. Sie werden also nicht überall auf Gegenliebe stoßen! Vielleicht kommen Sie deshalb nur schrittweise voran, vielleicht haben Sie auch Siebenmeilenstiefel an. Bekanntlich beginnt auch der längste Weg mit einem ersten Schritt. Und jeder, der ihn bisher gegangen ist, hat sich schon sehr bald leicht, erleichtert gefühlt.

Sich zu 100 Prozent verantwortlich für das eigene Leben zu fühlen ist somit keine traurige, mühselige und beladene Einstellung. Im Gegenteil: Es ist ungeheuer praktisch, so zu denken. Die Macht ist zurückgewonnen. Es gibt ein Gefühl der Freiheit, des Jetzt-in-der-Welt-Seins, der Erleichterung. Menschen, die sich entschieden haben, ihr Leben nach dieser Einstellung zu leben, nehmen sich wacher, geistesgegenwärtiger und selbstbewusster wahr. Ich jedenfalls kenne keinen Gedankenweg, der auch nur annähernd so erfolgreich ist.

Der Philosoph und Literat Friedrich Nietzsche lässt seinen Zarathustra sagen: »Das ist *mein* Weg – wo ist der eure? [...] *Den* Weg nämlich – den gibt es nicht.« Ich behaupte nicht mit Nietzsche, dass es *den* Weg nicht gibt – ich weiß es einfach nicht. Doch wenn es überhaupt *den* Weg geben sollte, dann wird es immer der *eigene* Weg sein. Man sagt ja auch, jemand habe »seinen Weg gemacht«. Macht hat, wer macht. Wer macht, lebt selbstbestimmt und damit selbstverantwortlich und lenkt sein Leben eigenmächtig.

Wie leicht wir diese Selbstverantwortung jedoch oft abgeben, zeigt beispielsweise unser offensichtliches Verlangen nach Vorbildern, denen wir nacheifern oder nacheifern sollen.

DIE VORBILD-FALLE

Lebende Imitate

Wer immer in die Fußstapfen anderer tritt, hinterlässt keine Eindrücke.

Es gibt einen einfachen Trick, uns vom Steuer unseres Lebensautos auf die Rückbank zu drängen und uns aus der Selbstverantwortung herauszuziehen: das Gerede von den »Vorbildern«. Während einerseits Selbstständigkeit, Eigenverantwortung und Unternehmergeist gefordert werden, heißt es andererseits: »Wir brauchen wieder Vorbilder!« Überall werden – häufig mit den besten Absichten – Modelle von Tugend, Moral und Werten öffentlich gefordert und gegen gesellschaftlichen Werteverfall und wirtschaftliche Schieflagen aufgeboten. Passt das zusammen? Ist das möglich?

Eine vom Ideal der Vorbilder (gleich welcher Art) geprägte Kultur unterscheidet zwischen denen, die nachahmenswerte Eigenschaften aufweisen, und jenen, die sich diese aneignen sollen. Das heißt im Klartext: Es gibt ganz offensichtlich viele Menschen, die ein Vorbild zum Nacheifern brauchen oder denen man ein Vorbild meint geben zu müssen. Die Rede vom Vorbild disqualifiziert mithin einen Teil der Gesellschaft (den größten!) als eines Vorbilds bedürftig.

Psychologisch richtet sich das Vorbild einer gütigen Elternrolle an das angepasste Kind in uns. (Im Privaten ist man so oft genau das geworden, was man am wenigsten sein wollte: das Abbild der Eltern.) Das Vorbild-Denken kommt schließlich auch aus dem Erziehungskontext – aus der Erziehung unmündiger Kinder. In einem Ratgeber für Führungskräfte, der mehrere Auflagen erlebte, steht zu lesen: »Ein guter Chef brüllt nicht bei jeder Gelegenheit seine Mitarbeiter an, sondern erzieht durch Vorbild.« Da ist es, das Erziehungsdenken: »Unmündige Kinder« sollen »erzogen« werden. Sie sollen lernen, ihr Handeln nach Werten auszurichten, die andere für sie festgesetzt haben, nach Maßstäben, die andere für sie aufstellten. Das Modell-Lernen im Eltern-Kind-Verhältnis wird gleichsam »verlängert«.

Die gleiche psychologische Mechanik – wenngleich nicht so auffällig – wirkt bei der weit verbreiteten Wendung des ehemals *be*-schreibenden »man« in ein *vor*-schreibendes »man«. »Wie kann man nur …?« Was einst zusammenfassend und beobachtend galt, wird nun zur Soll-Vorschrift, zum Gebot. Der sogenannte gesunde Menschenverstand erhält die Weihen des Evangeliums. Das Allgemeine wird das Vorbildliche. Unter der Hand schmuggelt dabei der »Wie kann man nur?«-Ankläger seine eigenen Interessen ein und erklärt sie unter der Tarnkappe allgemeingültiger Normen für vorbildlich und verbindlich. Mit welchem Recht?

Nun reifen viele kalendarisch erwachsene Menschen niemals über das Stadium des Nachmachens hinaus. Mit einem Vorbild an der Hand besteht ja auch keine

Notwendigkeit, mühevoll herauszufinden, was ich selbst eigentlich denke. Kein Abwägen von Vor- und Nachteilen, keine Rechtfertigung des Inhalts, der Ziele oder der Überzeugung ist hier nötig. Nur die Empfehlung zur Imitation. »Sollten Sie in diesem Unternehmen aufsteigen wollen, Herr Schmidtchen, dann machen Sie es wie Herr Schmidt!« »Wenn du wirklich dein Single-Dasein beenden willst, dann kauf dir erst mal ein paar italienische Designerklamotten!« »Wenn du als Unternehmensberater eine Chance haben willst, darfst du das Telefon nicht selbst abnehmen, dann brauchst du eine Sekretärin!« »Geh mal auf dieses Seminar, da lernst du alles, was du brauchst, um im Job erfolgreich zu sein.« Wenn wir tun, was andere auch tun, haben wir das Gefühl, mindestens nicht falsch zu liegen. Das zu machen, was andere vormachen, verleiht Sicherheit. Es ist aber wieder die Sicherheit des Kindes. So sind viele Junggebliebene einfach nur stehen geblieben.

Wenn wir einen vorgegebenen Kanon des Vorbildlichen anerkennen, dann lassen wir zu, dass mit uns wie mit Kindern umgegangen wird. Und wenn wir selbst jemanden zum Vorbild küren, infantilisieren wir uns selbst, stufen wir uns selbst zu Halbwüchsigen zurück, geben wir unser Erwachsensein ab. Die Betonung des Vorbildlichen ist das Kainsmal der Unreife.

Zweite Sieger

Um der Frage »Woher kommt unsere Motivation?« auf den Grund zu gehen, setzen wir uns noch etwas intensiver mit dem Vorbild-Handeln auseinander. Das Vorbild bezieht seine Existenzberechtigung wesentlich aus der Schwäche seiner Hinterherläufer (sehr schön dargestellt von Tom Hanks in *Forrest Gump*). Denn die Größe des einen besteht darin, dass der andere ihm seine Kleinheit als Geschenk darbringt. Das Vorbildliche des einen reicht nicht; der andere muss ihm erst seine Mangelhaftigkeit zu Füßen legen, damit das Vorbild sichtbar wird. Manche erscheinen nur deshalb so groß, weil die anderen sich ducken.

Der Schweizer Lyriker und Erzähler Robert Walser schreibt: »Die Großen sind nicht durch sich selbst groß, sondern durch die andern, durch alle die, denen es ein Entzücken bereitet, sie als groß zu erklären. Durch vieler Leute Würdelosigkeit entsteht diese eine überragende Ehre und Würde. Durch vieler Leute Kleinheit und Feigheit entsteht diese auf einem Punkt aufgehäufte Summe von Größe und durch vieler Leute Verzicht auf Macht diese gewaltige Macht. Ohne Gehorsam ist der Befehlshaber und ohne Diener ist der Herr nicht möglich.«

Erwachsene, die sich an Vorbildern orientieren, bleiben beständig zweite Sieger. Sie verharren letztlich in einem pubertären Zustand, der ihre Möglichkeiten ungenutzt lässt. Sie gehen nicht ihren eigenen Weg, sondern den schon gegangenen. Sie leben nicht ihr eigenes Leben, sondern ein abgeleitetes. Ihre Individualität (lat. »individuus« = ungeteilt) ist nur Schein. Denn das Vorbildliche ist nicht das Individuelle, sondern das Verallgemeinerbare. Die vereinfachende Personifizierung eines Prinzips. Damit bleiben sie immer weit hinter ihren eigenen Möglichkeiten zurück. Wirklich wertvoll sind nur Originale – niemals Kopien.

»Nimm dir mal ein Beispiel an ...« – haben Sie das auch schon mal gehört, wenn andere meinten, mit Ihnen sei etwas nicht in Ordnung? Jeder Mensch ist einmalig – auch wenn Sie sich selbst vielleicht manchmal nicht gefallen. Deshalb ist das fremde Beispiel immer das falsche Beispiel. Was für den einen richtig ist, trifft für Sie noch lange nicht zu. Nichts auf der Welt ist erfolgreicher als das Einmalige. Nicht die Frau mit den austauschbaren Zügen bricht die Männerherzen, sondern die Frau mit der unverwechselbaren Ausstrahlung. Nicht diejenige ist erfolgreich im Beruf, die das kann, was auch die anderen können, sondern diejenige, die leistet, was nur sie zu leisten vermag.

Das kann für den Einzelnen nur heißen: Sei du selbst, unverwechselbar, einzigartig. Tu nur das, was du absolut erstklassig kannst, wo dein Talent wie eine Sonne leuchtet. Unterlasse alles, worin du nur zweitklassig bist. Heraus aus dem Mainstream! Von Me-too-Produkten haben wir überall genug. Erfolg ist immer so einmalig wie der Mensch, der ihn anstrebt.

Hannemann, geh du voran!

Als ich ein kleiner Junge war, begründete ich meine Wünsche oft mit den Worten: »Die anderen machen das auch!« Darauf antwortete mein Vater regelmäßig: »Wenn die anderen von der Brücke springen, springst du dann auch?« Um der Wahrheit die Ehre zu geben, muss ich allerdings anfügen, dass die Orientierung an anderen nur für jene Fälle abgelehnt wurde, die aus der Sicht meines Vaters negativ zu beurteilen waren. Im positiven Fall hieß es dann schon mal: »Schau, wie gut der Sohn von Müllers in der Schule ist!« Das eine ist aber nicht ohne das andere zu haben. Wenn »die anderen« zur Leitidee werden, liefere ich mich ihnen aus: im Guten wie im Schlechten. Denn wer von positiven Vorbildern abhängt, hängt auch von negativen ab. Pech gehabt, dass er ausgerechnet den Scientologen, den Rechtsradikalen, den Drogen-Junkies in die Hände fallen musste! Was diese Haltung für das Gemeinwesen bedeutet, zeigt der gewohnheitsmäßige Verweis auf den Nachbarn, der sich ja auch nicht an die Vereinbarung hält. Ein anderes Beispiel: »Wenn der sich nicht an die Höchstgeschwindigkeit hält, muss ich es auch nicht tun.«

Im Grunde aber ist dies des Pudels Kern: Die Forderung nach dem Vorbild entlarvt das Nicht-verantwortlich-sein-Wollen. Das Motto: »Hannemann, geh du voran!« Bedenkliche Wirksamkeiten: Der Vorbild-Betrachter übernimmt nie Verantwortung! Er bleibt abhängig von der Vorgabe des anderen, ob nun im Positiven oder im Negativen. »Ich mache es, nicht weil ich es für richtig halte, sondern weil er es vormacht.« Oder: »Ich mache es nicht, wenn der andere es auch nicht macht.« Man hört diese Einstellung auch bei jenen, die sonst pikiert Wert auf ihre Eigenständigkeit legen. Erst muss sich der andere ändern, bevor ich überhaupt an mich denke. Aktiv werde ich nur beim Abwarten. Vorbilder erschaffen mithin – oft unbeabsichtigt – Abhängigkeit und mangelnde Zuständigkeit beziehungsweise Menschen, die ihr *Ich-Zentrum nach außerhalb* verlegt haben.

SELBSTVERANTWORTUNG

Die Themen *Ich-Zentrum* und Selbstverantwortung sind längst nicht mehr nur für das Individuum im Privaten relevant. Auch in der Arbeitswelt spielen sie eine Rolle – manchmal allerdings eher wegen ihrer Abwesenheit.

Nicht erst seit dem Lean-Management-Konzept, das die Hierarchie-Pyramide in nahezu allen Unternehmen spürbar zur Zwiebel gestaucht hat, steht das Thema »Selbstverantwortung« auf der Tagesordnung. Unscharf, wie der Begriff ist, eignet er sich für alles und jedes und trägt eine Vorentscheidung für etwas moralisch Hochstehendes in sich. Von Selbstverantwortung wird vor allem dann gesprochen, wenn sie nicht vorhanden ist. Das wiederum verdankt sie dem beschriebenen Janusgesicht der zweiten Worthälfte.

Ein Selbstverantwortlicher ist zunächst und vor allem gegenüber seinem »Selbst« verantwortlich. Das meint: Gegenüber dem Unternehmen stehen Sie vor einer Wahl. Sie können eine Beobachterrolle einnehmen; das Unternehmen ist für Sie dann »Umwelt«. Sie können aber auch eine Teilnehmerrolle einnehmen und das Unternehmen als »Mitwelt« betrachten. Als Teilnehmer »nehmen Sie einen Teil« der Verantwortung. Diese Entscheidung – und nur diese – ist die Situation der Selbstverantwortung. Es ist die Situation des unvermeidlichen Antwort-geben-Müssens. Wollen Sie Beobachter bleiben und das Unternehmen als Umwelt betrachten? Dann bleibt das Verhältnis eine ICH-DIE-Opposition. Oder wollen Sie in eine Beziehung zu Ihrem Unternehmen als Mitwelt eintreten? Wollen Sie Teil-Nehmer sein? Wählen Sie die Teilnehmerrolle, dann entsteht eine partnerschaftliche ICH-und-DU-Beziehung, die sich durch Gleichordnung, Partizipation und Verantwortung auszeichnet.

Die alltagspraktische Bedeutung von Selbstverantwortung bezeichnet damit schlicht die Bereitschaft, auch dort Zuständigkeit wahrzunehmen, wo sie nicht vorher in einer klar abgegrenzten Aufgabenverantwortung normiert ist. Natürlich können Sie als Vorgesetzter einen Mitarbeiter so reglementieren, dass er fünf Wochentage lang acht Stunden an seinem Arbeitsplatz sitzt. Was Sie auf keinen Fall reglementieren können, ist, dass er selbstverantwortlich arbeitet. Das muss er wählen und wollen. Je weniger Führungskräfte es gibt und je größer die Führungsspanne ist, desto notwendiger wird das selbstverantwortliche Handeln des Mitarbeiters.

Der Wunsch, sich einzubringen. Die Freiheit der Wahl und das Selbstbewusstsein, Inhalte des Engagements immer neu auszuhandeln. Das motivierte Engagement in der Arbeit, erlebt als Freude und Entfaltung, nicht als »Opfer« oder »Dienst«. Die Lust an der individuellen Gestaltung der Wirklichkeit, die dem Dialog neue Räume öffnet und freihält: Selbstverantwortung meint die Bereitschaft, Handlungsspielräume im Licht von Gefahren und Chancen eigenaktiv auszufüllen. Bin ich bereit, unter Umständen erhebliche Opfer auf mich zu nehmen? Lebe ich Mut und Zivilcourage? Verzichte ich darauf, ständig von anderen angeschoben zu werden? *Was soll denn Selbstverantwortung im Unternehmen anderes heißen, wenn nicht Verantwortung für die eigene Motivation?*

Selbstverantwortung meint daher im Kern

- ein autonomes und freiwilliges Handeln; ein *Wählen*,
- ein initiatives und engagiertes Handeln; ein *Wollen*,
- ein kreatives und schöpferisches Handeln; ein *Antworten.*

Selbstverantwortung hat enorme Auswirkungen auf die Beziehungen zwischen Ihnen und Ihren Mitmenschen, und insbesondere zwischen Vorgesetzten und Mitarbeitern im Unternehmen. Selbstverantwortung, verstanden als Verantwortung für das eigene Handeln und die eigene Motivation auf der einen Seite verlangt ein anderes Verständnis von Führung auf der anderen Seite: Führung, die weniger macht als vielmehr lässt und zulässt.

GEHEN SIE AUS DEM WEG!

Führung zur Selbstführung

Unsere Wurzel-Frage lautet: Warum gibt es Führung? Eine naheliegende Antwort lautet: Weil Menschen oft nicht gut zusammenarbeiten, Nabelschau betreiben, sich nicht einigen können, in Routinen versinken, Orientierung brauchen. Führung ist mithin ein Parasit mangelnder Kooperation. Eine Erscheinung, die von der Schwäche anderer lebt. Wenn man sieht, wie reflexhaft Manager kurz nach der Landung des Flugzeugs ihre Handys einschalten, dann ist das nicht nur das allseits bekannte Aufmerksamkeits-Defizit-Syndrom, sondern auch die Illustration dieses Zusammenhangs. Was aber würde passieren, wenn es sie nicht gäbe?

Es gab eine Zeit, da das Wünschen noch geholfen hat. Wäre es nicht anzustreben, dass die Menschen *selbst* wissen, was zu tun ist? Wäre es nicht zu wünschen, dass die Mitarbeiter nicht nur ihre Hände, sondern auch ihre Köpfe und Herzen für das Überleben des Unternehmens einsetzen? Wäre es nicht wunderbar, wenn die Mitarbeiter sich über das Schicksal des Unternehmens Gedanken machten und nicht allein über ihren eigenen Job oder die nächste Beförderung?

Wenn sie Abläufe verbesserten auch jenseits ihrer Stellenbeschreibung? Innovationen vorantrieben, ohne auf eine Anweisung von oben zu warten? Wäre es nicht großartig, alle Mitarbeiter beim Kunden zu wissen – und nicht in der Zentrale? Wäre es nicht hilfreich, im Unternehmen eigenverantwortliche Profis zu haben, die neue Ideen entwickeln und ihre Aktivitäten koordinieren und integrieren? Kurz: Wäre es nicht prima, man könnte die Kosten für das Management sparen?

Immer mal wieder werden Beispiele für Unternehmen ohne Führung (oder jedenfalls ohne fixe oder dominante Führung) beschrieben, die eher Jazz-Bands gleichen als Symphonie-Orchestern. Da gibt es die vielen Beispiele von eigenwilligen Mitarbeitern, die die Hierarchie unterlaufen: die Post-It-Notizen von 3M als klassischer Fall, oder auch die brasilianischen Manager von Procter & Gamble, die kostengünstigere Alternativen zu ihren eigenen Premiumprodukten herstellten, um das Leben ihrer Landsleute zu verbessern. Aber diese Beispiele haben Exoten-Status. Man betrachtet sie staunend, leicht amüsiert, hält sie aber für unbrauchbar im eigenen Unternehmen. Gut so! Denn jedes Unternehmen muss ohnehin seinen eigenen Weg gehen. Aber selbst wenn Sie diesen Zustand für utopisch halten – wäre es nicht wenigstens wünschenswert, sich mit Ihrem Unternehmen in diese Richtung zu bewegen? Und wenn ja – was können Sie als Vorgesetzter dafür tun?

Dazu müssen Sie zunächst Ihr Menschenbild hinterfragen. *Wie schauen Sie den Mitarbeiter an?* Ist er ein Mittel zu Ihrem Zweck – oder ist er (auch) Selbstzweck? Ist er auf der Welt, um hinter Ihrem Ziel herzurennen – oder sind seine Ziele mit den Ihren zu vermitteln? Sprechen Sie zwar vom »Mit-Unternehmer«, pflegen jedoch weiterhin innerlich das Bild vom »Untergebenen«? Ist er ein defizitäres Mängelwesen – oder verfügt er über eigene Ressourcen der Problemlösung? Ist er ein zu erziehendes Kind – oder ist er ein *Erwachsener*, dem Sie auch Erwachsensein zumuten müssen? Ist er ein Mensch, dem Sie zunächst einmal vertrauen (bis zum möglichen Beweis des Gegenteils) – oder begegnen Sie ihm von vornherein mit Misstrauen (bis zum unwahrscheinlichen Beweis des Gegenteils)? Noch einmal: Welches Menschenbild haben Sie?

Daran schließt sich die Fragen an: Wie schauen Sie auf *sich selbst*? Inszenieren Sie Ihre Unersetzlichkeit als letztes Bollwerk Ihrer Würde? Gehören Sie zu den selbstdarstellerischen Gesinnungsathleten, die ihre Interessen ideologisieren und als »Notwendigkeit« ausgeben? Ist Macht über Menschen Ihre Sehnsucht? Ist Ihre Aufgabe mit Blick auf den Mitarbeiter die Selbstoptimierung oder die Fremdoptimierung? Sind Ihre Mitarbeiter für Sie da, oder sind – umgekehrt – Sie für die Mitarbeiter da? Ihre Leistung zu steigern, ihre Potenziale freizusetzen, sie fürs Mitmachen zu gewinnen?

Wenn »Mitarbeiter führen« bedeutet, die Leistung *anderer* zu ermöglichen, dann zielt das immer auf unternehmerisches, selbstverantwortliches Handeln. Dann werden Sie alles unterlassen, was die freiwillige Übernahme von Verantwortung behindert. Wenn Mitarbeiter erst fragen müssen, ob sie etwas verändern dürfen, wird nichts passieren. Wer einen Job zu erledigen hat, der sollte nicht erst von seinem Chef dazu »empowered« werden. Mit jeder Ihrer Handlungen müssen Sie den Mitarbeiter in eine unternehmerische Disposition bringen. Jede Anregung, jede Information und jede organisatorische Entscheidung muss ihn animieren, eigenständig zu handeln mit Blick auf das Ganze und eine gemeinsame Zukunft. Eine solche Führung verzichtet keineswegs auf den Kontakt zum Mitarbeiter, aber sie ist *indirekt*. Sie schafft Strukturbedingungen mit dem Ziel, dass der Mitarbeiter Teil des unternehmerischen Gesamtauftrags wird.

Das ist grundsätzlich die einzig legitime Aufgabe der Führung: *Führung zur Selbstführung*. Ihre wahre Funktion ist weniger das Unterrichten, vielmehr das Aufrichten. Hellhörig für Berufungen zu werden. Andere zu ermutigen, ihr Potenzial zu verwirklichen. Ihnen zuzurufen: »Geh deinen eigenen Weg!«

Die Philosophie des Zutrauens hat der französische Fußballmanager Arsène Wenger so zusammengefasst: »Alle großen Erfolge, alle gelungenen Leben, beinhalten das Zusammentreffen von Einsatz und Talent. Aber ebenso das Glück, Menschen getroffen zu haben, die an dich glaubten. An irgendeinem Punkt deines Lebens brauchst du jemanden, der dir auf die Schulter klopft und sagt: ›Ich glaube an dich‹.« Wenn Menschen das Gefühl haben, ihnen wird etwas zugetraut, dann wachsen sie an ihren Aufgaben. Der »Pygmalion-Effekt«: Schon manche sind in die Kleider hineingewachsen, die andere ihnen geschneidert haben.

Wenn Sie das als Führungskraft konsequent zu Ende denken, dann ist es irgendwann nicht mehr steigerbar. Dann haben Sie Ihren Job gemacht. Dann ist er zu Ende. Durch Ihr aktives Zutun, das auch dann noch anhält, wenn Sie nicht persönlich anwesend sind. So gesehen bedeutet Führung, mit dem Mitarbeiter gemeinsam etwas zu schaffen und ihn zu begleiten – bis zu dem Punkt, wo der Mitarbeiter keine Führung mehr braucht.

Führung ist daher Hin-Führung zur Freiheit. Ziel muss es sein, eine Gruppe von Mitarbeitern so zusammenzustellen und zu entwickeln, dass sie möglichst ohne Führung auskommt. Das beste Mittel, Sie als Führungskraft zu messen, ist mithin die Leistung Ihrer Mitarbeiter *in Ihrer Abwesenheit.* Das bedeutet nichts anderes, als dass eine gute Führungskraft sich *überflüssig* macht. Also sich klug und angemessen zurückzieht.

Wenn Sie als Führungskraft das tun, kommen Sie automatisch in neue Dilemmata. Nur wenige seien genannt. *Erstens*: Das Schweigen des Chefs – also Ihr Schweigen – signalisiert das Vertrauen in die Stärke der Mitarbeiter? Oder signalisiert es Ignoranz? Das können wir ohne genaue Kenntnis des Kontextes nicht beantworten. Aber es könnte dennoch positive Konsequenzen haben: wenn Mitarbeiter sich plötzlich auf sich selbst verlassen müssen. *Zweitens*: Was ist mit der sogenannten Fürsorgepflicht des Vorgesetzten? Darüber kann man streiten. Wenn Sie aber in einem existenzialen Sinne von der Gleichheit aller Menschen ausgehen, dann gilt: Gegenüber Menschen, die ihre Interessen selbst artikulieren können, verbietet sich die Einstellung der Fürsorglichkeit. Weil es Erwachsene sind, keine Kinder. Und auch keine Behinderten. Dann muss man den Menschen auch die Chance geben, erwachsen zu leben. Hilfe ist nur da notwendig, wo ein Mensch sich nicht mehr selbst helfen kann. *Drittens*: Einige Mitarbeiter werden sagen: »Der führt ja gar nicht!

Wozu ist der überhaupt da?« In der Tat: Was bleibt von einer Führung, wenn sie erfolgreich zur Selbstführung geführt hat? Führungskräfte haben genau deshalb oft kein Interesse an selbstverantwortlichen Mitarbeitern.

In einer kurzfristigen Perspektive sieht es tatsächlich so aus, als handelten Sie gegen Ihr Eigeninteresse. Aber ist es das wirklich? Ist es ein rein altruistisches Von-sich-weg-Schauen? Nein, das Gegenteil ist der Fall! Führungskräften, die oft unter der Arbeitslast stöhnen und froh sind, wenn alles rund läuft, ist durch selbstverantwortliche Mitarbeiter geholfen. Mehr noch: Aus dem Sich-Zurückziehen kann ein großer Stolz entstehen. Es gibt einen tiefen Abgrund zwischen dem Stolz, anderen Menschen überlegen zu sein, und dem Stolz, die Lebens-Chancen anderer erhöht zu haben.

Führung ist die Kunst, sich vergessen zu machen. Was nicht heißt, dass man sie vergessen kann. Im Gegenteil! Wie dringend brauchen wir Führungskräfte, die sich aus der Überzuständigkeit zurückziehen, die Platz machen für Selbstführung, für Selbstorganisation. Um genau jenen Verlust einer unternehmerischen Zentralperspektive zu kompensieren, der für moderne Unternehmen typisch ist. Das beinhaltet auch die Fähigkeit, sich wegzudenken. Was würde (aus Sicht des anderen) fehlen, wäre ich nicht hier? Lassen wir die Trivialität beiseite, dass das Leben uns irgendwann rückstandslos entsorgt – wie würden die Dinge laufen, bliebe meine Stelle unbesetzt? Vielleicht kämen dadurch auch jene Mitarbeiter auf Betriebstemperatur, die sich beim Warten auf die große Ansage längst hingelegt haben.

Wenn es Aufgabe der Führung ist, das Überleben der Organisation zu sichern, dann ist genau diese »Führung zur Selbstführung« Ihre Aufgabe, Ihre Daseinsberechtigung. So wie der gute Arzt die Gesundheit des Patienten und somit seine eigene Entbehrlichkeit anstrebt. Wenn er das nicht tut, dann hört er auf, Arzt zu sein. Das gilt auch für Führung: Wenn Sie Ihre Entbehrlichkeit nicht anstreben, hören Sie auf, eine Führungskraft zu sein. So wie man eine gute Regierung daran erkennt, dass man ihr Regieren nicht bemerkt.

Was tun?

Heute kann kein Unternehmen mehr erfolgreich sein ohne Mitarbeiter, die Selbstverantwortung und unternehmerische Initiative zeigen. Oder, wie es der Chefdirigent der Tonhalle Zürich ausdrückte: »Mit dem herkömmlichen Repertoire an Befehlen kann man keine Musik machen.« Selbstverantwortung und unternehmerische Initiative – das sind ganz zweifellos Eigenschaften des Individuums. Aber was kann eine Führungskraft dazu beitragen, dass sich diese Eigenschaften auch im Unternehmen entfalten? Was können Sie tun, um Menschen in ihrer »Selbstführung« zu unterstützen?

Führung zur Selbstführung – diese Formulierung deutet einen Widerspruch an, der nicht so leicht aufzulösen ist. Führung bedeutet immer ein gewisses Maß an Autonomieverlust aufseiten des Mitarbeiters, Selbstführung bedeutet das Gegenteil, nämlich Autonomiegewinn. Ist nicht der Versuch von vornherein zum Scheitern verurteilt, die Eigeninitiative des Mitarbeiters durch Einmischung der Führungskraft und somit durch einen nicht-autonomen Prozess zu befördern? Wie ist eine Führung möglich, die nicht mit ihren Mitteln das Ziel dementiert?

Definieren wir zunächst »Selbstführung« als die Fähigkeit, *erstens* »eigene« motivationale Einstellungen zu haben und sie zu kontrollieren, *zweitens* Entscheidungen und Unterscheidungen klug und abgewogen zu treffen und *drittens* nicht angewiesen zu sein auf Lenkung und extrinsische Stimulierung. Wollen Sie das unterstützen, dann dürfen Sie diese Fähigkeit nicht nur als *Zustand* begreifen (der »autonome Mitarbeiter«), sondern als *Prozess*, der begleitet werden kann (der Mitarbeiter »wird« autonom). Wenn Sie Autonomie nur als Zustand begreifen, lässt sich das Rätsel der Führung zur Selbstführung nicht lösen. Begreift man sie aber als Weg, dann geht es um ermöglichende Bedingungen. Auch bei einem Mitarbeiter, dessen Selbstverantwortung verschüttet scheint, finden sich Proto-Formen des »Sich-Kümmerns«, des Engagements und wertgestützten Unterscheidens, die zum Beispiel oft in der Freizeit sichtbar werden. Das sind basale Bausteine für Autonomie, die Sie nutzen können.

Das ist die goldene Regel für Führungskräfte: befähige andere, erfolgreich zu sein. Was aber kann das heißen – »befähigen«? Niemand kann einen anderen Menschen »entwickeln«. Die Frage lautet daher: Unter welcher Bedingung ist es wahrscheinlich, dass ein Mitarbeiter diese Fähigkeiten auch *im* Unternehmen entfaltet? Wenigstens unter dieser: Stehen Sie nicht im Weg rum! Viele Führungskräfte *schaffen* mehr Probleme, als sie Probleme *lösen* – meistens um ihr überschießendes Kontrollbedürfnis zu befriedigen. Unterlassen Sie alles, was die Fähigkeit des Mitarbeiters zur Selbstbestimmung untergräbt. Reduzieren Sie alle Formen der Fremdsteuerung auf ein Minimum. Verzichten Sie vor allem auf alle Lenkungen durch Incentivierung oder Verbonifizierung. Nehmen Sie den Mitarbeiter so, wie er ist, nicht, wie er sein sollte. Wenn Sie damit nicht klarkommen, trennen Sie sich. Fair und frühzeitig. Jemandem dienen kann auch heißen, ihm zu sagen: »Sie sind auf dem falschen Spielfeld!« Versuchen Sie nicht, an ihm herumzuschrauben. An der Freiheit des anderen kommen Sie ohnehin nicht vorbei.

Seien Sie zurückhaltend mit Ratschlägen. Ratschläge sind bekanntlich auch Schläge – und erschlagen Selbstverantwortung. Regen Sie vielmehr selbstständige Suchprozesse an. Jeder Mitarbeiter, der mit einem Problem zu Ihnen kommt, hat immer auch eine Lösung. Weil es unmöglich ist, ein Problem ohne eine Lösung zu haben. Erklären Sie nicht jede schwierige Situation zur »Chefsache«. Lassen Sie den Mitarbeiter so weit wie möglich in der Verantwortung. Und erinnern Sie sich immer wieder: Die Initiative des Einzelnen ist der zentrale Wertschöpfungsimpuls, der von der Gemeinschaft getragen werden muss. Das bedingt einen klugen Umgang mit Fehlern.

Das heißt weiterhin, die Gelegenheit zu geben, *persönliche Projekte* zu finden und zu verfolgen. Bedingungen dafür zur Verfügung zu stellen: Geld, Zeit, Freiraum. Solche Projekte können vielfältiger Natur sein. Es kann die Weiterentwicklung eines innovativen Produkts sein. Es kann ein Führungsprojekt sein. Es kann die Leitung einer Betriebssportgemeinschaft sein.

Wichtig ist, dass sie selbstgewählt sind, dem Mitarbeiter wertvoll erscheinen und ihn herausfordern. Sie als Führungskraft können sie anstoßen, anbieten, sogar empfehlen – zwingen oder nötigen sollten Sie den Mitarbeiter nicht, wenn Projekte ihr Potenzial entfalten sollen. Verschieben Sie nicht das Wollen zum Sollen. Das hat noch nie wirklich funktioniert.

FÜHREN ZUR SELBSTVERANTWORTUNG

Es ist unmöglich,
Verantwortung zu delegieren.

Arbeitsbeschaffungsmaßnahmen

Es war klar: Der Chef war das Problem. Er hielt seine Mitarbeiter davon ab, ihre Aufgaben als *ihre* Aufgaben überhaupt wahrzunehmen. Er dominierte jede Besprechung. Er gab jede Lösung vor – manchmal, bevor das Problem überhaupt klar umrissen war. Er fiel seinen Leuten ins Wort, vollendete und ergänzte ihre Sätze. Ging mit seiner Meinung immer in die Vorlage. »Ich bin offen für alles, aber wir sollten doch ...« Er veränderte die Tagesordnung während der Konferenz, sprach Punkte an, auf die niemand vorbereitet war. Er traf die Entscheidungen selbst. – Und er beklagte sich ständig, dass seine Mitarbeiter keine Initiative zeigten.

Dabei verschwieg er geflissentlich, wie wohl er sich dabei fühlte. Sonst würde er es ja anders machen. Es ist ja auch großartig, so wichtig zu sein, immer im Zentrum des Geschehens, am Puls der Zeit, im Auge des Sturms. Feuerwehrmann zu spielen, die Sankt-Georgs-Nummer als helfender Retter schimmelreitend zum Wohle der Gemeinschaft (oder doch eher zum eigenen Wohl?), mit Flugzeugen zu wichtigen Verhandlungen durch die Welt zu jetten, E-Mails haufenweise, Rückrufe mitten in der Nacht. Menschen schauen auf ihn, warten auf seine Entscheidung. All das sagt: »Ich bin wichtig, und ich mache einen wichtigen Job!« Heimlich liebt er diese Inszenierungen der Unersetzlichkeit. Dann ist es auch in Ordnung, wenn er den Preis dafür zahlt. Charles de Gaulle wird der ironische Satz zugeschrieben: »Die Friedhöfe sind voll von unentbehrlichen Männern.«

Für das Unternehmen ist es nicht in Ordnung. Es arbeitet energetisch weit unterhalb seiner Möglichkeiten. Um es ganz deutlich zu sagen: Solche Verhaltensweisen sind ein massiver Loyalitätsbruch am Unternehmen. Denn wie können Menschen unternehmerisch handeln, wenn sich Führung von oben nach unten als Weisungs- und Problemlösungshierarchie aufbaut? Solange Führungskräfte ihre Rolle so verstehen, als sei es ihre Aufgabe, die Probleme ihrer Mitarbeiter zu lösen, so lange werden die Mitarbeiter mit ihren Problemen zur Führungskraft rennen. Der Chef löst das Problem, der Mitarbeiter legt sich wieder hin, denkt: »Hat mal wieder funktioniert«, und der Chef jammert über die Unterzuständigkeit seiner Leute.

Was tun? »Delegieren!«, lautet der gut gemeinte, wenn auch etwas altbackene Rat. Na gut, dann delegieren wir mal.

Delegatorische Durchlauferhitzer

So läuft das meistens ab: Der Chef ruft den Mitarbeiter zu sich: »Herr Müller, ich möchte Ihnen diese Aufgabe vollständig übergeben. Es muss in acht Wochen fertig sein, und ich möchte Sie bitten, mir jeden Montagmorgen kurz zu berichten, wie weit Sie sind. Und: Egal was ist – wenn Sie Fragen haben oder Hilfe brauchen, zögern Sie nicht, mich anzusprechen. Die Tür steht immer offen.« Klingt sauber. Aber wie viele Chefs schauen beim Vorübergehen »mal eben« in das Büro des Mitarbeiters hinein und fragen, wie es denn so läuft: »Wie geht's denn voran mit dem Projekt?« Killed by friendly fire: Der Mitarbeiter spürt förmlich, dass ihm permanent über die Schulter geschaut wird. Die Übersetzung lautet: »Ich habe Ihnen das Projekt zwar übergeben, aber natürlich traue ich Ihnen nicht zu, es allein erfolgreich zu beenden, deshalb frage ich jedes Mal nach, wenn wir uns sehen.«

Es gibt kaum demotivierendere Praktiken in der Chef-Mitarbeiter-Beziehung. Ein Mitarbeiter muss spüren, dass ihm vertraut wird. Denn Vertrauen ist ein wechselseitiger Prozess. Grotesk zu sehen, wie viele erzkapitalistische Unternehmer Lenins Satz vom »guten« Vertrauen, aber der »besseren« Kontrolle im Banner tragen. Dabei ist Misstrauen nur die Intelligenz der Benachteiligten. Ohne Vertrauen jedoch gibt es keine Selbstverantwortung des Mitarbeiters.

»Aber einige Mitarbeiter erwarten doch, dass man sich ständig um sie kümmert!« Tun Sie immer das, was andere von Ihnen erwarten? Oder kommt diese Mitarbeitererwartung Ihren Größenidealen entgegen? Wenn es Ihnen darum geht, dass Mitarbeiter wirklich Verantwortung übernehmen, dann müssen Sie sich auch *innerlich* von dieser Aufgabe lösen und nicht permanent dem Mitarbeiter heimlich oder auch weniger heimlich über die Schulter schielen. Es ist die Aufgabe des Mitarbeiters, und er hat sie zu lösen. Falls er einen Gesprächspartner braucht, stehen Sie bereit. Mehr ist für Sie nicht zu tun.

Please the boss

Viele Führungskräfte haben mehr oder weniger mühevoll das Delegieren gelernt. Aus dem Steinbruch des Chefs werden einige Stücke herausgebrochen und dem Mitarbeiter »überlassen«. (»Am liebsten würde ich ja alles allein machen, aber das Zeitproblem …«) Der Mitarbeiter erledigt die Aufgabe und liefert das Ergebnis beim Chef wieder ab. Der Chef beurteilt dann die Arbeit, denn er will, dass sein Mitarbeiter so arbeitet, wie er es für richtig hält.

Eine solche Einstellung ist nicht falsch. Aber sie hat Konsequenzen. Auf diese Weise lernen die Mitarbeiter schnell, wie eine Arbeit ausgeführt werden soll – so, dass sie dem Chef gefällt. Sie verbringen viel Zeit damit, darüber nachzudenken, was ihm wohl zusagen könnte. Wenn sie zu keinem Ergebnis kommen, fragen sie nach, wie denn der Chef darüber denkt. Jedes Detail wird gegengecheckt und abgesichert. Sie informieren ihn ständig (was den Chef in der Summe mehr Zeit kostet, als es ihm erspart). Sie sitzen in Meetings und spekulieren, ob dieser oder jener Hierarch die Lösung wohl »mitträgt«. »Please the boss« – das ist die Krankheit, die wir uns durch die Delegationspraxis zugezogen haben. Denn Delegation heißt: Aufgaben abgeben, aber dafür sorgen, dass sie im Sinne des Meisters ausgeführt werden. Selbstverantwortung ade!

Es ist einfach unpraktisch, die eigenen Maßstäbe verbindlich für alle anderen zu machen. Führungskräfte müssen lernen, das »Wunder des Andersseins« (Martin Buber) anzuerkennen. Die Leute gehen nicht in die Verantwortung, wenn man ihnen fremde Maßstäbe aufzuzwingen versucht. In einem Delegationsklima werden die besten Mitarbeiter Sie verlassen. Früher oder später. Physisch oder psychisch. Wirklich kreative Mitarbeiter spielen das Spiel keine sechs Monate mit. Ein solcher Rahmen ist zu eng. Das ist einer der Gründe, wieso so viele gute Leute lieber in kleineren Organisationen arbeiten.

Sagen Sie Ihren Mitarbeitern nicht, was hohe Leistung »ist«. Es ist sowieso nur das, was Sie für hohe Leistung halten. Die Mitarbeiter wissen am besten, was hohe Leistung in ihrem Job bedeutet. Fragen Sie nach! Was heißt hohe Leistung für Sie? Welche Hindernisse hindern Sie, das zu erreichen? Wer kann sie verändern? Sie haben ja immer noch die Möglichkeit zu verhandeln, wenn Sie wesentlich andere Maßstäbe haben.

Es gehört Mut dazu, den Mitarbeitern die Autorität zu lassen, ihren Job so zu machen, wie *sie* ihn machen wollen. Aber es lohnt sich.

Verantwortung »delegieren«?

Wenn von Selbstverantwortung im Unternehmen gesprochen wird – und »Verantwortung delegieren« ist der unbestrittene Management-Hit! –, dann ist eine auffällige Infantilisierung der Mitarbeiter unüberhörbar. Die Führungsgrundsätze eines der größten deutschen Automobilbauer: »Aufgabe des Vorgesetzten ist es, seine Mitarbeiter zu selbstständigem Arbeiten anzuhalten.« Das ist die Sprache der Kindererziehung. Logisch läuft das auf eine »Sei spontan!«-Paradoxie hinaus: Eine Aufforderung, die Aufforderung zu ignorieren, vertieft nur noch die irritierende Abhängigkeit: Der Empfänger kann die Aufforderung befolgen oder auch nicht, auf keinen Fall kann er dabei spontan sein.

Eine große bayerische Bank will die »ermächtigte Eigeninitiative«. Ein in der Tat mächtiges Wort. Sicherlich auch gut gemeint. Aber leider Unsinn. Zur Eigeninitiative kann nicht »ermächtigt« werden. Eigeninitiative ermächtigt sich selbst. Sie fragt nicht nach Erlaubnis. Falls sie Erlaubnis braucht, ist sie keine mehr.

Das überall nachgeplapperte Wort von »Verantwortung delegieren« bewegt sich mithin auf der gleichen intellektuellen Höhe wie der Managertraum, man könne Mitarbeiter dauerhaft dazu »motivieren«, etwas zu tun, was sie aus sich heraus eigentlich nicht tun wollen. Formal delegiert der Chef Aufgaben nach unten, sagt zudem noch modebewusst: »Jetzt haben Sie mehr Verantwortung!« – und stärkt damit unausgesprochen die Abhängigkeit. Eine Doppelbotschaft: »Ich bestimme, wann du selbstverantwortlich sein darfst.« Und das ist so wirkungsvoll wie der herausgebrüllte Befehl: »Sei locker!« Eine Selbstverantwortung von Gottes Gnaden ist psycho-»logisch« leer.

Nicht übertragbar

Ich höre häufig, man müsse zusammen mit der Aufgabe auch die Verantwortung übertragen. Gemeint ist häufig ein Sammelsurium aus freier Wahl des Mitteleinsatzes und der Umsetzung plus »Ich mache Sie dafür verantwortlich!« im negativen Fall. Haben Sie sich schon mal gefragt und bildlich vorgestellt, was das heißt: Verantwortung übertragen? Schauen wir uns dazu – stellvertretend für viele – ein Kreditinstitut an: »Führungskräfte ... geben dem Mitarbeiter die volle Verantwortung der von ihm übernommenen Aufgaben.« Sagt dieser Satz etwas aus? Etwas, das Handlungsbedeutung hat? Nein, dieser Satz ist leer. Man kann niemandem Verantwortung *geben*. Die hat er automatisch mit der Aufgabe, wenn er zu der Aufgabe »Ja« gesagt hat. Dann können Sie ihn anschließend zur Verantwortung ziehen, wenn Ihnen das wichtig ist. Aber Sie können niemandem Verantwortung (von außen) geben, wenn er sie nicht nehmen will. Verantwortung kann man nicht »delegieren«. Wenn Ihr Mitarbeiter nicht eigenaktiv Verantwortung übernehmen will, taucht er unter ihr weg.

Selbstverantwortung ist eine Einstellung. Sie ist nicht übertragbar.

Aufgaben können Sie delegieren, Verantwortung nicht. Verantwortung kann nur der Mitarbeiter *nehmen* – wenn er will, weil er es *gewählt* hat, wenn er der inneren Einstellung nach selbstverantwortlich ist, wie immer auch die juristische Sündenahndung aussehen mag. In diesem Sinne ist Verantwortung immer Selbstverantwortung. Sie ist Aktion des Mitarbeiters. Sie ist eine Ermächtigung aus sich selbst heraus.

Allerdings können Sie als Führungskraft ihm die Verantwortung *wegnehmen*: Dazu müssen Sie ihm die Aufgabe wegnehmen. Zum Beispiel dann, wenn Fehler drohen oder die Aufgabe auf eine Weise ausgeführt wird, die Ihren Erwartungen nicht entspricht. Aber genau hier droht die Klippe. Wenn es eng wird, neigen Führungskräfte traditionell dazu, unter Rückgriff auf die juristisch beziehungsweise machtlogisch »höhere« Verantwortung des Vorgesetzten den Mitarbeiter aus der Verantwortung *herauszunehmen*. Sie machen die Spielräume eng. Die ganze Angelegenheit wird letztlich zur »Chefsache« erklärt. Man sei ja schließlich – »in der Verantwortung«. Aha!

Diese pompöse »Chefsache«: Jeder soll wissen, dass das Problem ein ungemein wichtiges ist, dass die anderen, die sich bisher damit befassten, sämtlich inkompetent waren und dass nun die glänzende Lösung bevorstehe. Wenigstens ist dann klar, wer Herr im Haus ist. Zwei- bis dreimal müssen Sie als Chef so handeln, dann haben Sie ein weiteres Death Valley der Selbstverantwortung produziert.

Führen zur Selbstverantwortung kann also nur heißen:

Den Mitarbeiter in der Verantwortung lassen!

Auch und gerade wenn Schwierigkeiten drohen. Genau in einer solchen Situation wird über das Thema »Selbstverantwortung« im Unternehmen entschieden! Lassen

Sie die Verantwortung dort, wo sie hingehört: bei dem, der die Aufgaben macht. Eine große Herausforderung für manche Führungskräfte.

Aber was kann »in der Verantwortung lassen« praktisch heißen?

Verantwortung für Entscheidungen

In einem kleinen und elitären Altersruhestift, das am Ort einem für die Branche relativ scharfen Wettbewerb um wohlhabende Kunden ausgesetzt ist, erstellen der Pflegedienst, der Wirtschaftsdienst und die Verwaltung das gemeinsame Produkt »Dienstleistung am alten Menschen«. Die Verwaltungsleiterin Christiane S. ist gleichzeitig Heimleiterin. Es ist üblich, dass sich die Bewohner des Stiftes mit kleineren Spenden für fürsorgliche Dienste gegenüber dem Personal erkenntlich zeigen. Diese Spenden wurden bislang immer zwischen den Mitarbeitern des Pflegepersonals paritätisch verteilt. Eines Tages erhält die Heimleiterin von einem Angehörigen eines Bewohners ein sehr freundliches Dankschreiben und einen Hundert-Euro-Schein »für das Haus«. Christiane S. verwendet das Geld für den Kauf besonders hübscher Tischdecken, »weil ja dann alle etwas davon haben«. In einer der folgenden Dienstbesprechungen des Pflegedienstes wird Christiane S. beschuldigt, das Geld unberechtigterweise ausgegeben zu haben, da 1) das Geld dem Pflegedienst allein zustehe wegen seines direkten »Dienstes am Menschen« und 2) Ausgaben wie für Tischdecken sowieso von der

Stiftungszentrale beglichen werden müssten. Die beiden anderen Dienste melden daraufhin ihren grundsätzlichen Anspruch auf Teilhabe an, »was wir schon immer mal sagen wollten.« In einer tribunalähnlichen Situation rechtfertigt die Heimleiterin ihr Verhalten und delegiert die Entscheidung an den Stiftungsvorstand. Ein Desaster.

Wir haben hier wieder das Grundproblem der organisierten Unverantwortlichkeit: Nicht das Unternehmen erstellt die Leistung, sondern ein partikularer Teil; »wir« leisten den wichtigsten Beitrag. Es herrscht kein Prozessbewusstsein, sondern ein Abteilungsbewusstsein. Überdies scheinen hier einige psychologische »Altlasten« hochgespült zu werden, die offenbar schon längere Zeit einer aktiven Bearbeitung harren. Dennoch griffe es zu kurz, dem Pflegedienst lediglich Egoismus vorzuwerfen und ein moralisch aufgeschäumtes Gemeinschaftsgefühl einzuklagen. Der Konflikt wäre vermeidbar gewesen: Die Heimleiterin bringt die Dienste in die Verantwortung. Sie schildert kurz die Situation und moderiert einen Entscheidungsprozess. *Das* ist die Aufgabe von Führung: eine Situation herbeizuführen, in der alle Sichtweisen respektiert werden sowie die berechtigten Ansprüche der Beteiligten offen gemacht und verhandelt werden können.

Und dies möglichst, *bevor* am konkreten Anlass die offenbar lange verschleppten schlechten Gefühle explodieren.

Es ist überraschend, welche erstaunlichen Ergebnisse Sie erzielen, wenn Sie die Entscheidungskompetenz dahin verlagern, wo auch die Sachkompetenz sitzt. Aber Führungskräfte haben sich angewöhnt, für ihre

Mitarbeiter Wahlentscheidungen zu treffen. Das ist ein wesentliches Element ihres Rollenselbstbildes. Die Folgen liegen auf der Hand: Mitarbeiter gehen für die Entscheidung nicht in die Verantwortung. Ein Qualitätsprüfer, der seinen Job selbst abgeschafft und die Qualitätsprüfung wieder in die Hand der »Produzenten« gelegt hatte, erzählte mir: »Was immer ich tat, es war falsch. Wenn ich entschied, auch die qualitativ schlechteren Produkte zu verkaufen, häuften sich die Kundenreklamationen. Unsere Leute sagten dann: ›Sie hätten diese Charge nicht freigeben dürfen!‹ Wenn ich die Ware zurückhielt: ›Einiges von dem Material ist doch nicht so schlecht. Das hätten wir doch noch verkaufen können. So aber bekommen wir unseren Quartalsbonus nicht. Das ist unfair.‹«

Es gibt zweifellos viele Mitarbeiter, die gerne und immer schon Verantwortung übernehmen. Die allermeisten Mitarbeiter fühlen sich verantwortlich für ihr Werk, für die Erfüllung einer Aufgabe, für das Lösen eines Problems, für das Erreichen eines Ziels. Wenn es nicht so wäre, würden manche Unternehmen gar nicht mehr existieren. Ein mittelständischer Bauunternehmer: »Mein Kranführer kauft den Kran selber. Damit habe ich gute Erfahrungen gemacht. Es ist dann ›sein‹ Kran. Er fühlt sich dafür verantwortlich.«

Meiner Erfahrung nach ist dieses Gefühl extrem verbreitet: »Wenn die uns doch mal machen lassen würden.« Solche Mitarbeiter kann man nur demotivieren, indem man ihnen Verantwortung wegnimmt. Dann ist die Reaktion: »Warum engagiere ich mich hier eigentlich?« Dann kann passieren, was sich in einem großen Möbelkaufhaus des Ruhrgebiets zutrug.

Dort wurde der Möbeleinkauf, den vorher die Verkäufer selbst zu verantworten hatten, im Rahmen einer groß angelegten Restrukturierung von einer zentralen Einkaufsstelle übernommen. Man glaubte dadurch mit Blick auf die Kosten endlich »über den Berg« zu sein. War man auch: von da an ging's bergab. Der Umsatz sackte in den Keller. Die Verkäufer erkannten sich nicht in den Möbelstücken wieder, die ihnen von der Zentrale zum Verkauf »vorgesetzt« wurden. Sie entwickelten keinen Stolz auf diese Produkte und verkauften lust- und erfolglos. Eine typische Reaktion auf Ent-Antwortung.

Zumutung: Wahlfreiheit

Es gibt Mitarbeiter, denen die Fahne der Flucht durch die Köpfe weht. Diese Mitarbeiter arbeiten hart daran, ihre Chefs hart arbeiten zu lassen. Und die Chefs arbeiten hart daran, Entscheidungen zu treffen und Probleme zu lösen, die nicht die ihren sind. Der Versuch, Verantwortung zu vermeiden, geht dabei oft mit selbstgewähltem kleinmachen einher: »Diese Entscheidung ist Managementaufgabe. Dafür werden wir nicht bezahlt.« Klar – sie wurden über Jahre trainiert, von den Entscheidungen ihrer Chefs abhängig zu sein.

Oder verdeckter als »Sich-dumm-Stellen«. Der Marketing-Vorstand eines großen Lebensmittelkonzerns wundert sich: »Die Mitarbeiter übernehmen keine Verantwortung, sie warten ständig ab, schauen einen mit großen Augen an, zögern, machen nie vollständige oder entscheidungsreife Vorschläge. Ich sage dann: ›Setzen Sie sich heute morgen mit X oder Y zusammen, und um 12.00 Uhr besprechen wir das.‹ Was dann um 12.00 Uhr präsentiert wird, ist inhaltlich und formal gleich null. Meistens mache ich dann Vorschläge.« – Ich weiß: der Zeitdruck. Aber solange dieser Manager sich so verhält, übernehmen die Mitarbeiter keine Verantwortung für sich. Sie haben die Hilfe, die es ihnen erlaubt, nicht an sich zu arbeiten. Der Zeitdruck wird wachsen.

Es ist schwierig, Menschen in der Verantwortung zu lassen. Vielen Menschen ist selbstverantwortliches Handeln schon in der Kindheit aberzogen worden. Sie haben während ihres 30- bis 40-jährigen Berufslebens nie gelernt, Entscheidungen zu treffen und die Konsequenzen zu tragen. Stattdessen haben sie sich möglichst geschmeidig der Vorgesetztenmeinung angepasst und jede Initiative vermieden. Bei einem Pharma-Unternehmen hatte man den etwa 150 Referenten ein persönliches Marketing-Budget von 2500 Euro jährlich zur Verfügung gestellt. Ein Monat vor Ablauf der Jahresfrist war noch kein einziger Cent abgerufen worden! Ja, Wahlfreiheit wird nicht selten als Zumutung erlebt. Nicht wenige Mitarbeiter meiden Entscheidungssituationen, weil sie nicht bereit sind, den Preis der abgewählten Möglichkeit oder gar des Scheiterns zu zahlen. Wenn ihnen dann jemand die Entscheidung abnimmt, können sie wieder initiativ werden: »Das war aber falsch!« Schnelle Erfolge lassen sich bei diesen Mitarbeitern kaum erzielen. Aber was ist die Alternative? Weitermachen wie bisher?

Dazu eine Geschichte, von der ich nicht weiß, ob sie sich tatsächlich so zugetragen hat; wenn nicht, ist sie gut erfunden: Ein Bereichsleiter für Unternehmensentwicklung war bekannt für seine Neigung, Mitarbeiter in der Verantwortung zu lassen. Eines Tages kam ein Mitarbeiter zu ihm in dem Bemühen, sich abzusichern: »Diesen Fall kann ich nun wirklich nicht entscheiden.« Daraufhin sein Chef freundlich: »Wenn ich das für Sie entscheide, kostet das über den Daumen etwa 6000 Euro. Die ziehe ich Ihnen in zwölf Raten von Ihrem Gehalt ab – dafür, dass ich Ihren Job mache.« Der Mitarbeiter lachte, hielt es für einen Scherz und ließ den Chef entscheiden. Als seine nächste Gehaltsabrechnung kam, lachte er nicht mehr.

Der Mitarbeiter, der den Job macht, ist auch verantwortlich für den Job. Da gibt es nichts zu »delegieren«. Jeder Mitarbeiter muss für seine Leistung Verantwortung übernehmen. Er muss auch entscheiden, wie dieser Job am besten zu machen ist, welche Hilfsmittel er braucht. Er muss verstehen lernen, Entscheidungen selbst zu treffen und dann mit den Konsequenzen zu leben. Nur wenn jeder Mitarbeiter in dieser Weise verantwortlich ist, ist Commitment für eine Entscheidung möglich. Ein Arbeiter, für das Einfügen von Türen bei Opel verantwortlich: »Ich bestimme, wann ich fertig bin. Bin ich nicht zufrieden, läuft nichts.« Commitment resultiert aus dem »Ja« zu dieser Aufgabe, aus dem Gefühl, für Entscheidungen verantwortlich zu sein.

Diese Form des Loslassens bedeutet nicht, den Mitarbeiter alles machen zu lassen, jede Mitverantwortung zu ignorieren und auf jeden Einfluss zu verzichten. Dieses Loslassen hat auch nichts mit fehlender Überzeugung und laxem Treibenlassen zu tun. Im Gegenteil: Es gründet auf der festen Überzeugung, dass die allermeisten Mitarbeiter wissen, was zu tun ist, und dass man ihnen dieses Selbstvertrauen nur abtrainieren kann.

Eine Führung, für die Selbstverantwortung der zentrale Gestaltungswert ist, ist weit mehr vom *Lassen* als vom *Machen* bestimmt. Keine leichte Aufgabe, definieren sich doch die weitaus meisten Führungskräfte über ihre »Durchsetzungsfähigkeit« und »klare Entscheidungen«. Haben Sie immer noch die Illusion einer »einzig richtigen« Entscheidung, die eher Sie als Ihre Mitarbeiter finden? Haben Sie kein Vertrauen in die Entscheidungen Ihrer Mitarbeiter? Dann wundern Sie sich nicht, dass Ihre Mitarbeiter kein Vertrauen zu Ihnen haben. Für eine Führungskraft aber, die begriffen hat, dass es keine Einzig-Richtigkeit gibt, kann Führung nur heißen: *den Mitarbeitern die Wahl nicht abnehmen*. Die Mitarbeiter ihre eigenen Antworten finden lassen.

Führung ist dann verantwortlich dafür, einen Rahmen zu gestalten, der jeden Mitarbeiter ermutigt und befähigt, Verantwortung für seine Leistung zu übernehmen. Das bedeutet unter anderem ein so vollständiges Informationssystem, dass die Mitarbeiter über alle relevanten Daten verfügen, die zu einer substanziellen Entscheidung notwendig sind. Vor allem aber müssen die Mitarbeiter die Ergebnisse ihres Handelns kennen.

Auch dann, wenn es sich um Probleme und Schwierigkeiten handelt.

Rat-Schläger

Der Vorarbeiter geht zum Meister: »Das ist also mein Problem. Können Sie mir irgendwelche Anregungen geben?« – »Ja, haben Sie denn schon mal versucht ...« – »Hab' ich schon, aber es hat nicht geklappt.« – »Dann sollten Sie vielleicht ...« – »Das geht auch nicht, weil doch ...« – »Na ja, dann müssten Sie wohl ...« – »Das habe ich doch schon vor drei Monaten versucht! Das geht doch auch nicht!«

Kennen Sie solche Dialoge? Der Meister wird über die Problembeschreibung des Vorarbeiters immer stärker emotional ins Problemfeld hineingezogen, er wird wortwörtlich »ergriffen« von den Schwierigkeiten. Es entsteht ein spürbarer Erwartungsdruck, der Meister beginnt, dem Vorarbeiter Ratschläge zu erteilen. Oder will er nur das Gespräch abkürzen? Ein uraltes Spiel, in Unternehmen täglich tausendfach gespielt nach dem Motto: »Zeig du mir die Suppe, in der ich kein Haar finden kann!« Dieses Psychospiel heißt »Ja, aber ...« und verspricht dem Mitarbeiter dreifachen Gewinn: Erstens erhält er Aufmerksamkeit. Zweitens kann er durch das Ablehnen der Vorschläge seine Überlegenheit demonstrieren (»Kenn' ich schon, weiß ich schon, ich bin ja doch besser als du!«). Drittens aber kann er sich durch diese Form des Sich-Ratschläge-Holens aus der Verantwortung stehlen. Und stiehlt dabei dem Chef die Zeit.

Mitarbeiter erwarten oft eine Lösung. Aber wer ein Problem hat, hat auch immer eine Lösung. *Es ist unmöglich, ein Problem ohne eine Lösung zu haben.* Wenn jemand mit einem Problem zu Ihnen kommt, hat er immer auch die helfenden Ressourcen. Oft ist sein Blick verengt, problemhypnotisch schaut er sich sein Problem an und nicht seine Möglichkeiten. Meistens kennt der Mitarbeiter die Lösung sehr gut, er will nur nicht in die Verantwortung für die Konsequenzen einer Lösung eintreten, will sich absichern. Manchmal aber braucht er nur einen Gesprächspartner, um eine Lösung im Gespräch gemeinsam zu entwickeln.

Führungskräfte, die »wissen, wie es geht«, glauben auch hier wieder an die Einzig-Richtigkeit von Lösungen. Sie ignorieren die Vielfalt der Möglichkeiten. Interessiert sind sie mehr an der Inszenierung ihrer Grandiosität als an der Erweiterung des Mitarbeiterpotenzials. Sie kappen den kreativen Suchprozess des unmittelbar Verantwortlichen. Aber der Preis ist hoch: Ratschläge erschlagen Selbstverantwortung.

Das Sanitäter-Modell

Ausgesprochen verbreitet ist das Sanitäter-Modell der Führung als Erste Hilfe, wonach das richtig ist, was die Dringlichkeit gebietet. Dem grundsätzlichen Unfallcharakter der Mitarbeiter-»Versuche« wird damit am ehesten entsprochen. Zudem entspricht es komplementär den moralisierenden Anheuerungen nichtverantwortlicher Mitarbeiter. In Vertriebsorganisationen die Regel: Hat ein Außendienstmitarbeiter einen Konflikt oder ein Problem mit einem Kunden, rennt er zu seinem Chef. Der zieht die Sache an sich und regelt das Problem mit dem Kunden. Die Wirkung auf den Mitarbeiter ist in jedem Fall negativ: Vielleicht denkt er »Hat wieder geklappt« – und bleibt unterzuständig. Oder er resigniert: »Ich kann meine Probleme nicht alleine lösen.« Die Wirkung auf den Kunden: »Der kleine Außendienstler hat sowieso nichts zu sagen, am besten, ich verhandele gleich mit seinem Chef.« (Und in der Tat wollen dann viele Kunden die wichtigen Gespräche immer mit dem Chef führen.) Der Chef fühlt sich als Katastrophenbeauftragter großartig. Möglicherweise ist er aber auch überzuständig resigniert und beklagt im nächsten Moment die Unterzuständigkeit seiner Leute. Häufig schwankt er zwischen feuerwehrmännlichen Heldengefühlen und Überlastungsgejammer (»Alles muss man selber machen!«).

Die Kohlen aus dem Feuer holen? Sie können Ihren Mitarbeitern sagen, wo die Zange und die Handschuhe hängen, aber die Kohlen sollen sie selbst aus dem Feuer holen. Jemanden achten heißt vor allem: nicht retten!

Das beste Korrektiv bei Problemen und Schwierigkeiten ist es, mit den Konsequenzen zu leben. Es gibt für jedes Handeln logisch-natürliche Konsequenzen. Sie ergeben sich aus der Sache. Auf logische Folgen kommen Sie relativ leicht durch die Frage: »Was geschieht, wenn ich mich nicht einmische?« Logisch-natürlich ist es, den Schaden zu reparieren beziehungsweise den Mangel nachzuarbeiten. Mitarbeiter erfahren und tragen so die Folgen ihres Handelns. Wenn die Führungskraft sich auf diese Weise *angemessen* und *überlegt* zurückzieht, können die logischen Konsequenzen ihre Lernenergie entfalten.

Führen heißt mithin, dem Mitarbeiter zu zeigen, dass es in *seiner* Macht steht, das Problem zu lösen.

Und nicht das zu tun, was *Sie* verlangen. Raus aus der Symbiose! Selbstverständlich – und ich sage es noch einmal, weil es mir wichtig ist – können Sie Ihre Mitarbeiter darauf konditionieren, das zu tun, was *Sie* für richtig halten. Je mehr ein Manager Probleme für seine Mitarbeiter löst, desto weniger tun sie es selbst, desto weniger Commitment ist im Unternehmen. Das ist weder falsch noch unmoralisch. Aber von Selbstverantwortung sollten Sie dann nicht mehr sprechen.

Eine Führungskraft schrieb mir nach einem Seminar einen Brief: »Jahrelang war ich der Weltmeister im Retten unselbstständiger Mitarbeiter. Vor Kurzem kam ein Key-Accounter zu mir mit einem Problem, das er mit einem unserer wichtigsten Kunden hatte. Normalerweise hätte ich die Angelegenheit sofort an mich gezogen, zu viel Umsatz stand auf dem Spiel. Diesmal nicht. Ich diskutierte mit meinem Mitarbeiter einige alternative Vorgehensweisen, bat ihn aber, selber eine Entscheidung zu treffen und auch selber das Problem aus der Welt zu schaffen. Mein Mitarbeiter war zunächst geschockt. Gewöhnt, bei Schwierigkeiten meine helfende Hand zu greifen, war er zunächst sehr unschlüssig. Auch ich spürte die Versuchung, die Sache auf meine Weise zu erledigen. Aber er entschied sich dann doch, traf sich mit dem Kunden und regelte die Angelegenheit. Er hat sich später bei mir dafür bedankt, dass ich ihm Gelegenheit gegeben hätte, sein Problem selbst zu lösen. Aber das war nicht mein wichtigster Erfolg. Viel wichtiger war, dass ich der Versuchung widerstanden hatte, die alte Retter-Nummer zu spielen.«

Das Gleiche gilt auch für den betriebsinternen Umgang mit Konflikten. In der hierarchischen Konstruktion organisierter Unverantwortlichkeit gibt es kaum direkte Kommunikation. Kommuniziert wird vornehmlich über die Wasserfallkaskade: weil es nicht darum geht, ein Problem zu lösen, sondern darum, den »Dienstweg« einzuhalten. Demotivations-Schneebälle. Hierbei wird unterstellt, dass der Mitarbeiter bei Konflikten zu blöd ist, selbst die Situation zu beschreiben, sein Verhalten zu erklären, ggf. zu verteidigen. Im Lichte der Selbstverantwortung eine ambivalente Situation: Viele Führungskräfte werden sich schützend vor den Mitarbeiter stellen, weil es der Mitarbeiter erwartet. Andererseits muss der Mitarbeiter lernen, sich selbst zu verantworten; er kann seine Konfliktkompetenz erhöhen. Noch heute bin ich meinem ersten Chef dankbar für diese Lektion: Wenn sich bei ihm jemand über mich beschwerte, verwies er diesen mit Seelenruhe an mich, seinen Mitarbeiter: »Der sitzt ein Büro weiter; der kann für sich selber sprechen, und er kann es selbst am besten erklären.«

Fürsorgliche Belagerung

»Herr Meier, glauben Sie nicht, dass Sie für die morgige Präsentation noch einige Charts zur Sicherheit anfertigen lassen sollten?« – »Nein, ich denke, ich stecke so in der Materie drin, dass ich auf alle Nachfragen eine befriedigende Antwort geben kann.« – »Ich meine doch, dass Sie es tun sollten; der Vertriebsleiter stellt häufig unangenehme Fragen, da ist es besser, Sie sind vorbereitet und können ihm etwas anbieten.« Herr

Meier geht in sein Büro, um noch einige Charts zu erstellen.

Diese Führungskraft entscheidet, wann der Mitarbeiter hinreichend vorbereitet ist oder nicht. Sie ist überfürsorglich und will ihre Schutz-Autorität ausspielen. Sie scheint vorausschauend, mächtig, erfahren – und hält doch den Mitarbeiter im Zustand der Abhängigkeit. Das alles natürlich unter dem Vorwand, um dessen Wohl äußerst besorgt zu sein. Mehr noch aber spiegelt es den eigenen Mangel an Selbstvertrauen, den Zweifel an den eigenen Fähigkeiten in vergleichbaren Situationen. Und dieser Zweifel wird in unverantwortlicher Weise auf den Mitarbeiter projiziert. Das hätschelt zwar die Eitelkeit und gibt zudem das Gefühl, der Mitarbeiter sei auch nicht kompetenter in solchen Situationen, als man es selbst sei, aber es belässt den Mitarbeiter in einem Verhältnis der Abhängigkeit. Die heimliche Botschaft: »Du kannst die Situation noch nicht überschauen, deshalb wirst du scheitern, wenn du nicht tust, was ich dir sage.« Damit nimmt die Führungskraft den Mitarbeiter aus der Verantwortung heraus. Der Vorgesetzte tauscht Gedeih gegen Verderb, weil er – ich spreche es aus – vielleicht insgeheim fürchtet, ein »Versagen« des Mitarbeiters könnte auf ihn zurückfallen. Dafür ist er bereit, einen hohen Preis zu zahlen: Er schwächt die vorhandene Selbstständigkeit und entmutigt die Zuversicht des Mitarbeiters. Dessen Einstellung war ja: »Es wird schon gelingen.« Jetzt hat er die Einstellung: »Es könnte schiefgehen.« Welche Einstellung macht einen Erfolg wohl wahrscheinlicher?

An einer Bürotür las ich einen Aufkleber, der es auf

den Punkt bringt: »Bitte nicht helfen, es ist auch so schon schwer genug.«

Eine Führungskraft, der daran gelegen ist, ihre Mitarbeiter in der Verantwortung zu lassen, sollte ihre »Fürsorgepflicht« nicht überziehen. Wir können und sollten Mitarbeiter nicht zu sehr schützen. Sie haben ein Recht darauf zu lernen, wie man schwierige Situationen meistert. Führung ist in der Pflicht, zu Mut und Selbstvertrauen zu er-Mut-igen. Die beste Ermutigung ist die Überzeugung: »Sie werden es schon schaffen!« Führung heißt dann, zurückzutreten und dem Mitarbeiter Raum zu geben, seine Kraft und seine Fähigkeiten zu entfalten. Hilfe verweigern und dem Prozess vertrauen – und darauf vertrauen, dass der Mitarbeiter auch aus einer Enttäuschung etwas Positives für sich entstehen lassen kann.

Wenn es Ihnen also darum geht, die Leistungsfähigkeit Ihrer Mitarbeiter zu erhöhen:

Tun Sie nichts, was der Mitarbeiter selbst tun könnte.

Lösen Sie nicht seine Probleme. Lassen Sie die Mitarbeiter in der Verantwortung. Wenn Sie Ihren Mitarbeiter bei jeder Schwierigkeit seiner Verantwortung entheben, dann inszenieren Sie zwar Ihre Grandiosität und Unersetzlichkeit, aber dann dürfen Sie sich nicht wundern, wenn der Mitarbeiter sich unfähig und unverantwortlich fühlt. Viele Führungskräfte *wollen* das so. In Ordnung! Wenn Sie dazugehören, legen Sie spätestens jetzt dieses Buch weg.

Selbstständige Suchprozesse anregen

Wenn es Ihnen darum geht, die Mitarbeiter in der Verantwortung zu lassen (und gleichzeitig auf den Thrill der Überzuständigkeit verzichten wollen), dann müssen Sie den Mitarbeiter auffordern, die Abhängigkeit aufzugeben. Das machen Sie dadurch, dass Sie keinen Zweifel lassen, dass der Mitarbeiter entscheiden und handeln wird. Stellen Sie sich ihm als Gesprächspartner zur Verfügung. Ihre Aufgabe ist es, die logisch-natürlichen Konsequenzen der Handlungsalternativen zu beleuchten. Krumm wie ein Fragezeichen stehen Sie dabei besser als steif wie ein Imperativ:

- An welche Alternativen haben Sie bisher gedacht?
- Wo liegen aus Ihrer Sicht Vorteile und Nachteile?
- Welche weiteren Informationen brauchen Sie, um das Problem zu lösen?
- Was ist Ihr Vorschlag?
- Was geschieht, wenn Sie nichts tun?

Dazu bedarf es einer Einstellung, die nicht wie die Logik alles an den zwei Fingern des Wahren und Falschen abzählt, sondern einer unendlich vielfältigen Wirklichkeit die ganze Hand hinhält. Führung heißt dann mindestens: Keine Ratschläge geben. Rückdelegation verweigern. Sich aber als Gesprächspartner zur Verfügung stellen und den Blick auf die Möglichkeiten lenken. Fragen stellen, die *selbstständige Suchprozesse beim Mitarbeiter anregen* und auf Ressourcen fokussieren. Den statischen Zustand mobilisieren: Die Situation ist beeinflussbar, wir sind nicht den Umständen ausgeliefert.

Führungskräfte müssen nicht »mehr« wissen. Sie müssen die Lösung nicht kennen. Ihre Kernkompetenz ist es zu wissen, wie man jemanden einlädt, seine eigenständigen Fähigkeiten zu reaktivieren. Und zu den Konsequenzen zu stehen: Optionen aufzuzeigen für die individuelle Wahl, mit klarem Blick für den Preis, der jeweils zu zahlen ist: »Was können *Sie* tun?« Auf diese Weise lassen Sie den Mitarbeiter in der Verantwortung. Die indische Weisheit sagt: »Gib einem Hungernden einen Fisch, und er hat was zu essen für einen Tag; lehre ihn angeln, und er wird überleben.«

Nehmen wir ein alltägliches Praxisbeispiel: Der Mitarbeiter erwägt, auf ein Seminar zu gehen, aber will Ihnen die Verantwortung zuschieben: »Glauben Sie, dass diese Tage mich weiterbringen?« Mit der Antwort »Aber ganz sicher!« nehmen Sie ihm die Entscheidung ab und letztlich auch die Verantwortung für den Optimierungsnutzen, den er aus dem Seminar ziehen könnte. Da ist es nur noch ein kleiner Schritt zu der völlig desolaten Praxis, mit der Chefs ihre Mitarbeiter auf ein Seminar »schicken«. Wenn Sie aber freundlich antworten: »Was erwarten Sie denn?«, belassen Sie die Beantwortung der Frage da, wo sie hingehört. Vielleicht erkundigen Sie sich: »Welche Erfahrungen haben Sie denn bisher mit Seminaren gemacht?« Nur so bleibt die Verantwortung für den Seminarnutzen auch beim Teilnehmer. Wichtig ist: Dies ist kein rhetorischer Trick, eine Frage mit einer Gegenfrage auszukontern, sondern schlicht die Ablehnung einer symbiotischen Überzuständigkeit, die auch sachlich gar nicht haltbar ist: Woher wollen Sie wissen, ob ein Seminar einen anderen Menschen weiterbringt?

Der faire Blick sieht aber auch die Schattenseite: Mancher Mitarbeiter – möglicherweise seit Jahrzehnten der Verantwortung entwöhnt – wird Sie als »entscheidungsschwach« abwerten; mancher Ihrer Chefs wird wohl argwöhnen, dass Sie Ihre Mitarbeiter »nicht so richtig im Griff haben« (meist fragen sich solche Leute gar nicht, wie *ihnen* zumute wäre, wenn sie erführen, dass eine Stufe höher über sie geäußert würde: »Den habe ich voll im Griff!«). Wenn Sie diesen Preis nicht zahlen wollen, vergessen Sie die Selbstverantwortung.

Der Retter ist immer der Dumme

Gerade weil in Unternehmen die symbiotischen Rollenmuster einander oft so nahtlos ergänzen, werden Konflikte oft als »unharmonisch«, als Störung erlebt. Insbesondere eine Auseinandersetzung zwischen zwei Mitarbeitern sieht keine Führungskraft gern. Im Regelfall werden Konflikte aber nicht in ihrem positiven Wert als wichtige Hinweise auf Entwicklungen, Veränderungen und mit ihren Chancen für Neuanpassungen erlebt, sondern als »Streit«, den man möglichst schnell »schlichten« muss, so wie man Brände mit Wasser löscht.

Und da nicht wenige Führungskräfte die Feuerwehr-Nummer als wesentliches Element ihres Rollenverständnisses verstehen, werden von Mitarbeiterseite erfolgreich Einladungen ausgesprochen: »Wir können uns über die Urlaubsregelung nicht einigen; nun sagen Sie doch mal, wer von uns beiden recht hat.« Die Mitarbeiter erhalten Aufmerksamkeit und sind der eigenen Entscheidung auf angenehme Weise enthoben. Und viele Führungskräfte rutschen wieder täppisch auf der bereitgelegten Bananenschale aus. Sie legen die Robe an und spielen mit Aftershave-gemeißelter Miene das Spiel »Gerichtssaal«. Eine psychosoziale Selbstschussanlage: Wenn Sie sich für eine der beiden Parteien entscheiden, haben Sie anschließend mit der anderen ein Problem. Vorher hatten Sie kein Problem – jetzt haben Sie eins. Entscheiden Sie sich salomonisch für die Mitte, in der, wie man sagt, die Wahrheit herumliegt, haben Sie anschließend *zwei* Probleme.

Was Sie zudem ignorieren, ist die Tatsache, dass jeder aus seiner Sicht im Recht ist und »sinnvolle« Zwecke verfolgt. Dass es keine »falschen« Argumente gibt. Es ist unmöglich herauszufinden, wer recht hat oder wer schuldig ist! Der Retter ist immer der Dumme. »Dabei wollte ich doch nur helfen.« Eben. Und Sie fühlen sich bestätigt, dass Undank der Welt Lohn ist.

Im weitläufigen Meer der Meinungen rollt, wie könnte es anders sein, auch jene Welle, die den Undank zum Preis erklärt, den eine Führungskraft nun einmal zu bezahlen habe. Einverstanden. Aber darum geht es hier nicht. Dass die Führungskraft nichts tut, damit beide Mitarbeiter ihre Konfliktkompetenz erhöhen: *Darum* geht es. Dass sie glaubt, einen privilegierten Zugang zur Wahrheit zu haben: *Das* ist das Problem. Dass sie die beiden Streithähne aus der Verantwortung nimmt: *Das* ist ihr Versagen.

Die Mitarbeiter müssen lernen, ihre Konflikte selbstverantwortlich zu lösen. Lassen Sie sich nicht in einen Streit verwickeln! Lehnen Sie entsprechende Einladungen ab: »Ich bin sicher, Sie werden eine Lösung finden, die für beide tragbar ist.« Belassen Sie die Verantwortung da, wo sie hingehört: bei den Streitenden. Dass es Ausnahmen gibt, sei zugestanden; aber auch, dass es Ausnahmen sind. Der äußerste Notfall, dass in der Tat die Führungskraft einschreiten muss, ist nahezu ausschließlich die Folge einer Praxis, in der sich die Führungskraft schon immer in einen Streit hineinziehen ließ, sogar eingriff, ohne gefragt zu werden, weil »Ruhe die erste Bürgerpflicht« ist.

Führungskräfte haben nicht das Recht, die Verantwortung ihrer Mitarbeiter auf sich zu nehmen, noch dürfen sie die Folgen ihres Handelns übernehmen. Das alles ist Sache der Mitarbeiter. Berauben Sie Ihre Mitarbeiter nicht der Gelegenheit, Konfliktkompetenz zu erwerben, nur weil Sie sich mal wieder gerne in der Rolle des Retters, des Richters, des Schlichters oder des Hilfssheriffs gefallen.

Für mein Beraterleben habe ich mir einen Gedanken zur Leitschnur gemacht, der auch für Führung wichtig sein kann:

Unterstütze niemanden, der unter seiner Verantwortung leben will.

Einfach gesagt. Gerade in der Rolle des Coaches, ohne die heute kaum ein Manager mehr auskommt, wird – im Guten wie im Schlechten – kenntlich, wie es um die Verantwortung im Unternehmen bestellt ist.

COACHING – ODER WIE MAN AUS UNTERNEHMEN KINDERTAGESSTÄTTEN MACHT

An sich selbst hat jeder das Maß.
Pindar

Ich weiß etwas, was du nicht weißt …

Ungecoacht ist heute kein Manager, kein Freiberufler, kein Verkäufer mehr präsentabel. Die »ganzheitlichen« Erfolgsrezepte heißen »Erfolg durch erfolgreiches Wirken«, »Welche Kopfhaltung führt zum Vertragsabschluss?« oder »Multimillionär und trotzdem gesund«. Deshalb auch: »Eine Führungskraft ist vor allem Coach seiner Mitarbeiter!« Wer so etwas sagt, weiß sich heute auf der richtigen Seite. So lapidar sich dieser Standard gegenwärtiger Führungsliteratur liest, so schwierig ist er umzusetzen. Denn Coachen ist Hochseilartistik. Gleichzeitig Chef und Coach: Das ist eine prekäre Situation, voller Paradoxien, voller Wenn und Aber. Betrachten wir einige näher.

Coaching kommt aus dem Bewusstsein der Überlegenheit. Schaut man sich die betriebliche Praxis an, dann dominiert das »Ich weiß es besser«-Element. Man versucht, Persönlichkeitslücken und Leistungsdefizite auszugleichen. Auszu-»gleichen«! Den Mitarbeiter »entwickeln«, ihm etwas »beibringen«, was er noch nicht »so richtig« beherrscht, auf »Fehler« hinweisen, in kritischen Situationen Rat-»Schläge« anbieten, loben und tadeln – das alles in lockeren Socken als eher väterlicher/mütterliche Freund/in. Der Chef muss also beim Mitarbeiter die Überzeugung vermitteln, dass er Gutes tue und aus lauter Zuneigung zuschlage. Vorausgesetzt wird zudem: Was gut und richtig ist, weiß und entscheidet der Coach.

Auf der einen Seite ein potenter Spender, auf der anderen Seite ein Rat suchender Empfänger. Vorausgesetzt wird eine Form individueller Bedürftigkeit der Mitarbeiter, die durch fürsorgliche Belagerung gemildert werden soll. Das umgreifende Sanitätermodell der Führung bringt den Chef dabei automatisch in eine therapeutenähnliche Situation. Aus der Überlegenheit, aus dem Herrschaftswissen, aus der Analyse wählt er eine Einstellung der Lenkung, die sich bestenfalls als Fürsorglichkeit garniert. Der Mitarbeiter muss dann gleichsam auf das Kompetenzniveau des Chefs »hinauf«-entwickelt werden. Ich spreche 99 Prozent aller Führungskräfte, die ich bisher erlebt habe, die Befähigung zu solchermaßen quasi-therapeutischer Begleitung ihrer Mitarbeiter ab.

Erwachsenen-Erziehung

»Es ist mir noch nicht gelungen, meine Leute zur Kundenorientierung zu *erziehen*!« Da ist es heraus, das Tunwort, das, was gemieden, umschrieben, gescheut wird, schwer hängt es plötzlich im Raum, das große Ungesagte – was alle denken, meinen, sagen wollen. Aber noch bevor es das Gehege der Zähne verlässt, meist noch reflexhaft unterdrückt und ersetzt wird durch ... entwickeln? motivieren? führen? Auf Podiumsdiskussionen erlebe ich immer wieder Psychologie-Professoren, die den Managern erzählen, wie sie ihre Mitarbeiter (wortwörtlich:) »erziehen« könnten. Entsprechend häufig geistern Erziehungsmetaphern in den Köpfen der Chefs herum. »Management« und »Erziehung« versorgen sich dabei mit Argumenten wechselseitig. Unter dem Namen »Coaching« wird nichts anderes als das alte Erziehungs-Paradigma wiederbelebt.

Das gesamte Managementdenken lebt von der Übertragung der Denkfiguren der Kindererziehung auf die Mitarbeiterführung.

Der andere, das ist aus der Coaching-Perspektive nicht derjenige, der unvergleichlich anders ist, es ist derjenige, der weniger hat: weniger Fähigkeit, Kompetenz, Know-how. Das Verhalten des Mitarbeiters – es ist das gleiche (wie das des Chefs), aber auf niedrigerem Niveau. Sein Anderssein ist rückständig. Aus diesem überlegenen Verstehen heraus geht der coachende Chef eindringend und eindringlich vor. Es geht ihm nicht darum, die Wahrheit des anderen zu ergründen, sondern seine eigene in ihn einzupflanzen: »Du sollst der werden, der ich dir zu sein erlaube!« Coaching ist damit Ausdruck eines fundamentalen Desinteresses am Mitarbeiter. Dessen Art und Weise gilt nichts im kalten Licht hierarchisch definierter Einzig-Richtigkeit. Das ist keine Begegnung zweier Menschen, sondern instrumentelles Bearbeiten des anderen. Der ist Patient. Das

Verhältnis ist asymmetrisch. Entmündigung deshalb, weil es die Zwecke des Chefs sind, die dort psychologisch geschickt durchgesetzt werden sollen. So wie bei denen, die Kinder nicht lieben, die Pädagogik wuchert, so wuchert bei vielen Managern der Anspruch: »Sei nicht du!« *Anspruch ist Ablehnung*. Wenn das doch je begriffen würde!

Der Unterschied zu alten Führungstechniken: Handeln muss der Mitarbeiter. Der Chef greift nicht selbst aktiv in das Geschehen ein. Er beurteilt aber das Handeln nach Maßstäben, die von ihm gesetzt werden, weil er ja – böse, böse! – privilegierten Zugang zur Wahrheit hat. Die fortschrittliche Version von Coaching ist noch listiger. Sie lautet etwa so: »Ich weiß, was gut und richtig ist, aber ich sage es dir nicht, sondern du musst es selber herausfinden!« Auch hier hält sich der Chef aus dem Geschehen heraus. Aber er sagt zunächst nicht, wie der Mitarbeiter es machen sollte, sondern gefällt sich in der Hebammenrolle und wartet so lange, bis der Mitarbeiter die »richtige« Entscheidung getroffen hat. Dann nickt er zufrieden und hat das Gefühl, den Mitarbeiter auf moderne Weise, wie man es halt heute macht, »gecoacht« zu haben. Ein Manager drückte es in einem Rollenspiel deutlich aus: »Machen Sie mal einen Vorschlag, und der sollte so aussehen …«

So manches gut gemeinte Coaching hätte sich im Übrigen vermutlich von selbst erledigt, wenn zuvor die richtige Personalauswahl getroffen worden wäre.

Jenseits von Raten und Hoffen

Über die personaldiagnostische Leistungsfähigkeit der Personalauswahlmethoden kann man – je nach ideologischen Vorlieben – Glaubenskämpfe führen. Muss man aber nicht. Es gibt ein paar nüchterne Fakten, die anzuerkennen sich lohnt (wiewohl Fundamentalisten sich noch niemals von Fakten beeindrucken ließen). So benötigt der Mensch tatsächlich nur wenig Zeit, um einen Bewerber zu beurteilen. Über die »Objektivität« oder »Sachgerechtigkeit« des Urteils ist damit nichts ausgesagt. Aber bereits Bruchteile einer Sekunde reichen aus, um grundlegende Einschätzungsprozesse ablaufen zu lassen. Nach den vorliegenden Forschungsergebnissen vollzieht sich diese schnelle Eindrucksbildung in der Form eines »secret rankings«, wobei die Person in Ermangelung anderer Informationen zunächst nach ihrem äußeren Erscheinungsbild, etwa Kleidung und Aussehen, klassifiziert wird. Ermöglicht wird dieses Ranking durch ein »Template«, ein inneres ideales Suchbild, das sich unter anderem durch Assoziationen mit früheren Erfahrungen ausprägt. Es ist also hilfreich, sein Urteil möglichst lange offen zu halten, es kritisch zu befragen, in unterschiedlichen Beobachtungssituationen zu prüfen, es sogar zu widerlegen versuchen.

Nimmt man dies nüchtern zur Kenntnis, dann ist ein professionell geplantes und durchgeführtes Bewerbungsgespräch immer noch eine der besten der (ausnahmslos defizitären) Methoden – wenn man einige Fehler vermeidet. Der wichtigste lässt sich besser auf Englisch zusammenfassen:

Hired by ability, fired by personality.

Die Auswahlmethoden nehmen immer noch allzu oft das Falsche in den Blick – Sachkenntnisse, Techniken, Fertigkeiten – und ignorieren beharrlich die langfristig fundamentale Voraussetzung für hohe Leistung: die innere Einstellung des Bewerbers, seine Prägungen, Rollenbilder, Sensibilitäten, anthropologischen Grundannahmen. Führungskräfte werden im alltäglichen Leben immer wieder – und tendenziell zunehmend – mit der Notwendigkeit konfrontiert, relativ schnell Urteile abzugeben, ohne sich hinreichend über alle relevanten Aspekte des Sachverhalts informieren zu können. Die innere Einstellung des Beurteilers – das, was als »Persönlichkeit« wahrgenommen wird – hat einen immensen Einfluss auf kognitiv-sachliche Urteile. Und dies selbst dann, wenn die Beurteiler ausdrücklich gebeten werden, von ihren Bewertungen abzusehen und sich um ein neutrales Urteil zu bemühen. Ferner kann als sicher gelten, dass dieser Einfluss sich umso stärker bemerkbar macht, je weniger der Urteilende über sachbezogenes Wissen für sein Urteil verfügt – eine Situation, die mit steigender hierarchischer Position tendenziell zunimmt. Diese innere Einstellung hat eine immense Beharrungsenergie und ist im nicht-therapeutischen Kontext kaum zugänglich. Vor allem aber ist die Fähigkeit des Bewerbers zur Selbstverantwortung zu prüfen. Schwer genug … was die Notwendigkeit, hier seriös und professionell vorzugehen, nur noch erhöht. Also: bei der Einstellung auf die Einstellung achten.

Einerlei, welche Einstellungsverfahren Sie bevorzugen, die wichtigste personaldiagnostische Situation wird kaum genutzt: die *Probezeit*. Eine seriös gehandhabte Probezeit ist allen Instrumenten und Methoden analytisch hoch überlegen. Es gibt aber meiner Erfahrung nach nur schmählich wenige Führungskräfte, die die Probezeit eines neuen Mitarbeiters ernsthaft vorbereiten, seriös begleiten und konsequent auswerten. Damit aber entscheiden sie über die Zukunft des Unternehmens! Wer in der Probezeit feststellt, dass er eine falsche Personalauswahl getroffen hat, erspart sich und dem Mitarbeiter eine mitunter langwierige und dennoch unfruchtbare Personalentwicklung.

Personalentwicklung als Entlastungsventil

Ich wende mich gegen die Trennung eines »Begriffs« vom Menschen von seiner wirklichen Existenz. Die Wirklichkeit des einzelnen Menschen wird erst dadurch defizitär, dass ihr die Personalentwicklung, die nach der Personalauswahl einsetzt, ein Ideal gegenüberstellt. Das Defizit wird aus der Differenz zu einem organisatorischen Anspruch erst beschreibbar. Aber die Menschen sind, wie sie sind. Wir können nur das einsetzen, was Menschen in die Unternehmen mitbringen. Jean Baudrillards Beschwörung des anderen als Schicksal, statt des gefällig-willfährigen Gestaltungsobjekts. Der in sich ruhende Mensch, der sich seiner selbst bewusst ist und erlebbar zu sich selbst steht, so wie er ist. Nur der ist glaubwürdig. Versuchen wir nicht, abzutragen, wozu die Natur Jahrzehnte gebraucht hat, es aufzubauen. Bauen wir auf das, was der Mensch ist; versuchen wir nicht, zu verbessern, was er nicht ist.

Gate keeping

Wie wichtig die Auswahl von Mitarbeitern ist, weiß im Grunde jeder: *Only good staff makes good stuff.* Es gibt aber nur wenige erfolgsrelevante Aufgaben im Unternehmen, die derart unprofessionell gehandhabt werden. Um es noch deutlicher zu sagen: Personalauswahl ist in Deutschland eine Katastrophe. Immer noch will man Bewerber »knacken«, statt ein wechselseitiges Passungsproblem zu lösen. Die Bewerbungsgespräche sind unvorbereitet, unstrukturiert, eine seriöse geistige Auseinandersetzung *vor* dem Auswahlprozess findet nicht statt, man trifft hoch-impressionistische Entscheidungen, die Standardprofile sortieren gnadenlos aus, das karierte Maiglöckchen feiert fröhliche Urständ'. Nimmt man als Indikator die Zeit, die Manager bereit sind, für Auswahlverfahren zur Verfügung zu stellen, dann wird die real existierende Nachrangigkeit überdeutlich.

Führungskräfte müssen mehr denn je Menschenfischer sein. Sie sollten aber nicht nur fragen: Passt der Bewerber zum Unternehmen?, sondern auch: Passt das Unternehmen zum Bewerber? Ein Beispiel: Viele glauben, ein Verkäufer ist ein Verkäufer und sein Job ist Verkaufen. Das greift mit Blick auf die Auswahlverfahren zu kurz. Nehmen wir einmal an, Sie wollen Verkäufer werden in einem Unternehmen, das ausgesprochen tief strukturiert ist. Es gibt unendlich viele Policies, Richtlinien und Organisationsgrenzen. Als Verkäufer werden Sie erst einmal auf ein mehrwöchiges Grundtraining geschickt, gefolgt von Follow-ups und Refresher-Seminaren. Erst dann werden Sie auf die Kunden losgelassen. Würden Sie sich wohlfühlen? Nehmen Sie zum Vergleich an, dass Sie Verkäufer werden wollen in einem Unternehmen, das auf Selbstorganisation setzt. Ihnen wird gesagt: »Hier ist ein Telefon, dort ist ein Telefonbuch, in einem Jahr erwarten wir X Millionen Umsatz. Viel Glück!« Glauben Sie, Sie sind in beiden Unternehmen gleich erfolgreich? Obwohl der Job-Titel derselbe, das Ziel auch dasselbe ist, kann Ihr Wunsch nach Unabhängigkeit in dem einen Unternehmen ein Erfolgsfaktor sein, in dem anderen Sie in die Resignation treiben. Falls Ihre Stärke geordnetes Arbeiten in einem weitgehend regulierten Umfeld ist, werden Sie in dem einen Unternehmen vermutlich sehr erfolgreich sein, in dem anderen scheitern. Dabei ist weder die eine noch die andere Vorgehensweise unbedingt die erfolgsträchtigere.

Man ist gut beraten, Zeit und Geld nicht Jahre nach der Einstellung in einen mehr oder weniger leerlaufenden Reparaturzirkus zu investieren, sondern an den Pforten des Unternehmens zu platzieren. Dort, wo noch viel Schlimmes verhindert werden kann. Späte Klarheit ist teuer. Für beide Seiten. Wenn man sich von einem 50-Jährigen trennen will, hat man im Regelfall 20 Jahre lang geschlafen. Ich kenne einen solchen Angestellten, der 25 Jahre lang glaubte, er sei ein Ass, weil seine Vorgesetzten allesamt unfähig waren, ihn klar mit seiner Leistung zu konfrontieren. Ihn dann aber hinauszuwerfen ist – darf man das noch sagen? – unanständig.

Auf dem Boulevard

Bekanntlich ist es die Aufgabe des Managements, zu verändern. Dies selbstverständlich unter so großkalibrigen Begründungen wie »Strategien umsetzen«, »den Wandel gestalten«, »Restrukturieren«. Der selbstgesetzte Veränderungsauftrag bezieht sich wie gezeigt auch auf den einzelnen Mitarbeiter. Auch da muss kräftig gedreht werden. Die Zukunft verlangt veränderte Einstellungen und Verhaltensweisen.

Der Menschenveränderer unter den Führungskräften erfreut sich schon seit Längerem der Komplizenschaft der Psychologie. Auch sie will Karriere machen. Hilfreich kommt sie um die Ecke mit allerhand Mitarbeitertypologien, Motivationstheorien, Persönlichkeitsmodellen. Indem sie strukturelle Probleme ins Persönliche verlagert und an die individuelle Problembewältigungskompetenz delegiert, ist sie gleichsam zum vorherrschenden Deutungsmodell für alles Krisenhafte in den Unternehmen aufgestiegen. Auf der unternehmenskulturellen Bühne wird daher flüssig und manchmal überflüssig über die fälligen psychologischen Tagesmoden geredet. Die Gemeinde beugt das Knie bei astro-physikalischen Liturgien und nimmt die Einsegnungen der Affenforschung jauchzend entgegen. Da wird auf archetypischen Tauchfahrten der Jungsche Schatten durchmessen, da gibt es rote, grüne und blaue Typen, ESTPs und INFJs, große Eltern-Ichs, kleine Kinder-Ichs und derlei Köstlichkeiten mehr.

Falls nun auf den Begriff gebracht werden soll, was hier an Kennzeichen der tonangebenden Psycho-Trainings gesammelt worden ist – also: Typologisierung,

Handhabbarkeit und Erfolgsbewusstsein, Kurzzeitverarbeitung, Alltagsplausibilität und mundgerechte Aufarbeitung für den Ein-Minuten-Manager, blendende Virtuosität im Umgang mit esoterischem Psycho-Jargon, hoher Stoffreiz und »totaler« Erklärungseffekt, das alles erkauft mit Beibehaltung des Status quo im Unternehmen – so wüsste ich nur ein Schlagwort, das alle diese Merkmale auf einen Nenner bringt: Boulevard. Der Salon findet auf der Straße statt.

Der Boulevard verzichtet freilich auf alle Radikalität, oder ins Altdeutsche übersetzt: auf Tiefe. Statt einer Ästhetik des Schreckens oder der Plötzlichkeit herrscht auf dem Boulevard eine Ästhetik der Verbindlichkeit, der Wiederkehr des immer schon Bekannten und also Erwarteten. Aus allen Töpfen wird geschöpft und zu einer professionell vermarkteten Melange zusammengerührt, ohne dass auch nur eine Spur von Selbstzweifel spürbar wird. Selbst die ehrgeizigsten Methodenspiele dieser postmodernen Seminarbastler können und wollen gar nicht verbergen, dass sie sich aus dem Vorrat des schon Eingeübten, Durchkosteten bedienen. Ihr ungeheurer Geschmack ist immer schon: Nachgeschmack.

Und die Psycho-Nummer funktioniert – zumindest in den Geldbeuteln der Branche. Mit ihrem esoterischen Brimborium ist sie schlicht ein riesiges Geschäft. Vor allem in den Vertriebsorganisationen. Ganze Haufen selbsternannter Psycho-Trainer bieten ihre geheimwissenschaftlichen Dienste den How-to-hungrigen Managern an. Viele verkrachte Existenzen, Desperados und Blender sind darunter, die mit und ohne akademische Legitimation den Therapiemarkt bedienen. Therapeut zu sein ist bekanntlich auch ein Symptom. Sie offerieren

Seelenwaschprogramme: Selbst-Sucher die einen, die ihre eigene innere Orientierungslosigkeit dadurch kompensieren, dass sie immer noch Leute finden, die noch orientierungsloser sind. Restlichtverstärker die anderen, die die Windfall Profits der Psycho-Welle mitnehmen. Scharlatane beide, insbesondere auf dem Spielfeld der Wirtschaft, wo sie fast immer auf der Grundlage kurzfristig erworbener Zertifikate von zweifelhafter Seriosität therapieren. Ein maßloser Psycho-Exhibitionismus, der »Kauf mich!« schreit. Man sieht sie vor sich, die Führungskräfte, wie sie mit den griffigen Typentaxonomien ihre Mitarbeiter *analysieren*, militärischen Aufklärungsoffizieren vergleichbar, und sich dann aufmachen, ihre Mitarbeiter an die eigenen Erwartungen anzupassen. »Fürchtet euch nicht! Ich bin's doch nur. Euer Chef.«

Hinterwelten im Nebel

Was die Kumpanei von Management und Psychologie so plausibel macht, sind ihre sich ergänzenden Interessen. Das Management braucht die Psychologie als intellektuelle Einbläserin. Und die Psychologie will an die Fleischtöpfe der Macht. Dazu hilft ihnen ihre gemeinsame Basis: Beide wollen *hinter* etwas kommen. Gemeinsam ist ihnen Misstrauen. Denn, so lautet eine zentrale Frage der Führungskräfte: »An welchen Motivationen meines Mitarbeiters kann ich hebeln?« Auch die Psychologie kennt die verdächtigende Geste des Ent-Deckens. Mit ihrer Tendenz zum Erklären behauptet sie ja eine Hintergrundebene, auf der ein »Eigentlich« hinter den beobachtbaren Phänomenen verborgen steuert. Sie gibt sich nicht mit der Oberfläche zufrieden, nein: »Da steckt doch was dahinter!« Hinter der Kruste peinlichen Schmutzes will sie ein Geheimnis schlürfen. In Arbeitsgruppen entstehen so gemeinschaftliche Intimsümpfe. Gibt es ein Phänomen wie Mobbing, weil jeder zum sadistischen Mitwisser der Lebenslüge des anderen geworden ist?

Wenn die Gespenster herrschen, beginnt die Epoche der Psychologie.

Die Psychologie verspricht mit ihren alltagsweltlich hochplausiblen Denkfiguren den Schlüssel zum Weltverstehen. So erschleicht sie sich Vertrauen mittels systematischen Misstrauens. Dabei will sie eher hinters Licht führen als erhellen. »Verstehen wollen« wird gesagt; »steuern«, »anpassen«, gar »über-den-Tisch-ziehen-wollen« ist oft genug gemeint. Alles geboren aus dem Geist des »Ich weiß was über dich. Aber du weißt nicht, dass ich das weiß. Und ich mache jetzt etwas mit dir. Aber du weißt gar nicht, wie dir geschieht.« Das natürlich nur zum Besten des anderen. Was aber das Beste ist, das entscheidet der psychologisch geschulte Feldgeistliche der Manipulation. Gerade dem geschenkten Gaul schaut man ins Maul.

Die Psychologie spricht daher *über* Phänomene, nicht *zu* Menschen. Deshalb wird nicht miteinander, sondern übereinander gesprochen. Sie blickt immer von der Meta-Ebene auf die kommunikativen Sensationen herunter. Es geht ihr nicht um Begegnung von gleich zu gleich. Es geht ihr nicht um Gesprächssymmetrie. Sie ist nicht wirklich neugierig auf das Anderssein des anderen. Sie entwirft ein Sein, in dem der Mensch auf sich selbst und andere blickt wie auf ein Ding unter Dingen, die durch Expertenwissen manipulierbar erscheinen. Zur Normalitätsabschätzung und Korrekturtechnik bedarf es quasiwissenschaftlicher Hilfstruppen (Trainer, Psychologen), die das Individuum in den Bereich »wissenschaftlich« erkennbarer Gegenstände holen und zum Metier der Entschleierungsexperten machen. »Hinweg mit dem Bösen in dir!«, sagte schon der ältere Verwandte des Psychologen, der Exorzist.

Das ist die instrumentelle Grundhaltung psychologischer Mitarbeiter(irre)führung. Entsprechend ist die Psychologie im Wirtschaftskontext *das* Schlüsselinstrumentarium zur Lenkung von Individuen. Sie verkauft Steuerungsrezepte. Überlegenheitsjargon. Codeworte zum Unerklärlichen. Sie antwortet auf die Frage: »Wie schaffe ich es, dass der andere tut, was ich für richtig halte (und auch noch begeistert bei der Sache ist)?«

Wer aber will das lernen? Machthungrige. Die Rezeptionsfolie heißt nicht Verstehen, sondern Macht.

Hände in Unschuld

Mögen die Vertreter der psychologischen Mitarbeiterführung diese Skizze auch als unzureichend, ja karikierend ablehnen: Die Aufnahme ihrer Gedanken in den Managerköpfen sieht so aus. Unzweifelhaft hat der Psycho-Boom in den Unternehmen zu der umgreifenden Misstrauens- und Manipulationskultur beigetragen. Führungskräfte beziehen nämlich psychologische Denkmodelle in der Regel nicht auf sich selbst als Methodenvorschläge zur Selbsterkenntnis, sondern als Führungs-»Techniken«. Wenn Handlungsanleitung, dann dazu, den anderen zum Handeln anzuleiten.

Ich unterscheide in diesem Zusammenhang zwischen der analytischen und der prognostischen Leistungsfähigkeit der Psychologie. Als Konstruktion eines Wirklichkeitsausschnitts (Analyse) mögen psychologische Modellbildungen noch hilfreich sein. Sie reduzieren Komplexität auf überschaubare Modelle. Der Verwendungszusammenhang »Wirtschaft« zielt aber nicht auf Überschaubarkeit, sondern auf Handhabbarkeit. Die Psychologie kommt hier der Etikettierungssucht entgegen, die das Besondere fürchtet, das Einzigartige lieber zu Typen verdichtet, um es – scheinbar – besser handhaben zu können. Die Modelle werden aufgegriffen, weil sie zu versprechen scheinen: »Wenn ich unter ähnlichen Bedingungen mich so ähnlich verhalte, wird das entsprechende Resultat beim anderen wahrscheinlich sein.« Führt man also diese Psychologie in einen Kontext ein, wo zur Vermählung mit Macht und Manipulation an allen Ecken und Enden eingeladen wird, so ist die Pontius-Pilatus-Geste lachhaft. Verantwortung muss den Verwendungszusammenhang einbeziehen.

Die Psychologie macht sich zur Kellnerin an den Biertischen der Manipulation.

Täglich kann ich erleben, was die Psychologie anrichtet. Die Psychologie? Nein, besser die Rezeption der

Psychologie im Wirtschaftskontext. Ihr therapeutischer Entstehungshintergrund steht hier nicht zur Diskussion. Kann man die Psychologie dafür verantwortlich machen? Darüber wäre zu streiten. Aber wenn unser Sprechen überhaupt noch Inhalt hat, wenn wir überhaupt noch Unterscheidungen einführen können, dann gibt es Denkkomplexe, die sich eher zur manipulativen Verwendung eignen, und andere, die sich zumindest sperren. Die Psychologie *eignet* sich nicht nur, sie dient sich an.

Es gibt mithin nicht nur die Verführbarkeit der Macht durch die Psychologie. Es gibt auch die Verführbarkeit der Psychologie durch die Macht. Die Konsequenzen sind desaströs. Auf verdeckte Weise – und auch ganz gegen ihren oft verlautbarten Anspruch – steht die Typisierungsmaschine Psychologie einer Entwicklung zu individuelleren Verhältnissen im Unternehmen im Wege. Ihre praktischen Auswirkungen liegen vielfach darin, Kommunikation auf Augenhöhe, Klarheit und Gradheit zu verhindern. Wenn die Psychologie den Menschen dazu verpflichtet, die Wahrheit über uns in der Kausalität der Triebe oder den Betonburgen der Typologien zu finden, dann haben wir keine Wahlfreiheit. Sie verallgemeinert – was sich in verstehbare Typentaxonomien, letztlich im »Personal« artikuliert. Deshalb redet zwar alles von mehr Selbstverantwortung, Kreativität und gelebtem Unternehmertum. Die dazu notwendigen *individuellen, partnerschaftlichen* und vor allem *vertrauenden* Kooperationsbeziehungen werden aber – wenn überhaupt – nur zögernd gestaltet. Stattdessen: Stabilisierung der Unreife, Infantilisierung, Menschen als »Betriebsmittel«, Kontrolle und Verfügbarkeit der »Belegschaft«.

Die gesamte Psychologisierung der Kooperationsverhältnisse in den Unternehmen ist ein Irrweg. Sie ist eine Philosophie, die Buße tut – Buße für die unheimlichen Folgen des Ich-bin-Sagens, der Individualität. Sie hat die Unverstehbarkeit des Individuellen verschüttet, indem sie es zu erhellen vorgab. Wie kann man ernstlich glauben, sich die Seele aufklären zu dürfen und dabei etwas anderes zu erreichen, als ihr Leiden zu mehren?

Selbstdenken braucht Selbstvertrauen

Mit welchem Recht maßt sich jemand überhaupt an, einen anderen ändern zu wollen? Ein Arzt hat mit einem Patienten einen expliziten Heilungsvertrag. Der Chef mit dem Mitarbeiter auch? Was gibt ihm das Recht, jede Fuge oder Unebenheit mit der Silikonkartusche Coaching zu glätten?

Ein Weizenkeim wächst auch nicht schneller, wenn man daran zieht.

Das Ganze ist Spökenkieken, das wohl die Krise erst produziert, die es hinterher zu beheben sucht. Wir haben in den Unternehmen keinen *Erziehungs*-Auftrag. Wir haben auch keinen *Therapie*-Vertrag. Sondern einen Kooperationsvertrag zwischen Erwachsenen. Und wenn Beratung, dann ist es ein *gemeinsames* Beraten, in dem der Berater als selbst Betroffener im

Prozess der Selbstfindung steht. Dieses Selbst ist uns nicht einfach gegeben, sondern wird von uns geschaffen. Persönlichkeit und Individualität sind schöpferisches Handeln. Jeder will der sein, der er ist, und er will das tun können, was seiner eigenen Einsicht entspricht. Wir müssen uns verbeugen vor der Individualität des anderen. Die Ich-Grenzen sind zu respektieren.

Das bedeutet auch, dass zur Lebensführung kein äußerer Maßstab, kein irgendwie geartetes Leitbild hinreicht. Wir sind uns selbst das Objekt einer komplexen und schwierigen Ausarbeitung. »Wir müssen uns selbst wie ein Kunstwerk begründen, herstellen« (Michel Foucault). Schon Gott als der erste Biotechnologe, der den Menschen »nach seinem Bilde« schuf, programmierte seinen Geschöpfen eine unaufhebbare Differenz ein. Denn was ist für seine Wesen »das Beste«? Wesen, die anders fühlen, anders denken, anders empfinden, kurz: die nicht bloß anders, sondern andere sind – es sei denn, die Gentechnologie hat von vorneherein jeden Unterschied kassiert. Niemand kann mit seinem Leben oder Verhalten ein Modell abgeben für andere. Und niemand sollte sich fremdgesetzten Entwicklungsideen unterwerfen. Nicht ohne den Preis, auf die Ausarbeitung eines »Selbst« zu verzichten. »Vielen Dank, aber ich bin nicht sonderlich interessiert, wie Sie zu werden!« Man hat immer dann am meisten Grund, den anderen für unglaubwürdig zu halten, wenn er so ist, wie man ihn haben will.

Zwar ist nicht ausgeschlossen, dass sich jemand kein eigenes Urteil zutraut und vor einer selbstständigen Entscheidung zurückschreckt. Bei extremen Belastungen oder stark verminderten Kräften sollten Sie eine solche

Schwäche verstehen und auf sie eingehen. Aber gerade in »helfenden« Gesprächen muss es darum gehen, dass der andere sein *Selbstvertrauen in die eigene Kraft* zurückgewinnt. Eigenständigkeit ist das Ziel und zugleich die Bedingung für das zurechenbar individuelle Handeln. Das heißt Mündigkeit: Ein erwachsener Mensch ist für sich selbst zuständig, fällt sein eigenes Urteil und trifft seine eigene Entscheidung. Daher der berühmte Satz Galileis: »Man kann einen Menschen nichts lehren; man kann ihm nur helfen, es in sich selbst zu entdecken.« Was ist dieses »es«? Die Wahrheit? Oder die eigene Wahrheit? Das gilt auch für die Führungskraft: Sie ist weniger Wegweiser als Reisebegleiter. Sie kann niemanden »entwickeln« – außer sich selbst.

Alle wirklich großen Ratgeber dieser Welt halfen den anderen, ihre eigenen Antworten zu finden.

Fig. 2
12
15
13
17
10
Fig. 1
12
24
14
16
14
32
28
22
25
24
30
26
30

VERTRAUEN

»Vertrauen ist gut, Kontrolle ist besser.« Für viele Menschen bildet dieser Satz die Grundlage ihres Menschenbildes. In einem Unternehmen, das auf die Herausforderung der kreativen Kräfte der Mitarbeiter zielt, wird es aber mehr darauf ankommen, sich der Erkenntnis des Freiherrn von Stein zu öffnen: »Zutrauen veredelt den Menschen, ewige Vormundschaft hemmt sein Reifen.«

Je komplexer die Welt ist, desto wechselwirksamer sind Entscheidungen und Handlungen im Unternehmen – und desto notwendiger ist das Vertrauen in Vertrauen. Der Vertrauensmechanismus senkt nicht nur die Kosten des Zusammenarbeitens, sondern ermöglicht erst Kooperation, die ohne Vertrauen gar nicht oder nur zu sehr hohen Kosten zustande käme. Vertrauen schafft – im Unternehmen wie im Alltag – soziales Kapital. Deshalb wird eine durch Vertrauen geprägte Organisation langfristig Vorteile haben. Diese Vorteile nehmen mit dem Grad an Unsicherheit und Häufigkeit der Kooperationen zu. In einer unsicheren Welt wächst der Bedarf an Vertrauen rasant. Vertrauen eröffnet Entwicklungsmöglichkeiten, schafft Gelegenheiten für gemeinsames unternehmerisches Handeln.

Die Bereitschaft zu vertrauen wird jedoch wesentlich von den institutionellen Rahmenbedingungen bestimmt: Wie hoch ist die Verregelungsdichte? Lohnt sich Vertrauen als Strategie – oder wird es bestraft? Ist es möglich, mit Vertrauen zu führen? Immer wieder lautet die Antwort: »Nein!« In der Tat, die Umstände sind nicht ermutigend. Gerade in großen Unternehmen erdrücken Hierarchien jede aufkeimende Ehrlichkeit. Doch in ihrem persönlichen Umfeld kann jede

Führungskraft sich direkt um ein Mehr an Vertrauen bemühen: Sie können sich von den Misstrauensinszenierungen abkoppeln.

Vertrauen ist keine Frage von Leitbildern und Mission Statements. Sie ist eine Frage des konkreten Verhaltens einzelner Personen, und zwar vor allem im Konfliktfall. Dieses Verhalten, dieses Handeln entscheidet darüber, ob sich eine Vertrauensatmosphäre entwickeln kann. Und wer ist diese Person? Sie! Eine Vertrauenskultur ist eine Leistung, die Sie für die Zusammenarbeit und das Zusammenleben mit anderen Menschen erbringen können. So wie Sie sich verhalten, vor allem bei Konflikten und in schwierigen Situation, so werden Sie die Vertrauenskultur prägen oder zerstören. Was tun Sie, wenn jemand einen Fehler macht? Was tun Sie, wenn Sie jemand kritisiert? Wie reagieren Sie, wenn Ziele nicht erreicht werden? Starkes Vertrauen, eine Vertrauenskultur im Unternehmen, fällt nicht vom Himmel – sie ist gemacht. Sie braucht eine »kritische Masse« an Handelnden, vor allem unter den Führungskräften.

Vertrauen ist nicht planbar. Deshalb hat es einen schweren Stand, im traditionellen Management ist es unhandlich. Es fehlt am Mut, sich verwundbar zu machen. Demgegenüber steht die bekannte schnelle Zerstörbarkeit von Vertrauen: Oft genügt eine einzige Enttäuschung, um Vertrauen langfristig zu erschüttern.

Vertrauen gründet auf der Erwartung, dass die Gemeinsamkeit des Vertrauens den Beteiligten bewusst ist. Auf Vertrauen gründet das Zusammenspiel in Orchestern, in Vereinen, in Partnerunternehmen.

Wir neigen dazu, unsere eigene Vertrauenswürdigkeit zu überschätzen und die anderer zu unterschätzen. Nach dem Motto »Der Ehrliche ist der Dumme« glauben wir, dass Vertrauen erst verdient werden muss. Es fehlt die Überzeugung, dass »die anderen« kooperieren – wir vertrauen zu wenig darauf, dass die anderen vertrauen. Ja, wenn ...! Diese Haltung verhindert, dass sich Vertrauen verbreitet, stattdessen setzt sie eine Spirale des Misstrauens in Gang, in der jeder dem anderen als möglichem Trittbrettfahrer misstraut. Deshalb braucht eine Vertrauenskultur vor allem Vertrauen in Vertrauen: das Vertrauen in die Vertrauensbereitschaft anderer, egal, ob Chef, Kollege, Mitarbeiter. Jeder ist zugleich Vertrauensgeber und -nehmer.

Vertrauen bezieht seine Kraft aus der kollektiven Vorteilhaftigkeit von Vertrauen. Es gründet auf der Erwartung, dass die Gemeinsamkeit des Vertrauens allen bewusst ist. Es geht nicht darum, ob dies »wahr« oder »falsch« in einem wissenschaftlichen Sinn ist. Es geht darum, dass es pragmatisch sinnvoll ist, davon auszugehen, dass die Menschen normalerweise gute Absichten haben und wohlmeinend sind. Ein auf kurzfristigen Vorteil bezogener Eigennutz ist unklug. Der kluge Egoist kooperiert.

WARUM VERTRAUEN?

Eine Lounge des Wiener Flughafens. Ich warte auf den Rückflug nach Düsseldorf. Draußen dunkelt es schon. Durch die großflächigen Fensterscheiben senkt sich diese eigenartige solidarische Tagesendstimmung in den neonerleuchteten Raum. Ein Mann sitzt mir gegenüber. Etwa gegen 19.00 Uhr beginnt er zu telefonieren. Die Gespräche nehmen alle einen ähnlichen Verlauf. Es sind diese üblichen »Status-Telefonate«. Wie sieht es bei diesem Kunden aus? Wie bei jenem? Was ist mit diesem Projekt? Warum hat XY noch nicht geantwortet? Was steht morgen an? Nachdem er die Telefonliste abgearbeitet hat, kommen wir ins Gespräch. Ich äußere meine Verwunderung, dass er noch so spät beruflich telefoniere. Das sei eher früh, antwortet er, manchmal würde es noch später. Er habe es sich zur Gewohnheit gemacht, jeden Abend – »nur ganz kurz« – mit seinen Mitarbeitern zu sprechen, um zu sehen, wie die verschiedenen Projekte liefen. Er wolle einfach sichergehen, dass alles in Ordnung sei, insbesondere bei jenen, die an schwierigen Aufgaben »dran« seien.

Ich war zunächst beeindruckt von seiner Hingabe an den Job und der Loyalität gegenüber seiner Firma. Auch nach einem langen und harten Arbeitstag suchte er noch den Kontakt mit seinen Mitarbeitern. Und die waren offensichtlich auch noch bereit, abends um 19.00 Uhr mit ihrem Chef zu sprechen. Donnerwetter! Aber dann kamen mir Zweifel. Konnte es sein, dass er nur deshalb telefonierte, weil er kein Vertrauen in seine Mitarbeiter hatte? Konnte es sein, dass er sein Misstrauen bis in die Wohnstuben seiner Mitarbeiter trug, weil er ihnen nicht zutraute, *ihn* anzurufen, wenn sie einen Gesprächspartner suchten?

... weil es fehlt: eine Bestandsaufnahme

Der Vorstandsvorsitzende, dessen Unternehmen als eines von fünf Leitwerten »Vertrauen« öffentlich ausgewiesen hat, nimmt den Moderator entschlossen in den Blick: »Wir müssen dringend mehr zum Thema ›Vertrauen‹ tun. Da hapert es an allen Ecken und Enden.« Zustimmendes Nicken im Kreis der anderen Vorstandskollegen. Der Moderator wartet einen Moment. Dann fragt er: »Und Sie? Vertrauen Sie einander?«

Vertrauen steht hoch im Kurs. Die Finanzmärkte fordern es, denn Vertrauen in die Unternehmensführung spiegelt sich wider im Aktienkurs. Die Zeitungen titeln »Jetzt hilft nur noch Vertrauen« und meinen die Zuversicht in die wirtschaftliche Entwicklung. »Können wir Politikern trauen?«, fragt eine Fachzeitschrift. »Welcher Politiker ›flößt‹ mehr Vertrauen ein?«, wollen Meinungsforscher wissen.

Überall wird Vertrauen beschworen, gewünscht, gefordert. Warum?

Weil es fehlt. Von Vertrauen wird geredet, wenn es vermisst wird. Seine Erscheinungsweise ist die Nichtexistenz. Man übertreibt nicht, wenn man feststellt: Je mehr über Vertrauen gesprochen wird, desto schlechter ist die Lage. Das Auftauchen von Vertrauen ist ein untrügliches Zeichen der Krise.

So hat es auch etwas Schiefes, wenn ein Vorstand bei seinen Mitarbeitern um Vertrauen wirbt: »... und deshalb bitte ich Sie gerade in diesen schwierigen Zeiten um Ihr Vertrauen.« Oder eine deutsche Großbank ihre Anzeigen mit dem bewegenden Slogan schmückt: »Vertrauen ist der Anfang von allem.« Es hat überhaupt etwas Fragwürdiges, über Vertrauen zu reden. Offenbar kann es nur als Verlorenes erlebt werden. Irgendetwas scheint schon zerrissen zu sein. Deshalb können wir auch leichter ausdrücken, warum wir jemandem misstrauen, als sagen, warum wir jemandem vertrauen.

Im Unternehmen ist Vertrauen angeblich das Wichtigste für die Zusammenarbeit. Gleichzeitig ist es oft das Seltenste. Führungskräfte antworten gern, befragt nach ihren besten Führungseigenschaften: »Ich vertraue meinen Mitarbeitern.« Gleichzeitig wünschen sie sich ihrerseits mehr Vertrauen »von oben«. Eine Hierarchiestufe höher das gleiche Spiel: Wieder glaubt man an die eigene Vertrauensfähigkeit und beklagt seinerseits einen Mangel an Vertrauen »von oben«. Was ist da los? Gibt es lediglich eine Differenz in der Wahrnehmung? Die Antwort dämmert, wenn man Führungskräfte nach ihren Führungs*defiziten* befragt. Häufig wird der eigene »Hang zur Perfektion« genannt. Mit leichtem Lächeln wird die Neigung zugegeben, sich gerne einzumischen und auch schon mal zum Instrument der »Chefsache« zu greifen. Der Auftrag ist tief verinnerlicht: »Du musst sie immer im Auge behalten!« Und der Blick des Chefs liegt auf dem Mitarbeiter und fragt unablässig: »Wird dieser seine Rolle erfüllen? Ist er der Aufgabe gewachsen? Ist er erfahren genug, das Notwendige zu tun?« Eine Stufe weiter unten wird dieses kontrollierende Verhalten als Misstrauen erlebt. Der Wunsch nach mehr Vertrauen ist geboren.

Zwar war arbeitsteiliges Handeln schon immer ohne ein gewisses Maß an Vertrauen in die Kontinuität des Handelns anderer, ihre Berechenbarkeit, Ehrlichkeit und Kooperationsbereitschaft nicht vorstellbar. Auch die alte Idee des Delegierens lebt letztlich davon, dass der Chef dem Mitarbeiter zutraut, die Aufgabe auszuführen. Aber dieses Vertrauen in die Kompetenz des Mitarbeiters reicht scheinbar nicht weiter als der Radius des jederzeit kontrollierenden Blicks. Das zeigt sich, wenn man die Kontrollwut gegenüber dem Außendienst betrachtet. Durch neue Informationstechnologien wurden hier immer neue Kontrollmechanismen über große Entfernungen hinweg eingeführt – auch wenn sich alsbald herausstellte, dass dadurch auch nicht wirklich effizient kontrolliert werden konnte. Heute hätten wir eigentlich alle technischen Möglichkeiten, um entspannt dort zu arbeiten, wo wir gerade sind. Flexibel, vernetzt, unterstützend, alle Kompetenzen integrierend – auch bei leichtem Schnupfen oder schwerer Schwangerschaft. Aber das, was heute auf Neudeutsch »Remote Management« genannt wird, also ein System für informationstechnologische Fernsteuerung, das stößt auf den Widerstand der meisten Unternehmen mit ihrer modern verkleideten, frühindustriellen

Arbeitsorganisation: Präsenzpflicht, Kontrollsysteme, Meetingrituale. Da wird das »Remote Management« zynisch zur »Kontrolle aus dem Hinterhalt« (H. Rust). Das Kernproblem auch hier: Misstrauen.

So proaktiv und entscheidungsfreudig die Unterhaltungen in den Fluren der Unternehmen sind – ein bisschen klingen sie zugleich behindert, ein Unterton des Zögerlichen fehlt nicht, die Ansichten, die geäußert werden, klingen ein wenig wie auswendig gelernte Examensantworten – »Synergien«, jaja, und »Lernende Organisation« sowieso. Ohne große Mühe kann man in den Unternehmen ganze Misstrauensabteilungen identifizieren, die ihre Zeit damit verbringen, Leute zu überwachen und zu überprüfen, ob sie auch tun, was sie tun sollen. Facharbeiter für falschen Alarm, die ihre Opfer mit Formularen und Regularien unter neurotischen Dauerstress setzen. Mitarbeiter sind offenbar eine feindliche Spezies, die es zu beargwöhnen, zu kontrollieren und in ihrer Vielfalt einzuebnen gilt.

Wichtig ist: Misstrauen beherrscht das Verhältnis sowohl der Führenden zu den Geführten als auch umgekehrt. Das Management traut den Mitarbeitern nicht zu, Entscheidungen zu treffen, die sich am Wohl des Unternehmens orientieren. Umgekehrt trifft das, was das Management tut, auf zynisch getöntes Misstrauen, weil ihm die Kompetenz und die Verantwortung für langfristig tragfähige Problemlösungen nicht zugetraut werden. Beargwöhnt wird: dass Führungskräfte sich nicht an Vereinbarungen halten, als Selbstoptimierer weniger die Interessen des Unternehmens als ihre eigenen im Auge haben, generell unglaubwürdig sind. Oder, anders herum: dass Mitarbeiter ihren Job grundsätzlich nicht gerne tun, nicht motiviert sind, sondern angestachelt werden müssen, damit sie ihn überhaupt tun. Oder, noch grundsätzlicher: dass man der freigelassenen Menschennatur schlicht nicht trauen dürfe. Hinzu kommt das *horizontale* Misstrauen, das ja unter Wettbewerbsbedingungen nicht unverständlich ist. Kollegen werden dann zu Gegnern. Und all das, was von der Kooperationsbereitschaft der Mitarbeiter untereinander abhängt, findet nicht statt.

Ornamente des Misstrauens: die Anonymität der Befragungen. Die Geheimnistuerei um die Gehälter. Die Springfluten der »Vermerke«, der »Aktennotizen«, des »Können Sie mir das schriftlich geben?«. Die institutionalisierte Rückdelegation im Kreditwesen. Die bornierte Hypertrophie des Messens: »Was man nicht messen kann, kann man nicht managen.« Der Johnny-Kontrolletti-Chef mit seinem »Setzen Sie mich bei E-Mails bitte immer ins ›cc:‹!«. Der Absicherungsaufwand vor Entscheidungen. Wenn alle auf »Nummer sicher« gehen (eine Redensart, die aus dem Strafvollzug stammt). Die immer größer werdenden Meetings. Die sich verstärkenden Leistungskontrollen. Die zum »Zeiterfassungscomputer« avancierte Stempeluhr, die dem Mitarbeiter schon am Eingang »Ich trau' dir nicht!« entgegenbellt – aber von den besseren Menschen (ATs) mit stolzen Blicken links liegen gelassen wird. Der Drang zur totalen Kommunikationskontrolle. Chefs verordnen ihren Mitarbeitern, »sich in der Öffentlichkeit nur positiv über das Unternehmen zu äußern«. Sie entwerfen Funktionsdiagramme, die detailgenau bestimmen, wer nach außen über was sprechen darf. Sie zwingen ihre Mitarbeiter, sich am Telefon mit den immer gleichen Worten zu melden, die immer gleichen Inhalte auf die immer gleiche Weise zu präsentieren. Oder die Sekretärin, der auch nach wiederholtem Bemühen von der Zentralstelle verweigert wird, einen Generalschlüssel für die Kaffeemaschine zu benutzen. So muss sie, anstatt mittels des Schlüssels ganze Kannen füllen zu können, für 120 Tassen 120-mal auf den Knopf drücken. Von da ist es im Zeitalter der Gentechnologie nicht weit zur Implantation eines Kontrollchips.

Groteske Dimensionen: Der Journalist Eike Gebhardt erzählte mir, dass die von ihm verauslagten 2000 Euro für einen Gabelflug Stuttgart-Düsseldorf-Kairo vier Monate von seiner Rundfunkanstalt nicht überwiesen wurden, weil man nachprüfen wollte, ob die bei Auslandseinsätzen üblichen 7 Euro »Tagesgeld« bei einem solchen Flug (über Düsseldorf) von ihm berechtigterweise in Anspruch genommen worden waren.

Misstrauen fatalerweise auch schon am Beginn der Zusammenarbeit, beim Einstellungsinterview: »In möglichst kurzer Zeit viel aus dem Bewerber herauskriegen« – das ist die Haltung, mit der viele Interviewer die Gespräche führen. »In möglichst kurzer Zeit« – das signalisiert: »Du bist nicht wichtig.« »Viel aus dem Bewerber herauskriegen« – das geht davon aus, das der Bewerber etwas verbirgt, sich besser darstellt, als er ist. Wechselseitig belauert man sich, vermutet hinter jeder Frage die Tücke, hinter jeder Antwort das nur Vorgegaukelte, schürft nach etwas Widerständigem »dahinter«, unterstellt Schönfärberei – hier der eigenen Fähigkeiten, dort des Unternehmens. Einstellungsinterviews sind nicht selten Misstrauensexzesse.

Für viele kristallisiert sich das Thema aber im Umgang mit der Arbeitszeit heraus – die öffentliche Diskussion spricht von »Vertrauensarbeitszeit«. Schon diese Wortkombination spricht Bände: Sie plakatiert den generösen Ausnahmecharakter der Regelung. Gibt es denn auch »Misstrauensarbeitszeit«? Schon 1972 wurde bei Hewlett-Packard die Zeiterfassung abgeschafft, was, wie der damalige CEO Lewis Platt bemerkte, »einen starken Glauben an die Mitarbeiter« voraussetzte. Herrn Platts Motiv in Ehren: War es doch nicht eher ein Kostenkalkül? Jeder kennt die Manipulierbarkeit der Zeiterfassungssysteme. Und ist ein rein quantitativer, zeitorientierter Arbeitsbegriff überhaupt noch »zeit«-gemäß? Sollten wir uns nicht eher am *Output* orientieren, weniger am Input? Mittlerweile haben etliche Unternehmen versucht, Vertrauensarbeitzeit einzuführen. Es scheitert jedoch oft am *wechselseitigen* Misstrauen: »Oben« fürchtet bei Aufgabe der Zeiterfassung steigende Kosten: »Die, die arbeiten, sind immer die Gleichen; die, die in der Sonne liegen, auch.« »Unten« fürchtet, bei Überlastungssituationen unfair behandelt, ja ausgebeutet zu werden, wenn sie ihren Chefs nicht schwarz auf weiß den Anwesenheitszettel unter die Nase halten können. Nichts bewegt sich. Misstrauen ist das Gift, das alle lähmt.

Da ist der Vorstand, der die Aushilfe seines Bereichsleiters genehmigen muss. Da sind die Mitarbeiter eines Schlüsseldienstes, die per Videokamera kontrolliert werden, um die Schwundrate bei Metallteilen zu minimieren. Da ist die überbordende Audit-Mania – ein überhöhtes Bedürfnis nach unabhängiger Kontrolle. Da ist der neue Arbeitsdirektor, ein frischer, dialogfreudiger Mensch – zu dialogfreudig für manche Personaler. Sie versenden eine streng vertrauliche E-Mail: »Wir, die Leiter HR Europa, haben beschlossen, dass die Kommunikation mit dem neuen Arbeitsdirektor nur über uns läuft. Direkte Kontakte sind zu unterlassen.«

Nicht wenige Führungskräfte sind geradezu von der Vorstellung besessen, ihre Mitarbeiter wollten sie nur betrügen. Sie installieren ein Fluchtverhinderungssystem nach dem anderen. Und täglich kann man eine Verschärfung des kontrollierenden Umgangs erleben. Reportingwellen ohne Maß und Begrenzung: »Monday update« zum Beispiel. Montag soll man seine Projekte in das Intranet stellen, damit die Zentralinstanz »einen Überblick hat«. Dadurch werden natürlich auch kleinere Arbeiten, die man früher nebenbei erledigte, zu veritablen Projekten aufgeschäumt. Der ehemalige IBM-Manager Dan Cerutti stellte rückblickend fest: »Ich hatte es mit Managern zu tun, die jedem Mitarbeiter grundsätzlich unterstellten, er wolle nicht arbeiten. Dieses Misstrauen äußerte sich in allem, was sie taten.«

So ist es wohl: Viele Unternehmen sind reine Verdachtsorganisationen. Aus Misstrauen erlassen Führungskräfte bibeldicke Manuale, um auch noch die kleinste Rolle im Unternehmen festzuzurren. Sie glauben nicht daran, dass Menschen gute Arbeit machen *wollen*. Eine tief sitzende Unsicherheit, die sich rational maskiert, macht Führungskräfte zu Ordnungskräften, Manager zu Polizisten, die »Kontrollspannen« überblicken. Sie vertrauen nicht dem selbstgesetzten Qualitätsanspruch ihrer Mitarbeiter. Sie sind extrem zurückhaltend, wenn es darum geht, die Mitarbeiter ihre eigenen Wege zum Ziel finden zu lassen.

Die Misstrauensvereisung äußert sich in Formulierungen wie: »Jeder misstraut jedem im Werk.« »Man kann hier keinem über den Weg trauen.« »Jede Bewegung wird kontrolliert.« »Ehrlichkeit ist hier Naivität.« »Es kann gefährlich sein, eine Meinung zu vertreten.« Da ist der CSM-Point schnell erreicht, der Career Shortening Move.

Überall mangelt es an Glaubwürdigkeit: Der Informationspolitik »des Hauses« wird mit großer Skepsis begegnet. Das gilt für die Zukunft der Firma, die finanzielle Situation, die Personalpolitik und auch geplante Umstrukturierungen: »Es wird nicht mit offenen Karten gespielt«, »Die Firmenzeitung ist ein Propaganda-Blatt.« Andere Aussagen beklagen Inkonsistenz zwischen Sprechen und Handeln: »Ich bin enttäuscht von den Entscheidungen des Managements, die bereits nach einem halben Jahr in ihr Gegenteil gekehrt werden.« »Hier gilt das Motto: Was kümmert mich mein Geschwätz von gestern.« »Heute so, morgen so.« Und das Vertrauen wächst auch nicht gerade, wenn die Menschen eine Diskrepanz feststellen zwischen der kleinlichen Spar- und Bewilligungspraxis einerseits und den gewaltigen Summen, die dem Topmanagement gezahlt werden.

Viele haben »genug« von der Zunahme an Regelungen sowie an Kontroll- und Rechtfertigungsmechanismen, die sie als Behinderung ihrer eigentlichen Arbeit erleben: »Zu viel Bürokratie«, die »steigende Papierflut«, »für alles Formulare ausfüllen«, »zunehmende administrative Arbeit, die zum Added Value absolut nicht beiträgt«. »Arbeit nach vorbestimmten Abläufen, egal, ob das sinnvoll ist oder nicht.« Viele Menschen sind auch der alltäglichen Durchtriebenheit müde, die unaufhörlich die Fäden des Scheins und der Lüge miteinander verknüpft. »Da hört man doch gleich, dass da etwas nicht stimmt.« Zum Misstrauen besteht offenbar unausgesetzt Anlass. Man hält sich fast nur noch »hinterm Licht« auf, wohin einen nahezu jede offizielle Mitteilung zu führen scheint.

Eine wissenschaftliche Untersuchung über die »Befindlichkeit in der Chemischen Industrie« (Kiefer und andere 2001) macht nachgerade dramatische Vertrauensdefizite dingfest: »Es findet sich im gesamten Antwortset keine einzige Aussage, die auf eine vertrauensvolle Beziehung zum Topmanagement hinweisen würde.« Die Studie spricht von einer »aufsehenerregenden« Entfremdung vom oberen Management. Zitate: »Was führen die da oben im Schilde?« »Ich glaube denen nicht, dass sie das Wohl der Firma im Sinn haben. Sie machen Karriere auf Kosten der Firma.« Die Studie kommt zu dem Schluss, dass keineswegs alle negativen Gefühle mit einer allgemeinen Rückzugstendenz beantwortet werden. Misstrauen ist in seinen Konsequenzen für das Unternehmen deutlich von anderen negativen Emotionen wie Ärger, Sorge und Enttäuschung zu unterscheiden. Alltägliche Ärgernisse beispielsweise werden zwar der Firma angelastet, aber sie berühren nicht das Leistungsverhalten innerhalb der eigenen Aufgaben. Misstrauen hingegen führt *sowohl* zum innerlichen Rückzug aus der Firma als *auch* von der eigenen Arbeit. Wer misstraut, »ist weniger bereit, sich für die Firma *und* den Job einzusetzen, und auch weniger bereit, in der Firma wie auch im Job zu bleiben«.

Um die Überwachungswut zu rationalisieren, ist viel Abgegriffenes im Umlauf: dass Vertrauen gut, Kontrolle besser sei, dass man sich Vertrauen erst verdienen müsse, dass Gelegenheit bekanntlich Diebe mache. Ernst zu nehmende, reflektierende Manager entfalten oft brillante Rhetoriken zur Rechtfertigung von Misstrauen. Nicht selten werden bestürzende Geschichten über Vertrauensbrüche, Betrug und Niedertracht erzählt. Dass ein Vertrauensmissbrauch mit erheblichen Konsequenzen verbunden sein kann, kann man in der Tat an vielen Beispielen belegen: Man sah es 1995 an den durch den Broker Nicholas Leeson verursachten Milliardenverlusten der Londoner Barings Bank, und die Liste der Namen – von Schneider, Flowtex, Swissair, ABB und Enron bis zu Lehman – als Synonyme für Inkompetenz, Geldgier und zum Teil kriminelle Machenschaften wächst Jahr für Jahr.

Normalerweise werden für Misstrauen Gründe eingefordert, für Vertrauen nicht. »Warum vertraust du mir?« – das fragt niemand. Umgekehrt ist es im Unternehmen: Das Misstrauen ist nicht begründungspflichtig, das Vertrauen ist es. Insbesondere dann, wenn etwas schiefgelaufen ist. Und natürlich läuft immer mal wieder etwas schief. Viele Unternehmen sind daher zur Verregelungsseite des Spektrums hin eskaliert. Dann kommen die Sicherheitsfanatiker an die Macht. Dann wird Misstrauen zur Norm. Wenn aber Misstrauen zur Norm wird, wird Vertrauen zur Sünde.

Betrachten wir die strukturellen Hintergründe. Die Ökonomie interessiert sich scheinbar nicht für Vertrauen. Ökonomisches Verhalten – Nutzen maximieren, Wettbewerbsstrategien entwickeln, Informationsvorteile ausbeuten –, all das scheint Vertrauen geradezu auszuschließen. Überschaut man die betriebswirtschaftliche Literatur, so scheint sich die gesamte ökonomische Intelligenz am Modell des Gebrauchtwagenkaufs zu orientierten – am Modell maximalen Misstrauens.

Wir haben die Leistungsgrenzen dieses Paradigmas erreicht. Die Prolongationskapazität (ein Ausdruck, den ich mir von der Evolutionsbiologie geborgt habe) ist ausgeschöpft. Ein weiteres Wachstum ist mit dem zur Verfügung stehenden Denkrahmen nicht möglich. Der Reifegrad ist hoch, die Systemintelligenz auch, der wirtschaftliche Erfolg aber bereits fragil. Eine kleine Veränderung der Umweltbedingungen verringert oft drastisch die Prolongationskapazität. Viele Unternehmen befinden sich in einem unsichtbaren Gefängnis. Eine überbordende Bürokratie, starres Verwaltungshandeln und eine Vielzahl von Richtlinien lähmen jeden unternehmerischen Tatdrang. Die Wände und Gitter dieses Gefängnisses sind die Grundannahmen über die Ökonomie und das menschliche Verhalten.

Immer deutlicher wird, dass die großen alten Steuerungsmittel – »Macht« und »Geld« – nicht mehr ausreichen, um das Handeln der Menschen im Unternehmen zu koordinieren. Insbesondere unter den Bedingungen der Wissensgesellschaft und »schneller« Märkte. Es gibt zunehmend mehr Situationen, die nicht zu »managen« sind. Schon gar nicht zu erzwingen. Die »Intangible Assets« lassen sich nicht mehr herbeikontrollieren. Alles, was von der Kooperationsbereitschaft der Mitarbeiter *untereinander* abhängt, ist nicht direkt zu steuern. Kontrolle (in der restriktiven Bedeutung des Wortes) versagt da. Hier muss Vertrauen die alten Steuerungsmittel ergänzen, ja zunehmend ersetzen. Vertrauen wird damit zur Schlüsselvariablen erfolgreicher Unternehmensführung.

VERTRAUEN SIE IHNEN!

Wozu Vertrauen?

Ohne Vertrauen setzt niemand Kinder in die Welt, betritt niemand einen Fahrstuhl, bestellt niemand etwas über das Internet. Das bringt die fundamentale Bedeutung von Vertrauen auf den Punkt. Auf die Wirtschaft bezogen lässt es sich verlängern: Ohne Vertrauen gründet niemand eine Firma, gibt es keine Innovationen, weder neue Arbeitsplätze noch neue Produkte noch neue Märkte. Und ohne Vertrauen gibt es keine Führung.

Sich führen lassen heißt, sich jemandem anvertrauen. Forschungen zeigen, dass Menschen bereit sind, einem anderen Menschen zu folgen, wenn sie ihm vertrauen – selbst wenn sie seine Ansichten nicht teilen. Sie folgen jedoch nicht, wenn sie zwar seine Ansichten teilen, ihm aber nicht vertrauen. Keine Führungskraft kann Menschen beeinflussen, wenn ihr nicht vertraut wird. Auch für das Führungsparadigma des Mitarbeiters als »Mitunternehmer« ist Vertrauen die einzig mögliche Basis.

Vertrauen ist vor allem unersetzlich, wenn es konfliktär wird: wenn Sie als Führungskraft etwas für Ihre Mitarbeiter Unverständliches tun: zum Beispiel im Dilemma entscheiden, den Störungsauftrag wahrnehmen oder gar Ihre Meinung ändern (das soll ja vorkommen). Wenn Vertrauen vorhanden ist, unterstellen die Mitarbeiter Ihnen nicht sofort Unfähigkeit oder Opportunismus. Sie gehen dann schlicht davon aus, dass Sie gute Gründe dafür haben – selbst wenn sie diese nicht teilen. Mehr noch: Sie verzeihen Ihnen sogar einen gelegentlichen Fehltritt. Sie glauben Ihnen, dass es sich um ein Versehen handelt oder eine Ausnahme. Ihre Mitarbeiter mögen gelegentlich murren, unverständig reagieren, sie mögen auch mal lauthals schimpfen – wenn Vertrauen da ist, wiegen diese Verstimmungen nicht schwer. Vertrauen ist eine belastbare, widerstandsfähige Position.

Wenn das Vertrauen Ihrer Mitarbeiter jedoch fehlt, werden Sie den Widerstand nicht überwinden können, der in jeder hierarchischen Beziehung steckt (»Jedes Folgen aber trägt in sich den Widerstand«, so drückte es Heidegger aus). Dann wird aus einer produktiven Spannung ein nicht zu reparierender Bruch. Mit den entsprechenden negativen Folgen für Ihr Unternehmen. Auf Dauer können Sie nicht gegen Ihre Mitarbeiter führen.

Im Idealfall ist Vertrauen wechselseitig. Für Sie als Führungskraft ist es Ihren Mitarbeitern gegenüber auch eine pragmatische Notwendigkeit. Denn wenn Sie nicht vertrauen, müssen Sie wohl oder übel kontrollieren. Kontrolle jedoch wird zunehmend schwieriger. Die Handlungsspielräume Ihrer Mitarbeiter erweitern sich ständig und sind für Sie als Führungskraft nicht mehr in Gänze und bis ins Detail zu beobachten. Die Aufgaben Ihrer Mitarbeiter werden immer komplexer und auch für Sie unverständlicher. Sie können aber nicht kontrollieren, was Sie nicht beurteilen können. Es bleibt Ihnen hier gar nichts anderes übrig, als zu vertrauen. Hinzu kommt die örtliche Trennung in Unternehmen mit mehreren, gar internationalen Standorten. Trotz aller Möglichkeiten der modernen Kommunikation – vieles bleibt Ihnen verborgen.

Noch komplizierter wird Kontrolle, wenn Sie hochausgebildete Kopfarbeiter führen. Die müssen ihre Arbeit selbst organisieren, und ihre Produktivität ist für Sie als Führungskraft letzten Endes nicht steuerbar. Auch hier müssen Sie sich auf die Resultate verlassen. Sie können die Ergebnisse prüfen, nicht aber den Weg, auf dem diese erzielt werden. Dass dieser gut organisiert ist, darauf müssen Sie vertrauen.

Wenn Sie nun dennoch meinen, Ihren Mitarbeitern nicht vertrauen zu können, wenn Sie daran zweifeln, ob diese eigene Ressourcen der Problemlösung haben, dann haben Sie die falschen Mitarbeiter. Oder vielleicht doch ein grundsätzliches Problem damit, zu vertrauen? Ich empfehle Ihnen: Springen Sie ins kalte Wasser. Vertrauen Sie. Zugegeben, das ist riskant. Und wenn das Risiko wirklich zu groß wird, gar existenziell, dann ist auch kein Raum für Vertrauen, dann sollten Sie nicht zusammenarbeiten. Die Alternative – ein lähmendes Kontrollsystem – erzeugt prohibitiv hohe Kosten.

Was ist Vertrauen?

Vertrauen ist als wirtschaftliche Ressource kein Wert »an sich«, sondern Mittel zum Zweck. Vertrauen funktioniert wie ein »Schmiermittel« der Kooperation. Mit seiner Hilfe lässt sich etwas erreichen, was ohne es nicht so einfach erreichbar wäre: Führen und Folgen eben, Kostensenkung, Schnelligkeit, Kundenbindung. Letztlich ist Vertrauen die Erwartung, dass kooperatives Handeln nicht ausgebeutet wird.

Dieses Vertrauen ist reflektiert. Es ist weder blind noch naiv. Es weiß um die Gefahren der Welt und die Unzuverlässigkeit der Menschen. Es ist sich bewusst, dass Menschen sich nur allzu oft vereinbarungswidrig und verantwortungslos verhalten. Es weiß, dass es im Leben keine Buchung ohne Gegenbuchung gibt und keine Option kostenlos zu haben ist. Es ist bereit, sich diesem Risiko auszusetzen. Es ist – wieder – eine Einstellung, »als ob« die Verhältnisse berechenbar wären und die Menschen vertrauenswürdig. Für bestimmte wirtschaftliche Ziele ist es alternativlos.

Das Neue und Herausfordernde der Gegenwart ist die Tatsache, dass Vertrauen nicht mehr aus Vertrautheit wächst. Die meisten Menschen, mit denen wir zusammenarbeiten, sind (und bleiben) Fremde, die Kontaktzeiten sind kurz, und eine gemeinsame Zukunft ist fraglich. Und da sich ja die Vorstellung durchgesetzt hat, man könne Zeit »verlieren«, »gewinnen« oder gar »sparen«, muss Führung heute in das Vertrauen »springen« – ohne auf gute Erfahrungen zurückgreifen zu können. Das schaffen nur Führungskräfte, die sich selbst vertrauen, die zurechnungsfähig sind, die wissen, wie sie mit einem Vertrauensbruch umgehen.

Vertrauen schaffen

Was können Sie tun, um den Vertrauenspegel in Ihrem Unternehmen zu erhöhen? Weil Sie schneller werden wollen, Bürokratie abbauen, Ihre Organisation flexibilisieren, Zusammenarbeit reibungsloser machen, ein Innovationsklima schaffen, Mitarbeiter binden und ihre intrinsische Motivation schützen, Führung erfolgreich machen wollen?

Wenn Vertrauen erst einmal vorhanden ist, dann können Sie sein Fortbestehen beeinflussen. Hier haben die sogenannten »vertrauensbildenden Maßnahmen« durchaus einen gewissen Wirkungsgrad: Verlässlichkeit, Verhaltensstabilität, Berechenbarkeit, Erfüllung von Versprechen, Fairness, Loyalität, Ehrlichkeit, Diskretion, Glaubwürdigkeit. Dies sind wichtige Verhaltensweisen, die Vertrauen erhalten. Was aber lässt Vertrauen *entstehen*?

Es hängt alles an Ihrem ersten Zug. Sie als Führungskraft müssen die Eingangs-Aktion starten, um den Prozess anzustoßen. Sie müssen bereit sein, die Kontrolle über Ihre Mitarbeiter zu reduzieren, deutlich und wahrnehmbar. Das tun Sie, indem Sie auf explizite Sicherungsmaßnahmen verzichten. Regularien abschaffen. Das Kontrollsystem abbauen. Zugangsbeschränkungen lockern. Auf zusätzliche Informationen verzichten. Wenn Sie Leute einstellen, die besser sind als Sie. Wenn Sie Ihrem Mitarbeiter eine wichtige Aufgabe übertragen und ihm nicht ständig über die Schulter schauen – sondern darauf vertrauen, dass er zu Ihnen kommt, wenn er sich abstimmen möchte. Wenn Sie darauf vertrauen, dass Ihre Mitarbeiter einen eigenen Qualitätsanspruch an sich und ihre Arbeit haben. Erst wenn Sie sich wirklich abhängig machen von der Zustimmung und der Leistung Ihrer Mitarbeiter, dann ist Vertrauen möglich.

Es geht dabei nicht um »Alles oder nichts«. Vertrauen ist immer *spezifisch* (man vertraut zum Beispiel jemandem, dass er eine Aufgabe lösen will, aber vielleicht nicht, dass er es auch kann) und *bedingt* (es ist nicht grenzenlos). Vertrauen ist ein Relationsbegriff. Es gibt Vertrauen nicht im Entweder-oder, sondern nur im Mehr-oder-weniger. *Deshalb schließen sich Vertrauen und Kontrolle nicht aus.* Sie sind aufeinander bezogen, bilden ein Fließgleichgewicht. Sie müssen also ein Maß finden. Es geht darum, akzeptable Risiken einzugehen. Risiken, die Sie im Falle des Vertrauensbruchs überleben würden. Sie dürfen mithin niemals den Raum der Selbsterhaltungsvernunft verlassen. Sie dürfen strukturell nicht zulassen, dass ein Mitarbeiter mit einem Streichholz den ganzen Laden in die Luft jagt. Misstrauen ist da angesagt, wo Vertrauen eine lebensgefährliche Dummheit wäre.

Sie können dieses Risiko vermindern. Das ist vor allem eine organisatorische Aufgabe, orientiert an der Frage: Wie hoch ist der maximale Schaden, den ein Mitarbeiter in dieser Position verursachen kann? Dann gestalten Sie Ihr Unternehmen unter der Leitidee der *Fehlerfreundlichkeit.* Das bedeutet, das Unternehmen so zu bauen, dass nicht aus Angst vor Fehlern alle Kreativität, alles Risiko und aller Wagemut vernichtet werden. Hierfür benötigen Sie Redundanzen, viele Stimmen im Konzert, Überhänge, Machtbalancen. All das sind Systeme der Fehlerfreundlichkeit. Diese sind bedroht, je »schlanker« ein Unternehmen ist.

Wichtig ist: Vertrauen hat den Vorrang vor Kontrolle. Überwachen Sie nicht den Menschen, sondern schaffen und erhalten Sie fehlerfreundliche Strukturen. Systeme fehlerfreundlich zu gestalten heißt, sie so zu gestalten, dass sie nicht bei der ersten Störung gleich zerstört werden, dass sie die Möglichkeit haben, aus Fehlern zu lernen. »Aus den Fehlern anderer!«, heißt es dann meist. Dabei übersieht man, dass die Fehler anderer die Fehler anderer sind. Und damit andere Fehler. Sie sind in ihrer Genesis und Gestalt nur wenig vergleichbar und haben selten etwas mit dem zu tun, was man selbst zu lernen hätte. Daher: Man lernt nur aus eigenen Fehlern. Dann, wenn man sie zweimal machen kann. Aber nicht sollte.

Vertrauen zerstören

Misstrauen führt zwangsläufig dazu, dass es sich im sozialen Miteinander bestätigt und verstärkt. Ist es einmal vorhanden, dann setzt sich eine Misstrauensspirale in Gang, die heute viele Unternehmen prägt. Der Prozess läuft so: Wenn Sie aus irgendeinem Grunde misstrauisch werden, tun Sie das, was man »enger führen« nennt. Sie verstärken Beobachtung, Steuerung und Kontrolle. Sie setzen zunehmend internes Reporting, Monitoring und andere Sicherungsmaßnahmen ein. Sie etablieren Regeln, die das Erlaubte vom Verbotenen trennen. Sie ersetzen Verantwortung durch Sorgfaltspflicht. Sie beginnen damit, die Arbeitszeit zu erfassen, Zielvereinbarungen schärfer zu formulieren und nicht nur Ergebnisse zu vereinbaren, sondern auch die Wege dorthin. Sie überziehen die Mitarbeiter mit einem Misstrauensnetz, um eine verschwindend kleine Minderheit daran zu hindern, etwas zu tun, was die übergroße Mehrheit nie täte. Sie türmen Bürokratie auf, machen das Unternehmen langsam und behördenhaft. Und der Irrtum ist: Die Mitarbeiter, bei denen Misstrauen wirklich angebracht ist, lassen sich aber davon nicht beeindrucken. Die erwischen Sie systembedingt nie. Wer es darauf anlegt, findet immer Wege, ein Überwachungssystem zu umgehen.

Der Preis des Vertrauensentzugs ist jedoch hoch: Die Mitarbeiter fühlen sich weniger an das Unternehmen gebunden, weniger verpflichtet. Ihre innere Motivation sinkt und sie ändern ihr Verhalten. Sie strengen sich weniger an, gehen kein Risiko mehr ein, halten Informationen zurück. Dies bleibt Ihnen nicht verborgen und Sie fühlen sich in Ihrem Misstrauen bestätigt: Deshalb reagieren Sie auf die Verschlechterung des Arbeitsergebnisses und versuchen, durch zusätzliche Steuerungs- und Kontrollmaßnahmen den Verlust an Eigenmotivation aufzufangen. Und so weiter.

Diese Spirale kann zum völligen Zusammenbruch der Vertrauensbeziehung im Unternehmen führen. Misstrauen wird zur sich selbst erfüllenden Prophezeiung. Das heißt: Es ist unmöglich, fehlendes Vertrauen durch Sicherungsmaßnahmen zu ersetzen. Sie schaffen dadurch nur neues Misstrauen. Kurz: Vertrauen schafft Vertrauen; Misstrauen schafft Misstrauen.

Zutrauen schafft Unternehmertum

Aus Sicht vieler Mitarbeiter zeigt sich Vertrauen vor allem in einer Situation: Wie *Sie* reagieren, wenn dem Mitarbeiter ein Fehler passiert ist. Ihr Verhalten in dieser konkreten Situation entscheidet darüber, ob sich eine Vertrauensatmosphäre entwickeln kann. Denn eine unternehmensübergreifende Vertrauens-»Kultur« gibt es, wenn überhaupt, nur unvollständig. Vertrauen ist ein Phänomen zwischen Ihnen und Ihrem Mitarbeiter, zwischen diesem Menschen und jenem Menschen. Ihr konkretes Verhalten im Falle eines Mitarbeiterfehlers wird aber von allen Beobachtern höchst sensibel registriert und verallgemeinert. Es wird zur Spielregel, an der sich alle orientieren.

Und eine vertrauensbasierte Spielregel kann nur lauten: *handelnd reagieren – nicht anklagend*. Wer einen Fehler gemacht hat, weiß das selbst sehr wohl und am besten. Der Fehler ist *passiert*; niemand macht Fehler absichtlich. Dramatisieren ist nur Energieverschwendung. Sinnvoll ist, wenn Sie ein Gespräch über den Fehler führen. Ohne Anklage! Analysieren Sie gemeinsam die Ursachen und nutzen Sie das Lernpotenzial, welches daraus erwächst. Konzentrieren Sie sich weniger auf das fehlerhafte Verhalten, sondern darauf, was richtig ist. Achten Sie auch darauf, was an dem Fehler möglicherweise positiv ist. Manchmal entsteht etwas überraschend Neues aus einer Situation, die auf den ersten Blick wie eine Katastrophe wirkt. Das ist das Gute im Schlechten. Seien Sie in der Behandlung des Fehlers der Zukunft zugewandt. Stellen Sie Fragen weniger, um herauszufinden, wie der Fehler passiert ist, sondern mehr als Angebot zur Veränderung: Was ist jetzt zu tun? Was können wir daraus lernen? Wie können wir vorbeugen?

Wenn Sie so mit Fehlern Ihrer Mitarbeiter umgehen, entwickeln Sie im gesamten Unternehmen eine *unternehmerische* Atmosphäre. Wer hinfällt, kann wieder aufstehen und wird nicht niedergedrückt. Hinfallen ist manchmal schlimm – aber überhaupt nicht zu laufen ist tödlich. Fehler und Fehlverhalten werden immer wieder vorkommen. Es ist wichtig, nicht nach jedem Fehlverhalten gleich wieder eine Kontrollinstanz für alle einzuführen. Das Grundvertrauen im Betrieb hat einen höheren Wert als die Kontrollsucht der Vorgesetzten. Denn nur aus der Bewegung entsteht der neue Impuls, der Sie an die Spitze bringt. Gehen Sie daher konstruktiv mit Fehlern Ihrer Mitarbeiter um. Vertrauensvoll. Wir Menschen entwickeln uns ja nicht durch Erfolge, sondern durch unsere Niederlagen. Und wer nie einen Fehler gemacht hat, hat auch nie etwas gewagt. Der hat sich auch nie entwickelt.

WIE PRAKTIZIERE ICH VERTRAUEN?

Vertrauen starten

Auch wenn Sie bereit sind, zu vertrauen: Wie können Sie wissen, dass »der andere«, in diesem Fall Ihr Mitarbeiter, sich an die Regeln, die Vereinbarungen, den Geist der Kooperation hält? Mehr noch: Wenn Sie dessen nicht sicher sein können – weshalb sollten dann Sie sich daran halten? Schließlich sind Verträge »Menschenwerk«! Wenn Sie sich für Vertrauen entscheiden, gehen Sie durch eine Flammenwand aus Zweifeln, ohne wissen zu können, ob die Entdeckung auf der anderen Seite den Aufwand lohnt. Und Vertrauensbruch beschäftigt doch ständig Gerichte, Anwälte, Moralapostel – uns alle. Also noch einmal: Wer garantiert Ihnen, dass Ihr Mitarbeiter es sich nicht anders überlegt und Sie betrügt?

Niemand. Ihre Erwartungen als Vertrauensgeber können unerfüllt bleiben. Ihr Vertrauensvorschuss kann jederzeit missbraucht werden. Der Mitarbeiter als Vertrauensnehmer kann wählen, ob er das in ihn gesetzte Vertrauen honorieren oder Sie enttäuschen will. Er hat Ihnen gegenüber den Vorteil, besser zu wissen, wie es um seine Leistungsbereitschaft bestellt ist.

Oder auch um seine Fähigkeit. Er besitzt intime Informationen über sich selbst, sein Nutzenkalkül, seine geheimen Ziele. Er weiß von sich selbst, ob er vertrauenswürdig, ob er ein vereinbarungsfähiger Mensch ist.

Wenn Sie dennoch vertrauen, wählen Sie bewusst die Unsicherheit, den Kontrollverlust, die Möglichkeit der Enttäuschung. Sie übertragen dem Mitarbeiter eine Aufgabe, ohne zu wissen, ob der Mitarbeiter sich des Vertrauens als würdig erweisen wird, den Handlungsspielraum nicht zu Ihrem Schaden nutzen wird. Für Sie als Chef ist die Platzierung von Vertrauen daher zunächst *riskant*. Diese riskante Vorleistung ist zwar nicht in einem absoluten Sinne zu rechtfertigen, aber sie ist doch – wie wir noch sehen werden – außerordentlich vernünftig.

Wie also starten Sie den Vertrauensmechanismus – *wenn* Sie ihn starten wollen? Wollen Sie den direkten Weg wählen, den schnellen, den aktiven, dann gibt es darauf nur eine Antwort:

Verwundbarkeit startet Vertrauen.

Indem Sie sich aktiv *verwundbar* machen, bringen Sie den Vertrauensmechanismus in Gang. Verwundbarkeit ist das Instrument, mit dem Sie die Vertrauensbeziehung beginnen. Es ist Ihr »Einsatz«, um den Sie fürchten müssen, soll von Vertrauen die Rede sein. Und je größer der für Sie mögliche Schaden, desto größer Ihre Vertrauensleistung.

Wohlgemerkt: *aktiv* verwundbar machen. Das tun Sie, indem sie den impliziten Vertrag erweitern. Auf Kosten des expliziten. Indem Sie auf explizite Sicherungsmaßnahmen verzichten. Regularien abschaffen.

Das Kontrollsystem abbauen. Zugangsbeschränkungen lockern. Auf zusätzliche Reportings verzichten. Das muss kein »Entweder-oder« sein, es kann den Ermessensspielraum ein wenig vergrößern, Art und Menge der anvertrauten Aufgaben verändern. Wichtig ist: Das eigene Risikoangebot wird von Ihrer Umwelt sehr genau beobachtet. Es sind Signale des Vertrauens.

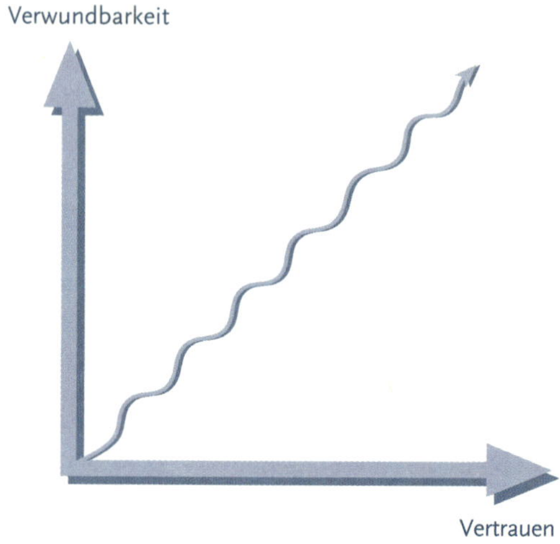

Aktives Vertrauen ist mithin »akzeptierte Verwundbarkeit«. Wollen Sie Vertrauen aufbauen, dann räumen Sie jemandem aktiv die Gelegenheit zur Verletzung ein und sind zugleich zuversichtlich, dass er diese Gelegenheit nicht nutzen wird. Sie sagen sich: »Ich halte einen Betrug zwar nicht für ausgeschlossen, aber eher für unwahrscheinlich.« Vertrauen ist eine Wette auf den Gewinn durch Vertrauen mit dem Risiko des Verlustes.

Den Zusammenhang zwischen Verwundbarkeit und Vertrauen hat der Schauspieler Joseph Fiennes (*Shakespeare in Love*) in einem Interview plastisch beschrieben. Auf die Frage des Journalisten, wie er sich in Nacktszenen fühle, antwortete er: »You are conscious that you are naked, and everyone else is dressed. It's a slightly unnatural setting. But the fear is not physical exposure; it's the way it's going to be shot, edited and perceived. So really it's about trusting a good director.« (in: *InStyle*, 9/2001, S. 268)

Aber mit all dem ist noch nicht gesagt, *warum* Sie damit Verhalten steuern. Warum starten Sie durch Verwundbarkeit den Vertrauensmechanismus?

Die verpflichtende Kraft des Vertrauens

Markus S. hatte während eines Besuchs auf einem Berliner Wochenmarkt unerwartet viele Einkäufe gemacht. Beim Verlassen des Marktes bemerkte er im Vorbeigehen noch ein wertvolles Buch auf einem Antiquariatsstand. Weil das Bargeld aufgebraucht war, sagte er zu seiner Frau: »Schade, das Buch hätte ich gerne noch mitgenommen, aber wir haben kein Geld mehr.« Da sagte die Dame hinter dem Tisch: »Nehmen Sie das Buch nur mit, Sie können mir das Geld überweisen.« »Aber ich komme aus einer anderen Stadt«, antwortete er überrascht, »wir kennen uns doch gar nicht. Was macht Sie so sicher, dass ich das Geld auch überweise? Wollen Sie sich nicht wenigstens meinen Namen notieren?« Markus S. nahm das Buch mit – ohne dass er seinen Namen hinterlassen hatte. Er musste dann über sich selbst lächeln, als er am Montagmorgen später zur Arbeit ging, weil er pünktlich um 8.30 Uhr beim Öffnen der Bank der Erste sein wollte, der einen Überweisungsträger ausfüllte.

Diese Geschichte ist mir so zugetragen worden. Sie verweist auf die größte Leistung des Vertrauens, eine Leistung, der weder Macht noch Geld nahekommen: Vertrauen *verpflichtet.* Es erzeugt Ansprüche. Es bindet. Es erzeugt einen tief gespürten Sog, dem man sich kaum entziehen kann. Und je größer die riskante Vorleistung, desto größer die verpflichtende Wirkung. Menschen haben schier Unglaubliches geleistet, weil ihnen andere vertrauten. Warum? Welche psychologische Mechanik steckt dahinter?

Wir Menschen suchen den Ausgleich. Geben und Nehmen müssen im Gleichgewicht sein, wenn wir uns entspannt fühlen sollen. Das ist das Gesetz der Reziprozität. Es ruft uns zu: »Gleiche ein Geschenk aus!« Wenn wir etwas bekommen – und sei es noch so schön oder wertvoll –, verlieren wir für einen Augenblick unsere Unabhängigkeit. Der andere hat etwas in uns investiert. Dadurch ist unsere Beziehung aus dem Gleichgewicht geraten. Wir fühlen uns dem Geber verpflichtet. Wenn wir für vertrauenswürdig gehalten werden, fühlen wir einen starken Druck, den wir nur mildern können, indem wir etwas zurückgeben. In unserem Fall: wenn wir dem Vertrauen entsprechen. Das zutrauende Element wirkt also wie eine Hypothek. »Wie durch Geschenke kann man auch durch Vertrauensbeweise fesseln.« (Niklas Luhmann) Auf der banalen Ebene hat jeder die verpflichtende Wirkung von Vertrauen schon gespürt: Der Chef legt die Hand auf die Schulter des aufstrebenden Jünglings, schaut ihm tief in die Augen und sagt mit fester Stimme: »Ich zähle auf Sie!« Wer könnte sich diesem Sog entziehen?

Jeder kennt das Gefühl fast erstaunten Geehrtseins, wenn einem unerwarteterweise großes Vertrauen geschenkt wird. Man fühlt sich geradezu »entwaffnet«. Und tatsächlich kennt auch jeder das bildhafteste Beispiel für diesen Zusammenhang aus Kriminalfilmen: Der Polizist, der, um mit dem Verbrecher zu sprechen, seine Pistole weglegt. Mit Ausnahme von echten Psychopathen verfügt jeder Mensch über Reflexe des Gewissens, der Selbstachtung, der Scham. Und beugt sich ihnen. Montaigne hat diesen Mechanismus 1580 so beschrieben: »Wem ich auf der Reise die Kassenführung anvertraue, dem überlasse ich sie ganz ohne Kontrolle. Er könnte mich beim Abrechnen ja sowieso leicht betrügen. Und wenn er nicht der Teufel ist, zwinge ich ihn zur Ehrlichkeit durch ein so hingegebenes Vertrauen.«

Aber ist das nicht »moralisch«? Nein, es ist amoralisch. Es sagt nicht »Du sollst!«, sondern kalkuliert mit dem Balancegefühl, dem Gespür für Reziprozität, das jeder Mensch in sich trägt. Es ist fast ein Nötigungscharakter, der dieses Vertrauen kennzeichnet. Mag es der eine oder andere auch mit der Idee des »guten Lebens« verbinden, es ist ganz und gar unnötig. Aus welchen Motiven heraus eine Person vertrauenswürdig ist, ist letztlich unbedeutsam. Ob sie aus moralischer Verpflichtung heraus vertrauenswürdig handelt, also aus Gründen der Fairness, oder weil es ihren Interessen entspricht, als glaubwürdig, kreditwürdig et cetera gelten zu können, spielt für das Ergebnis keine Rolle. Der Unterschied liegt im Sympathiewert. Nicht im Ergebnis. Dafür reicht ein »schwaches« Vertrauen völlig aus.

Wichtig ist: Das Schenken von Vertrauen ist eine Leistung, die, *gerade weil sie nicht oder nur schwer einforderbar ist*, Ansprüche erzeugt. Es ist wie eine Einzahlung auf ein imaginäres Beziehungskonto, das der andere mit einer Gegenleistung ausgleichen muss, will er nicht mit einer spürbaren inneren Schieflage leben. Vertrauen rechtfertigt sich daher oft im Nachhinein selbst, auch wenn es aufgrund situativer Umstände zunächst ungerechtfertigt erscheint. Nicht selten lehnen Menschen auch Vertrauen entschieden ab, um sich der verpflichtenden Wirkung zu *entziehen*. Denn die Vertrauensbereitschaft und -fähigkeit eines Menschen ist begrenzt. Manchmal möchte man vielleicht gar nicht, dass einem vertraut wird, wenn man die eigene Unzuverlässigkeit kennt, aber dem anderen wohlgesonnen ist. Redensarten wie »Ich verdiene dein Vertrauen nicht« oder »Vertraue mir besser nicht zu sehr« signalisieren, dass der Vertrauensnehmer die Verpflichtung fürchtet. Er nimmt die Scham vorweg, falls er das in ihn gesetzte Vertrauen nicht rechtfertigen kann.

Auch Mitarbeiter wollen sich oftmals dem Verpflichtungsdruck des Vertrauens entziehen. Sie bevorzugen dann quantitative und schematische Tauschverhältnisse: drei Sack Überstunden gegen drei Sack Prämie. Weil sie ihrem Chef und ihren Kollegen nicht trauen (»Wer arbeitet hier zu wenig?«), neigen sie dazu, sich die Anwesenheit und nicht die Aufgabenerledigung bezahlen zu lassen. So wird die sogenannte »Vertrauensarbeitszeit« von den Mitarbeitern oft abgelehnt, weil sie die Vertrauensverpflichtung fürchten. Die Einführung von Vertrauensarbeitszeit scheitert meiner Erfahrung nach weniger am misstrauischen Management oder an rechtfertigungsscheuen Mitarbeitern, sondern schlicht an der Kraft, die vom Vertrauen ausgeht.

Unsere Überlegungen haben nun einen Punkt erreicht, wo die Steuerungsproblematik neu beleuchtet werden kann. Es ist deutlich geworden, das zusammengehört, was sich scheinbar auszuschließen scheint: Vertrauen und Kontrolle. Vertrauen steuert das Verhalten eines anderen Menschen. Es ist einfach falsch, Vertrauen gegen Kontrolle auszuspielen. Das Gegenteil ist der Fall:

Vertrauen ist Kontrolle.

Die verpflichtende Kraft des Vertrauen – schön, dass es sogar eine anthropologische Konstante ist. Es gibt keinen Kulturbereich, der dieses Phänomen nicht kennt. In einigen Kulturen ist es die Basis des Sozialen schlechthin. Was wir erwarten können, sagte schon Hotspur zu Heinrich IV: »Aber ich sage Euch, Mylord, aus der Nessel Gefahr pflücken wir die Blume Sicherheit.«

So machen Sie sich verwundbar

Als Andrew Grove zusammen mit Gordon Moore seinerzeit Intel gründete, hatten sie weder ein Produkt noch einen Businessplan. Grove hat später immer wieder betont, dass ihn die Tatsache, dass die Venture-Capital-Firma ihm das Geld einfach aus Vertrauen in seine Person zur Verfügung gestellt hatte, mehr verpflichtet hätte, als jeder Vertrag es je hätte tun können.

Es gibt etliche Beispiele für das nahezu vollständige Fehlen eines expliziten Vertrages: Der von Jahr zu Jahr erneuerte Handschlag, mit dem McDonald's und Coca-Cola ihre Zusammenarbeit verlängern – eine Vertrauensbeziehung, die seit 1954 funktioniert. Da fehlte der schriftliche Vertrag zwischen Elvis Presley und seinem Manager »Colonel« Tom Parker – zwei Menschen, deren Zusammenarbeit erst mit Elvis' Tod beendet wurde. Keinerlei Abnahmeverträge zwischen dem Kosmetikkonzern Laboratoire Biosthétique und seinen Kunden: Alle bekommen denselben Preis, niemand muss das Gefühl haben, schlecht verhandelt zu haben. Die Kunden können ohne Angabe von Gründen zum Monatsende kündigen. Das nur vierseitige Vertragspapier, auf das die Star-Alliance ihre Zusammenarbeit gründet – ein Pakt des Vertrauens, der offenbar funktioniert: Der unfreundliche Übernahmeversuch gegenüber dem Alliance-Partner Air Canada wurde jedenfalls gemeinsam erfolgreich abgewehrt. Eine Machtbalance, die Unternehmensführer fordert, die Macht teilen können, weil sie vertrauen.

Auf dem Niveau hochtechnologischer Wirtschaftsverhältnisse findet man Vergleichbares: Co-Destiny – die Integration von Zulieferern. Der Käufer beweist dem Verkäufer durch exklusive Lieferungsrechte sein Vertrauen. Damit macht sich der Zulieferer extrem abhängig vom Kunden. Es scheint paradox – aber erst die Wechselmöglichkeit der jeweiligen Partner schafft die Voraussetzung für potenziell langwährende Beziehungen. Wie wir gesehen haben: Vertrauen verpflichtet. Freiheit schafft Bindung. Die Stärke von Netzwerken und losen Koppelungen sind gerade die schwachen Verbindungen, die »Weak Ties«, wie Mark Granovetter sie nennt.

Wenn wir nun zu Ihrem persönlichen Führungsverhalten überleiten, dann haben Sie auch dort Gestaltungsmöglichkeiten. Sie machen sich beispielsweise verwundbar,

- wenn der Mitarbeiter Mühe hat zu kündigen, weil er spürt, dass Sie sich auf ihn verlassen, dass er wirklich *gebraucht* wird;
- wenn Sie Ihrem Mitarbeiter eine wichtige Aufgabe übertragen haben und ihm nicht ständig über die Schulter schauen – sondern darauf vertrauen, dass er zu *Ihnen* kommt, wenn er sich abstimmen möchte oder eine Frage hat;
- wenn Sie in schwierigen Situationen die Dinge nicht an sich reißen und zur »Chefsache« erklären, sondern die Mitarbeiter in der Verantwortung lassen;
- wenn Sie Ihre wichtigsten Markt- und Kundenkontakte nicht für sich reservieren, sondern Ihre Mitarbeiter damit betrauen (und insofern Ihren Marktwert bedrohen);
- wenn Sie Informationen an Ihre Mitarbeiter weitergeben, deren Missbrauch Sie schädigen würde;
- wenn tatsächlich gilt und spürbar ist: »Ohne euch werde ich scheitern!«

Wenn Sie als Chef Ihr Schicksal in die Hände Ihrer Mitarbeiter legen, wenn Sie sich Ihrer Willkür und Macht »berauben«, wenn Sie Mitarbeiter in die Verantwortung für Ihr Wohlergehen bringen, dann kann sich die verpflichtende Kraft des Vertrauens entfalten. Ist Ihren Mitarbeitern tatsächlich bewusst, dass Sie Nachteile haben werden, wenn sie ihren Job nicht machen? Mit einem einfachen »Ich brauche Ihre Leistung!« ist es da nicht getan. Es muss für den Mitarbeiter schon deutlich werden, dass Sie dann ein Problem haben. Hat der Mitarbeiter aber mit Recht das Gefühl, dass sein Beitrag kaum zählt, wenig bewirkt und austauschbar ist – dann kann sich kein Vertrauen entwickeln.

Diesen Zusammenhang will ich illustrieren am Beispiel jenes Managers, der als harter Sanierer bekannt ist. In Zeiten des Turnarounds, den er mehrfach erfolgreich bewältigte, waren seine Mitarbeiter gut beraten, ihm zu misstrauen. Es bedarf ja auch keiner besonderen Intelligenz zu erkennen, dass ein Unternehmen, das Wert vernichtet, keine wirtschaftliche Existenzberechtigung hat. Jetzt, nachdem dies einige Jahre zurückliegt und das Unternehmen wieder aufzubauen wäre, ruft er ihnen immer noch – nur leicht verklausuliert – zu: »Wenn Sie die geforderte Eigenkapitalrendite nicht bringen, werden Sie verkauft.« Anstatt sein Schicksal an das der Mitarbeiter zu knüpfen, anstatt ihnen nun das Gefühl zu geben »Ihr seid die Richtigen!«, ihnen zu vertrauen, setzt er den alten Weg des Angstmachens fort. Ein Fehler. Das Unternehmen kommt schon seit Jahren nicht mehr von der Stelle.

Und noch ein Beispiel, wie man es *nicht* machen sollte: Der Finanzvorstand der Holding schreitet an das Rednerpult, tippt auf den Starterknopf für die Power-Point-Präsentation, auf der Projektionswand erscheint ein buntes Geflimmer von Zahlen und Säulendiagrammen. Das seien die Ergebnisse der Zielvereinbarungsgespräche, die mit den Vorständen der Einzelgesellschaften abgesprochen wurden, erklärt er den versammelten Führungskräften. Und dann verweist er mit dem Laserpointer auf einen schraffierten Abschnitt am oberen Ende einer Datensäule: Das sei die Sicherheitsreserve, die er im Falle des Nichterreichens der Ziele schon mal vorsorglich eingeplant habe... Wie heißt die erste Botschaft? »Ich vertraue euch nicht!« Wie heißt die zweite Botschaft? »Vereinbarungen sind keine Vereinbarungen!« Wie heißt die dritte Botschaft? »Die ganze Veranstaltung ist gar nicht ernst gemeint!« Der Holding-Vorstand hat sich nicht verwundbar gemacht. Er vertraut sich nicht der Leistung seiner Mitarbeiter an. Und wundert sich, dass Jahr für Jahr die Ziele nicht erreicht werden.

Zurück zur Verwundbarkeit:

- Vertrauen Sie darauf, dass die Menschen einen eigenen Qualitätsanspruch an sich und ihre Arbeit haben. Vereinbaren Sie Ergebnisse – und lassen Sie dann jede Person ihren eigenen Weg finden. Jedermann kann Ergebnisse erreichen auf eine Weise, die ihm besonders liegt. Wenn Sie vertrauen, dann zählen nur Ergebnisse.
- Schaffen Sie die Zeiterfassungsysteme ab. Niemand wird ernstlich behaupten wollen, dass ein achtstündiger Bürotag innovative Ideen in besonderem Maße stimuliert. Und es kann doch nicht darum gehen, dass Menschen ihre Arbeit in der vorgeschriebenen

Zeit erledigen. Sondern dass sie sich ihre Arbeitszeit so einteilen, wie es den Bedürfnissen der externen und internen Kunden am ehesten entspricht. Ergebnisverantwortliches Arbeiten verlangt, Arbeit und Zeit selbstverantwortlich einzuteilen. Wer das nicht kann, kann es lernen.

- Nehmen Sie Kundenorientierung ernst. Stehen Sie auch zu unorthodoxen Entscheidungen Ihrer Mitarbeiter. So wie es Mitchell Kertzman, Gründer von Sybase, ausdrückt: »Nehmen wir an, ich hätte einen Mitarbeiter, der spät abends einen Kunden besucht. Um das Problem des Kunden zu lösen, muss der Mitarbeiter ihm eine Zusicherung geben, die allerdings Geld kosten wird. Es ist in unser aller Interesse, dass dieser Mitarbeiter das Richtige für den Kunden tut ... Er braucht nicht mit einer Standpauke zu rechnen, selbst wenn die Zusicherung, die er dem Kunden gegeben hat, sonst nicht üblich ist. Wenn sie dem Kunden in diesem speziellen Fall geholfen hat, dann hat der Mitarbeiter auch richtig gehandelt.«
- Prüfen Sie vorher, vertrauen Sie nachher. Haben Sie einen neuen Mitarbeiter ausgewählt, werden Sie alsbald feststellen, dass er nicht ganz Ihren Erwartungen entspricht. Er ist einfach anders als Sie – Gewohnheiten, Denkweisen, Prioritäten sind anders gesetzt. Das ist Nährboden für Missverständnisse, Streit und Zweifel: »Habe ich da einen Fehler gemacht?« »Ist das wirklich der Richtige?« Nein, Sie sollten sich selbst vertrauen. Sie haben vorher alle Alternativen erwogen und eine Entscheidung getroffen. Jetzt stehen Sie auch zu ihr.
- Stellen Sie sich Ihren Mitarbeitern zur Wahl. Räu-

men Sie ihnen die Möglichkeit ein, Sie abzuwählen. Das ist das Maximum an Verwundbarkeit, das im betrieblichen Rahmen möglich ist. Und das Maximum an Vertrauen.

Erst wenn Sie sich abhängig machen von der Zustimmung und der Leistung Ihrer Mitarbeiter, dann ist Vertrauen möglich.

Wechselseitige Wählbarkeit (und Abwählbarkeit) ist die Voraussetzung für Vertrauen. Wenn – um ein weiteres Beispiel zu nennen – die Personalarbeit spürt, dass ihr mit Misstrauen begegnet wird, dann kann sie dagegen etwas tun. Sie kann sich verwundbar machen. Wie macht sie das? Indem sie ihre Dienstleistung nicht oktroyiert, sondern zur Wahl stellt. Wenn sie sich abwählbar macht. Wenn die Personalarbeit wirklich von der Werthaltigkeit ihres Angebots überzeugt ist, dann lässt sie den (internen) Kunden entscheiden, ob er etwas will oder nicht. Wenn sie aber der Urteilsfähigkeit der Linienvorgesetzten misstraut und ihnen ihre Produkte aufzwingt, dann wird ihr im Gegenzug das Vertrauen entzogen. Zu Recht.

Vertrauen verpflichtet – und es wirkt dabei ähnlich wie Verantwortung. Die Brücke bildet das Verb »zutrauen«. Wo Verantwortung wirkungsvoll wahrgenommen wird, kommt es zu verlässlichen Handlungssequenzen. Dann kann man sich darauf verlassen, dass der Kranke ärztlich versorgt wird, die Nachtschwester die Werte kontrolliert und dass man selbst im Notfall benachrichtigt wird. Verantwortung wirkt wie eine Garantie – zwar nicht auf den Erfolg, wohl aber auf die achtsame Durchführung einer Handlung.

Ein besonders interessantes Beispiel für diesen Zusammenhang habe ich selbst erlebt. Ich wurde in das Werk A eines großen deutschen Automobilherstellers gerufen, dessen Absentismusrate seit Jahren beständig stieg. Im Vergleich mit Werk B desselben Herstellers zeigten sich dramatische Unterschiede: Im Werk A lag sie bei 8 Prozent, in Werk B bei 4 Prozent. Man begann mit den »Gegenmaßnahmen«, entschied sich für Kampagnen und vielfältige Aktionen, um die Rate des Werkes A zu senken. Was passierte? Die Absentismusrate stieg! Sie stieg pro Jahr um durchschnittlich etwa 0,5 Prozent. Warum? Man ignorierte die schlichte Tatsache, dass die Menschen Gründe für ihr Zuhausebleiben hatten. Der Veränderungsdruck erzeugte nur Gegendruck. Das Muster kranker Organisationen: »Wenn du nicht so drücken würdest, müsste ich nicht so drücken.« Welche Gründe aber waren denkbar? Auffällig war, dass in Werk B im Team gearbeitet wurde, aber jedes einzelne Teammitglied eine Spezialaufgabe erfüllte. In Werk A wurde auch im Team gearbeitet, im Unterschied zu Werk B wurde aber darauf Wert gelegt, dass jedes Mitglied die Aufgaben aller anderen – notfalls – ebenso erledigen konnte. Was in vertrauensbasierten Kontexten als »Job-Enrichment« erlebt wird (und auch hier so gemeint war), wurde hier anders wahrgenommen. Der Kontext nämlich ließ keinen Zweifel an den wahren Motiven, die von den Mitarbeiter auch hinter der vorgehaltenen Hand gehandelt wurden: Man vertraute nicht der Selbstverpflichtung der Menschen, sicherte sich ab, sorgte für den Notfall vor. Es dominierte ein Kontext des Misstrauens. Die versteckte Botschaft lautete: »Wir glauben nicht, uns auf dich verlassen zu können. Deshalb verteilen wir die Aufgabenerfüllung auf viele Köpfe und Hände.« Was diese Form der Arbeitsorganisation erzeugte, war: Die Mitarbeiter fühlten sich *austauschbar.* »Wenn ich es nicht mache, macht es eben ein anderer.« Wer aber austauschbar ist, verspürt nicht die verpflichtende Kraft des »Es kommt auf mich an!«. Er erlebt nicht das Vertrauen, das das Unternehmen in ihn gesetzt hat. In Werk B aber hatte man den Menschen etwas zugetraut. Man glaubte, den Mitarbeitern mehrheitlich vertrauen zu können – auch auf die Gefahr hin, Schaden zu nehmen. Man hatte sich verletzbar gemacht – und wurde mit einer niedrigen Absentismusrate belohnt. Das war die Vertrauensdividende.

Um nicht missverstanden zu werden: Man kann die Arbeitsorganisation von Werk B auch gleichsam »positiv« bewerten – als ehrliches Bemühen, Arbeitsroutinen aufzulockern und die Aufgaben »anzureichern«. Aber es hat eine Schattenseite: Beliebigkeit und Austauschbarkeit. Was bevorzugen? Alle Extreme funktionieren nicht. Und welche Seite von den Menschen intensiver erlebt wird, hängt ab vom Kontext, vom Klima, vom Verhältnis Vertrauen/Misstrauen. Überwiegt das Vertrauen, dann hat Kontrolle einen informatorischen, unterstützenden Charakter. Überwiegt das Misstrauen, wird Kontrolle eher als einengend und vertrauensverdrängend erlebt.

E-Business ist ein weiteres Beispiel für das Funktionieren von Vertrauen. eBay basiert auf zwei Wachstumspfeilern: der weltweiten Verbreitung des Internets sowie der Zuversicht in den Vertrauensmechanismus. Die Kundenkartei von eBay kennt 35 Millionen Namen, Verkäufer und Käufer aus aller Welt, und kaum jemand kennt den anderen. Für 10 Milliarden Dollar jährlich gehen Menschen davon aus, dass jemand am anderen Ende der Welt das Geld auch tatsächlich überweisen beziehungsweise die Ware senden wird. »Wir machen jährlich mehr als 10 Milliarden Dollar Umsatz ausschließlich auf der Grundlage von Vertrauen«, sagte Rajiv Dutta, der ehemalige CEO von eBay, »weil wir glauben, dass die Menschen grundsätzlich vertrauensfähig sind.« In der überwältigenden Mehrzahl der Fälle wird das Vertrauen voll zurückgezahlt. Die Handelspartner finden sich online, erfreuen sich eines bequemen Handelsweges, tauschen ein paar freundliche Worte, nicht selten entstehen weltumspannende Freundschaften. Die wenigen Ausnahmen sind – so Dutta – zahlenmäßig nicht nennenswert.

Vertrauen zu geben, ist nur *scheinbar* vernunftwidrig oder irrational. Es ist – wie Wasser – das dauerhaft Stärkere, weil es das scheinbar Schwächere ist. Die schwachen Bindungen sind die starken. Damit ist nicht der explizite Vertrag, sondern der implizite, das Unausgesprochene entscheidend. Robert Bosch schrieb in seinem Vermächtnis: »Der Buchstabe tötet, der Geist macht lebendig.«

Was man loslässt, bleibt.

Als letzte Illustration möchte ich ein Telefongespräch mit einer ratsuchenden Führungskraft wiedergeben, das ich aus dem Gedächtnis zitiere: »Ich habe einen Mitarbeiter, den ich für sehr motiviert halte, aber an seinen Fähigkeiten habe ich Zweifel. Er hat einfach noch nicht die Erfahrung, die man für dieses Projekt braucht. Aber ich vertraue ihm trotzdem!« »Nur in einer eingeschränkten Weise. Sie vertrauen zwar seiner Leistungsbereitschaft, aber nicht seiner Leistungsfähigkeit. Wenn ein großer Erfahrungsschatz für diesen Job erfolgskritisch ist, dann haben Sie den falschen Mitarbeiter ausgewählt.« »Das mag sein, aber ich hatte nur diesen zur Verfügung. So ist das nun einmal. Aber ich habe mit ihm vereinbart, dass er mir jeden Montag eine kleine Übersicht über den Projektfortschritt gibt. Mir scheint das eine vernünftige Lösung zu sein.« »Ja, diese Lösung ist vernünftig. Aber sie folgt der Vernunft des Misstrauens. Wenn Sie hingegen die Vernunft des Vertrauens wählen, dann verzichten Sie auf den wöchentlichen Report. Schicken Sie ihm ein Signal des Vertrauens: Vereinbaren Sie, dass er bei etwa auftretenden Fragen aus eigener Initiative zu Ihnen kommt, im Zweifel vor einer Entscheidung das Gespräch mit Ihnen sucht. Das löst zwar nicht den problematischen Personaleinsatz, bleibt aber im Vertrauenskontext.« »Ja, aber wenn der Mitarbeiter das Problem gar nicht sieht, das da auf ihn zukommt?« »Nun ja, spätestens bei dieser Frage wird deutlich, dass Sie den Einsatz dieses Mitarbeiters noch einmal überdenken sollten. Wenn der Mitarbeiter nicht in der Lage ist, aufkommende Fragen als Fragen zu erkennen, sollten Sie den Job doch besser selbst übernehmen. Aber selbst wenn Sie an ihm festhalten: Glauben Sie denn, dass Sie selbst immer die Probleme kommen sehen? Es klingt ein wenig so, als wären nur Sie allein umsichtig und vorausschauend, Ihr Mitarbeiter aber ein unmündiges Kind. In beiden Fällen würde ich zur Beendigung der Zusammenarbeit raten.« »Sie haben gut reden. Soll ich denn den Mitarbeiter sehenden Auges vor die Pumpe rennen lassen?« »Das können Sie nur in jedem Einzelfall entscheiden. Vielleicht steht da ja gar keine Pumpe mehr, sondern früher war da mal eine. Und selbst wenn er einen Fehler macht und selbst wenn es Geld kostet, Sie können es im schlimmsten Fall immer noch als Investition in seine Ausbildung buchen.« »Es ist nicht besonders lustig, sechsstellige Beträge in die Ausbildung eines Mitarbeiters zu investieren.« »Nein, wahrlich nicht. Aber es ist auch nicht besonders lustig, überfürsorglich zu sein und dann hinterher seine gelernte Hilflosigkeit auszubeuten, um sich unersetzlich zu fühlen.«

Niemand kann glaubwürdig Vertrauen fordern, ohne sich aktiv verwundbar gemacht zu haben. Aktivität ist das Stichwort. Es gilt auch für die Wahrhaftigkeit, die für Vertrauen unerlässlich ist.

AKTIVE WAHRHAFTIGKEIT

Den Vertrauensmechanismus bringen Sie in Gang, wenn Sie *selbst* und *zuerst* Vertrauen schenken, das heißt wie gesagt, sich verwundbar machen – egal, ob privat oder im Job. Das ist die wichtigste Bedingung. Verwundbar sind Sie dann, wenn der Vertrauensmissbrauch des anderen für Sie selbst massive Nachteile hätte. Bringen wir die *Kommunikation* ins Spiel, dann sind Sie dann verwundbar, wenn Sie sich öffnen, wahrhaftig sind, verletzbar werden. Das bedeutet auf der Zuhörerseite primär Schweigen, inhaltliche Nachfragen bestenfalls, Verstehenwollen – nicht aber über die eigene Reaktion nachdenken, während noch der andere spricht. Vor allem sich nicht rechtfertigen, nicht verteidigen. Besser ist ein klares »Danke für Ihre Offenheit!«

Das bedeutet auf der Sprecherseite: dem anderen die eigene Wahrnehmung ungeschminkt und unmanipuliert zur Verfügung stellen. Nichts auf die lange Bank schieben. Keine Wahrheit behaupten, aber Wahrnehmung ungefiltert aussprechen. Kurz: wirklich wahrhaftig sein. Vor allem aber: nichts verschweigen. Denn verantwortlich sind Sie nicht nur für das, was Sie tun, sondern auch für das, was Sie *unterlassen*. Dafür wollen aber die wenigsten Verantwortung übernehmen.

Nun ist vielen Menschen Wahrhaftigkeit wichtig. Sie gilt als wesentliche Voraussetzung für vertrauensvolles Zusammenleben. Gemeint ist aber meistens eine Haltung, die etwa mit »Du sollst nicht lügen!« zu umschreiben wäre. Das wiederum meint: Informationen nicht willkürlich zum eigenen Vorteil manipulieren. Tatsachen nicht bewusst falsch darstellen. Auf Fragen nach bestem Wissen und Gewissen antworten. Das ist aber lediglich die *passive* Seite der Wahrhaftigkeit. Nicht zu lügen macht noch nicht verwundbar.

Was aber, wenn Sie nicht gefragt werden? Wenn Sie nicht ausdrücklich aufgefordert werden zu antworten? Es gibt nämlich auch ein Lügen durch Schweigen. Sie lügen auch, wenn Sie deutlich spüren, dass Sie dem anderen etwas mitteilen müssten, weil er sonst glaubt, alles sei in Ordnung. Oder weil er sonst von falschen Voraussetzungen ausginge. Oder wenn Ihre Aussage dem anderen helfen würde. Oder wenn der andere durch Ihr Schweigen Nachteile hätte.

Es gibt also auch eine *aktive* Wahrhaftigkeit, die das Wort ergreift, ohne ausdrücklich gefragt zu werden, die Stellung bezieht, ohne aufgefordert zu werden. Einfach, weil es aus Ihrer Sicht *wichtig* ist zwischen Ihnen. Aktive Wahrhaftigkeit geht in die Verantwortung. Die jüdisch-christliche Idee der Wahrheit enthält Aufrichtigkeit, das Fehlen der betrügerischen Absicht oder der Doppeldeutigkeit in persönlichen Beziehungen. Das hebräische Wort für Wahrheit *»Ehmet«* bedeutet auch Vertrauen. Der andere weiß, er kann sich auf Sie verlassen: Sie werden ihn nicht ins offene Messer laufen lassen. Wenn etwas aus Ihrer Sicht zwischen Ihnen und für Ihre Zusammenarbeit wichtig ist, werden Sie es ansprechen, auch ohne dass er Sie fragt. Der Rest mag sich hinter Höflichkeit verstecken.

Aktive Wahrhaftigkeit stützt Vertrauen.

Für Schweigen will niemand verantwortlich sein. Deshalb sucht man nach Entlastung. Die bietet sich – erstens – immer, wenn man sich auf die moralisch »gute« Seite schlagen kann. Man wendet das Problem nach außen, beschuldigt den anderen: »Der ist immer so nachtragend!« »Die ist doch sofort eingeschnappt!« Die Feigheit verbirgt sich hinter der Beschuldigung. Oder man lügt – zweitens – das Schweigen ins Positive um: »Aber ich muss den anderen doch schonen!« Jemanden schonen heißt aber, jemanden entmündigen. Sie stellen sich über ihn, entscheiden für ihn, was zumutbar für ihn ist und was nicht. Sie verlassen die Ebene der Gleichberechtigung, der Mündigkeit. Sie machen ihn zum Kind. Es verletzt die Menschenwürde, wenn Sie einem Menschen die Fähigkeit, Verantwortung zu tragen, wegnehmen oder in entmündigender Weise mindern.

Die Dinge liegen aber noch vertrackter. Denn in Wirklichkeit wollen Sie weniger *den anderen* schonen – Sie wollen sich schonen. Weil Sie Liebesverlust fürchten. Weil Sie sich keine Blöße geben wollen. Weil Sie *nicht verwundbar* sein wollen. Weil Sie fürchten: »Er mag mich nicht mehr, wenn ich aufrichtig bin.« »Vielleicht artet es in Streit aus.« »Vielleicht wird er es mir an anderer Stelle heimzahlen.«

Natürlich ist niemand gerne der Überbringer schlechter Nachrichten. Aber viele Führungskräfte fürchten es so sehr, dass sie sich passiv verhalten. Was sie dabei übersehen, ist die Kraft, die das Ungesagte entfalten kann. Oder es nimmt andere Gestalt an, um zum Ausdruck zu kommen: aufgestauter Ärger, eine zunehmend ins Negative verzerrte Sicht des anderen, die bald als Interpretationsfolie für jegliches Verhalten dient, das Lästern hinter Ihrem Rücken, später das solidarische Bündnis Ihrer gesamten Abteilung gegen Sie, die Klage des Mitarbeiters an Ihnen vorbei an die Adresse Ihres Chefs ... Machen Sie nicht den Fehler, Ihren Mitarbeiter für dumm zu halten. Er wird das Ungesagte schon lange vernommen haben. So gut können Sie sich nicht verstellen. Neben der Sprache gibt es viele Wege, das Unbehagen gegenüber einer anderen Person auszudrücken.

Wenn Sie es aber unterlassen, Probleme mit Ihrem Mitarbeiter klar und offen anzusprechen, heißt die Antwort: Opposition, Defensive, Rückzug oder Angriff. Die gleiche Reaktion können Sie auch im Gespräch erhalten – der unschätzbare Vorteil aber ist: Beide spielen mit offenen Karten, und Sie sparen sich viele leidvolle Umwege, um zum Kern des Problems vorzudringen.

Wenn Sie sich entschieden haben, aktive Wahrhaftigkeit ins Zentrum Ihrer Gespräche zu stellen, ist aber nur die erste Stufe genommen. Wir scheuen die Wahrhaftigkeit, weil sie eine starke Kraft ist und starke Reaktionen auslösen kann – im Positiven wie im Negativen. Wer eine solche Kraft einsetzt, sollte sich intensiv damit beschäftigt haben, wie man verantwortungsvoll mit ihr umgeht. Gerade Kritik- oder Konfliktgespräche und insbesondere Beurteilungsgespräche müssen so geführt werden, dass Sie durch das Gespräch Probleme lösen und nicht neue schaffen. Auf der Türschwelle lassen sich solche Gespräche nicht führen.

Schaut Vertrauen nach vorne oder nach hinten?

Ist nun Vertrauen eine Voraussetzung gelingender Kooperation? Oder ist es eher ein Ergebnis gelungener Zusammenarbeit? Schaut es nach vorne oder nach hinten? An dieser Frage beißen sich die Experten die Zähne aus. Die Vernunft älteren Datums betont das Resultat, das Vertrauen, das »sich einstellt«. Die Vernunft der Via Moderna betont die Voraussetzung, das Vertrauen, zu dem Sie »sich entscheiden«.

Wenn Sie vertrauen, dann erzeugen Sie auf der Empfängerseite ein starkes Gefühl für Verantwortung. Sie ermutigen ein Gefühl der Verpflichtung. Anderen Menschen zu vertrauen, ermutigt sie, uns zu vertrauen. Vertrauen erzeugt also genau das Verhalten, das – logisch gesehen – seine Voraussetzung zu sein scheint. Durch Ihren Risikoeinsatz können Sie eine Vertrauensspirale in Gang bringen. Seneca schreibt: »Hältst du ihn für treu, so wirst du ihn auch dazu machen.«

Wenn Menschen als verantwortliche Personen behandelt werden, verhalten sie sich als solche: Von dieser experimentell vielfach bestätigten Überzeugung geht dieser Mechanismus aus. Wir wissen aus vielen Forschungen, dass Menschen hoch beeinflusst sind von der Meinung, die andere Menschen von ihnen haben. Sie sollten also die autoplastische Kraft von Menschenbildern nicht unterschätzen. Sie können keine Aussage über Ihren Mitarbeiter machen, ohne ihn so hervorzurufen, wie Sie ihn angesprochen haben. Der andere ist oder kann eine integre Person werden – wenn Sie ihm Gelegenheit geben, Vertrauen zu bestätigen.

Das gilt auch für den umgekehrten Fall. Wenn Sie anderen misstrauen, beginnen diese, sich entsprechend zu verhalten. Falls Ihr Mitarbeiter ein ehrlicher Mensch ist, Sie ihm aber aus irgendwelchen Gründen misstrauen, dann sprechen Sie förmlich die Einladung aus, die unehrliche Rolle zu akzeptieren. Und Misstrauen ist so eine starke Einladung, dass kaum jemand ihr widerstehen kann. Wenn Sie hingegen einem tatsächlich unehrlichen Menschen misstrauen, verstärken Sie lediglich seine Unehrlichkeit. Das hat eine nachgerade dramatische Konsequenz: *Wenn Sie misstrauen, haben Sie nie die Chance, einem vertrauenswürdigen Menschen zu begegnen.* Mit Ihrem Misstrauen erzeugen Sie dann genau jene Situation, die Sie befürchten. Und anschließend bewirtschaften. Sie gestalten aktiv, was Sie nur passiv wahrzunehmen meinen und worauf Sie vorgeblich nur reagieren. Aber wo das Rettende sich vordrängt, wächst auch die Gefahr. Dadurch. Auf diese Weise kommen Sie aus dem Teufelskreis des Misstrauens nie heraus.

Ermutigen kann uns ein bekannter Befund aus dem therapeutischen Bereich: Man gibt einer Person einen Wertgegenstand, sagt, dass man auf sie zähle, und legt gewissermaßen die Verantwortung für unser Wohlbefinden in ihre Hände. Die andere Person ist überrascht, bewegt und fühlt sich gedrängt, die Erwartung zu bestätigen. Interessant zu beobachten ist: Auch wenn einer erwiesenermaßen unehrlichen Person plötzlich vertraut wird, kann man signifikant häufig erleben, dass das Vertrauen bestätigt wird. Man erklärt es dadurch, dass das moralische Ungleichgewicht zwischen der vertrauenden Person und der eigenen Unehrlichkeit als motivierend erlebt wird, diesen Unterschied auszugleichen. Die Studien zur Selfulfilling Prophecy zeigen eindeutig: Menschen, die als vertrauenswürdig behandelt werden, tendieren dazu, sich vertrauenswürdig zu verhalten. Jedenfalls ist die Aussage: »Ich vertrauen Ihnen!« zielführender als das »Vertrauen Sie mir!«. Es investiert etwas, bevor es etwas erwartet. Es gibt erst, dann nimmt es.

Natürlich hat auch das Grenzen: In einigen Kontexten würde dieses Vertrauen unangemessen sein. Die Risiken – vor allem gegenüber Dritten – wären einfach zu groß. Der Bewährungshelfer, der einem Serienstraftäter sagt: »Nun vertraue ich dir, benimm dich, und ich erwarte dich am Sonntag um 21.00 Uhr zurück« würde unentschuldbar fahrlässig handeln.

Dennoch bleibt festzuhalten: Vertrauen ist weder Voraussetzung noch Ergebnis. Es ist beides. Es schwankt zwischen Voraussetzung und Bestätigung hin und her. Vertrauen ist *zirkulär.* Misstrauen auch.

Der erste Schritt

Wer aber sollte den ersten Schritt tun? Diese Frage ist mit den obigen Überlegungen schon fast beantwortet. Dennoch will ich sie vor dem Hintergrund der Schwierigkeiten in der Praxis noch einmal kurz beleuchten.

Ein kontrollierendes Verhalten ist vor allem verbreitet in Situationen mit ungleicher Machtverteilung: Arbeitgeber und Arbeitnehmer, Eltern und Kinder, Lehrer und Schüler, Trainer und Spieler. Vertrauen ist entsprechend – so wird in der Regel behauptet – Vorleistung des »Stärkeren«. Das ist jener, der »es sich leisten kann«, verwundbar zu sein. Dieser Stärkere wird traditionell mit dem Vorgesetzten identifiziert. Dem Mitarbeiter wird die Rolle des Schwächeren zugeschrieben. Führung müsse also in Vorleistung gehen. Gilt diese Grundannahme noch in allen Fällen? Ich denke, das ist so nicht mehr haltbar. Der Stärkere ist nicht mehr notwendig der Vorgesetzte. In Zeiten, in denen das Wachstum vieler Unternehmen durch qualitative und zunehmend auch quantitative Engpässe auf den Arbeitsmärkten limitiert wird, muss man die Optik ändern. Jedenfalls ist die Eindeutigkeit der Rollen verschoben: Der Arbeit*geber* ist nicht automatisch auch Vertrauensgeber, und der Arbeit*nehmer* nicht gleichzeitig auch Vertrauens*nehmer*. Wenn die Partner gleichermaßen machtvoll oder autonom sind, scheitern Kontrollversuche.

Diese Rollenverschiebung macht es auch wahrscheinlicher, dass jeder Akteur zugleich Vertrauensgeber und -nehmer des anderen ist. Ein hohes Vertrauensniveau resultiert aus einer *wechselseitigen* Erhöhung der Verwundbarkeit. Vertrauen ist mithin kein Nebenprodukt einer guten Beziehung, sondern deren Hauptmotor. Wir können also in der Regel von einer wechselseitigen Vertrauens- und Vertragsbeziehung ausgehen, wobei sowohl Chef als auch Mitarbeiter mit Blick auf bestimmte *Erwartungen* die Position des Vertrauensgebers und mit Blick auf bestimmte *Verpflichtungen* die Position des Vertrauensnehmers einnehmen. Auch die *inhaltliche* Ausgestaltung einer Rolle ist entscheidend: So ist man beispielsweise als (von den Mitarbeitern aktiv legitimierte) »Führungskraft« tendenziell Vertrauensnehmer, als (lediglich von der Hierarchie bestimmter) »Vorgesetzter« eher Vertrauens*geber*. Und den Unterschied kann man in der Praxis deutlich spüren: Man erkennt ihn an den Ergebnissen.

Beziehungen bestehen notwendigerweise aus mindestens zwei Parteien, aber es bedarf oft nur einer, um die Qualität zu ändern. Wer also sollte beginnen? Das kann innerhalb einer Organisationshierarchie der Chef tun. Muss es aber nicht. Es kann auch der Mitarbeiter tun. Wenn Sie aber immer auf den anderen warten, geben Sie das Steuer Ihres Lebens aus der Hand. Wenn niemand der Erste sein will, bewegt sich nichts. Dann ist es an *Ihnen*, den ersten Schritt zu tun. Sie können den anderen nicht kontrollieren, aber Sie können *sich* kontrollieren. Machen Sie den ersten Schritt! Go first! Wo auch immer Sie in der Hierarchie stehen, es gibt nur diesen einen Weg:

Wenn Sie Vertrauen geben, flutet es zurück.

Das ist das Paradoxe: Schwäche ist hier Kraft. Auf wirklich direktem Wege schaffen Sie Vertrauen nur durch Verwundbarkeit. Erst, wenn Sie sich verwundbar machen, entwickelt sich die verpflichtende Kraft des Vertrauens. Erst, wenn Sie dem anderen die Möglichkeit einräumen, Ihnen erheblichen Schaden zuzufügen, entfaltet sich der ökonomisch wertvolle Steuerungsmechanismus des Vertrauens. Erst, wenn Sie bereit sind,

Macht abzugeben und Führung als Dienstleistung zu begreifen, sind Sie auf dem richtigen Weg.

Das sind natürlich unbequeme Schlussfolgerungen für Manager, die in der Regel alles tun, um das genaue Gegenteil zu bewirken, nämlich Unverwundbarkeit und Macht herbeizusichern – und dabei anderen hohe Verwundbarkeitskosten zumuten: indem sie Vertrauen versagen, indem sie sie mit ihrem Misstrauen verletzen. Eben weil viele Führungskräfte nichts so sehr fürchten wie Verletzlichkeit, gibt es so wenig Vertrauen im Unternehmen.

Das im doppelten Sinne »herrschende« Führungskonzept steht also der Entwicklung von Vertrauen massiv entgegen. Denn von Führungskräften wird zumeist verlangt, die Sachen »zu regeln«, »im Griff« zu haben, Verwundbarkeit gerade zu *verhindern*. Auf dem Büchermarkt gibt es Titel wie: »So bin ich unverwundbar!« Damit wird alles Mögliche erzeugt, nur kein Vertrauen.

Führung darf Vertrauen nicht erwarten. Es ist wie ein Bumerang: Man muss Vertrauen eigeninitiativ anbieten, – dann kommt es zurück. Und zwar in irreversibler Reihenfolge. Man kann kein Vertrauen fordern, es zeigt nur, dass da etwas nicht geklappt hat. Wir werden vielmehr beschenkt, wenn wir zutrauen. Der große schottische Schriftsteller George MacDonald schrieb: »Vertrauen zu genießen ist ein größeres Kompliment als geliebt zu werden.«

VERTRAUEN STATT MISSTRAUEN

Was für Führung im Unternehmen gilt, lässt sich auch auf politische Führung übertragen: Sich führen zu lassen geht immer damit einher, sich jemandem anzuvertrauen und bereit zu sein, ihm zu folgen.

»Der Mensch ist frei geboren und liegt doch überall in Ketten.« So beginnt Rousseau seinen *Gesellschaftsvertrag*, um nach vielen Denkumwegen endlich wieder Ketten zu empfehlen: die Ketten der Volkspädagogik. Wie auch konnte man das Volk in die Freiheit entlassen, ohne es zu dressieren?

Das war gestern. Wenn heute die Überbausysteme der Politik mit den radikalen Veränderungen der Gesellschaft nicht mehr mithalten können, wenn sie einfach zu langsam und zu undifferenziert sind, dann bleibt gar nichts anderes, als dem Menschen zu vertrauen, seiner Anpassungsfähigkeit, seiner Flexibilität. Genau das ist es letztlich, worum es geht: Wir brauchen mehr Vertrauen in die Individualität; eine Sicht auf den Bürger, die dem Einzelnen mehr zutraut. Wir brauchen mehr Vertrauen in seine Problemlösungsfähigkeit; mehr Vertrauen, dass der Bürger seine Geschicke selber lenken kann.

Unter den Bedingungen der Gegenwart heißt das,

den Bürger bei Schwierigkeiten gerade *nicht* aus der Verantwortung herauszunehmen. Es heißt, ihm etwas zuzutrauen. Das heißt keine bedingungslose Verpflichtung aus einer staatlichen Überzuständigkeit heraus, sondern ein feingestimmtes Gefühl für Angemessenheit, die Autonomie des anderen zu erhalten. An jemanden glauben und das vermitteln. An seinen Ressourcen andocken. Dadurch Selbstvertrauen aufbauen. Fürsorglichkeit also in dem Sinne, die Bedingungen der Möglichkeit von Leistung aus Individualität zu optimieren. Dazu braucht es Augenmaß. Der Staat kann beim Verbraucherschutz durchaus auf die Souveränität der Konsumenten setzen; der Bürger weiß selbst, was für ihn gut ist. Der Bürger braucht auch keine »geistige Orientierung« – die staatliche Hirtenbriefmentalität gehört ins 19. Jahrhundert. Er muss auch weder über die Gefahren der »Ego-Gesellschaft« aufgeklärt werden, noch braucht er staatliche Aphrodisiaka für sein Geschlechtsleben. Auch die Lordsiegelbewahrer der Ökomoral können zu Hause bleiben – niemand braucht sie wirklich.

Mehr Vertrauen, das bedeutet auch *mehr* Vertrauen in den Markt. Der Markt ist nicht die Lösung aller Probleme; ein undifferenzierter »Glauben an den Markt« ist nicht besser als ein »Glauben an den Staat« – Skepsis ist hier wie dort angesagt. Aber wenn der Markt uns zwingt, auf etwas zu verzichten, so haben wir damit selten Mühe. Wir müssen mithin *mehr* gesellschaftliche Bereiche durch den Markt regeln lassen – wenn wir so auch den Zorn der Staatsanbeter erzeugen, die es sich nicht vorstellen können, etwas aus der »demokratisch kontrollierten Verantwortung« (Jürgen Habermas) zu entlassen. Und, zugegeben, das fällt nicht leicht bei obszönen Managergehältern, Abfindungen und Bilanzfälschungen. Aber lassen wir uns von einigen Maximalprofiteuren nicht den Blick auf das Grundsätzliche verstellen: Nur die Marktwirtschaft ermöglicht es, Moral und Eigeninteresse *zugleich* zu verfolgen. Nur unter Marktbedingungen liegt es im Interesse eines jeden, sich moralisch zu verhalten. Nur der Markt macht aus einem einseitigen Erfolgsstreben ein wechselseitiges. Der Markt sieht den Konsumenten als Souverän an, der mit jedem Euro über das abstimmt, was *er selbst* für nützlich hält – und nicht, was andere für nützlich halten.

Es geht also darum, sich durch private Initiative in bisher staatlichen Hoheitsgebieten breit zu machen: Bildung – wann hat endlich der modernistisch eingefärbte Staatsdirigismus der Kultusministerkonferenz ein Ende? Wann erhalten Schulen mehr Autonomie? Altersversorgung, Gesundheit: Ein gesetzlicher Zwang zur Mindestabsicherung mag akzeptabel sein; ein Mehr davon können wir der individuellen Risikokalkulation des Bürgers und dem Wettbewerb anvertrauen. Darüber hinaus: Es ist auch endlich Zeit für Plebiszite – vernünftige Entwürfe gibt es dafür genug. Das Volk ist reif dafür. Die Lage schon längst.

Es muss eine möglichst große Zahl von Bürgern die Chance haben, ihr Einkommen am Markt zu erzielen. Das hat zur Konsequenz: das Beamtentum abschaffen. Sicher nicht vollständig, aber sehr weitgehend. Was sind wirklich unverzichtbare Staatsaufgaben? Müssen Lehrer Beamte sein? Wieso muss ein Richter Beamter sein? Bei Einsprüchen vor Finanzgerichten urteilt ein Staatsangestellter, ob dem Staat das Geld der Bürger zusteht; einer Großfamilie, die ihren Kindern Hausunterricht geben will, wird von einer staatlich besoldeten Richterin beschieden, dass der Besuch staatlicher Schulen zwingend sei.

Mangelndes Selbstvertrauen ist der Hauptgrund für nationale Niedergänge. Selbstvertrauen kann man aber nicht herbeireden. Selbstvertrauen und damit auch grundsätzliches Vertrauen ist eine Folge, eine Konsequenz. »Wie schaut der Staat den Bürger an?« Wenn die Antwort lautet: »misstrauisch, nicht zutrauend, schonend, fürsorglich, helfend, kurz: entmündigend«, dann werden wir als Gesellschaft nicht zukunftsfähig sein. Nur wenn wir dem Bürger mehr zutrauen, kann sich auch Selbstvertrauen entwickeln. Und wer sich mit Realitätssinn umschaut, der kann nicht zweifeln: Der Bürger braucht in seiner übergroßen Mehrheit nicht geschützt zu werden; er ist kein potenzielles Opfer und kein zu förderndes Mängelwesen. Man kann ihm vertrauen, dass er sein Leben selbst führen kann. Was er braucht, sind vielmehr Herausforderungen, die ihn wecken, Grenzen, die ihn zum Überschreiten reizen, Rivalen, die ihn anspornen, Probleme, die ihn stimulieren. Die Wirklichkeit muss ihn mit Hürden und Hindernissen versorgen und damit bereichern. Aus diesem simplen Grund: *Selbstvertrauen resultiert aus der Erfahrung, sich aus eigener Kraft aus schwierigen Situationen befreit zu haben.* Sich an den eigenen Haaren aus dem Sumpf gezogen zu haben. Ohne fremde Hilfe. Daraus die Gewissheit geschöpft zu haben, es auch künftig zu können. Eine wichtige Erfahrung, die man nie verliert; eine Fähigkeit, die man immer bei sich trägt: nach Niederlagen sich wieder aufrichten zu können. Dadurch an Handlungsstabilität gewonnen zu haben. Davon auszugehen: »Es wird schon gut gehen, und wenn es schiefgeht, werde ich es schon irgendwie wieder hinkriegen.« Mit einem kalkulierten Risiko leben, weil es dazu keine vernünftige Alternative gibt. Und wenn das Vertrauen bestätigt wird, sich darüber freuen.

Auch bei Überraschungen von außen: Selbstvertrauen beinhaltet die Fähigkeit, mit dem Unerwarteten umzugehen. Das zu tun, was eine überraschende Situation erfordert. Im Selbstvertrauen verdichtet sich mithin die Gewissheit, zurechnungsfähig zu sein – vor allem und ganz praktisch auch als die Erfahrung, sich auf Veränderungen einstellen zu können. Das wird in Zukunft immer wichtiger: sich einzustellen auf Neues, als unvermeidlicher Teil eines jeden Lebensweges, der von uns Entscheidungsfähigkeit, Risikobereitschaft und Optimismus verlangt. Wenn wir uns selbst vertrauen, dann verfügen wir auch über ein unabhängiges Urteil. Dann wissen wir selbst, was zu glauben und zu tun ist. Wir berücksichtigen zwar die Sichtweisen und Meinungen anderer; aber diese löschen nicht unsere eigenen Einsichten aus. Dann ist uns das Vertrauen in unsere eigenen Ideen wichtiger als die Anpassung an die Meinung anderer. Wir haben Zuversicht in den eigenen Einfallsreichtum, in die eigenen Kompetenzen. Wir glauben an unsere Absichten und Fähigkeiten. Wir glauben an unsere *Selbstwirksamkeit.* Wir sehen uns als integre Personen, sehen uns in einem positiven Licht. Es ist unser inneres, nicht relatives Gefühl eigener Wertschätzung.

Manchmal schaffen es Politiker, dass die Bürger ihnen vertrauen; weise Politiker schaffen es, dass die Bürger sich selbst vertrauen.

MOTIVATION

Das große Zauberwort des modernen Managements lautet Motivation. Jeden Tag werden Seminare veranstaltet, jeden zweiten Tag erscheint eine Studie zu den neuesten Methoden und jeden dritten Tag eine andere, die konstatiert, dass sich trotz all der Motivierung, der ausgeklügelten Incentives und in Aussicht gestellten Boni-Bonbons im Kern kaum etwas verändert an der durchschnittlichen Motivationslage der durchschnittlichen Mitarbeiter in Unternehmen. Ein kleiner Teil der Belegschaft ist hochmotiviert, ein größerer Teil ist indifferent, und ein großer Teil macht schlicht Dienst nach Vorschrift.

Dass es hier aber einen Zusammenhang geben könnte, dass die (mangelnde) Motivation des einen und die (gesteigerten) Motivierungsbemühungen der anderen, dass die vielen Incentives und das verbreitete Ideal vom steuerbaren, motivierbaren Mitarbeiter in einem anderen als dem weithin behaupteten Wirkungsverhältnis stehen, das hat sich bis heute – leider – noch kaum herumgesprochen. Denn wie anders wäre es zu erklären, dass am Credo der Motivierung als maßgeblicher Aufgabe des Managers festgehalten wird? Das dahinterliegende Denkmodell ist ebenso schlicht wie falsch, weil es zwei Beobachtungen in eine Ursache-Wirkungs-Beziehung stellt, die je für sich einen richtigen Kern haben – aber nicht zusammengehören.

Richtig ist, dass die Motivation einen hohen Einfluss auf den Erfolg hat. Nicht richtig ist, dass dies auch für die Motivierung gilt, das »Bewegen« von außen, das Anschieben anderer, um sie dahin zu bringen, wo man sie gerne haben möchte. Ob mit Zuckerbrot oder Peitsche: Jegliche Motivierung geht davon aus, dass der andere nicht von sich aus das tut, was er sollte. Und einen braucht, der ihn (an-)treibt.

Richtig ist auch, dass die Motivation von Menschen in hohem Grade von Kommunikation abhängt, dass Aufmerksamkeit, Wertschätzung und Respekt einen großen Einfluss darauf haben, wie gut und gerne Menschen eine gemeinsame Aufgabe bewältigen. Nicht richtig ist, dass Motivierung als Mittel zum Zweck diese Kommunikation »auf Augenhöhe« ersetzen könnte. Sie bewirkt besten- beziehungsweise schlimmstensfalls das Gegenteil: Sie ersetzt die sogenannte intrinsische Motivation durch eine extrinsische, das heißt sie verändert die Orientierung an der Leistung um ihrer selbst willen zugunsten einer Orientierung an den in Aussicht gestellten »Belohnungen«, für die das Tun nur mehr Mittel zum Zweck ist.

Der Vorwurf wiegt schwer: Er besagt im Kern, dass in den allermeisten Fällen nicht die Mitarbeiter und ihre Motivationsdefizite das wahre Problem sind, sondern ein Menschenbild, dass sie als simple Reiz-Reaktions-Maschinen einer Fremdsteuerung unterzieht, da nur so die gewünschten Resultate erzielbar wären. Die Motivierungspraxis in Unternehmen ist damit die Krankheit selbst, für deren Therapie sie sich hält. Dieses Menschenbild, nach dem es anderen notorisch an eigenem »Antrieb« fehlt, sie Anreize und Anstöße brauchen, findet sich nicht nur in vielen Unternehmen. Es findet sich, zumindest in Teilen, auch wieder im Verhältnis von Staat und Bürgern. Fordern und fördern heißt die Losung, um die – unterstellte – Untermotivation zur Aufnahme einer Arbeit zu steigern; finanzielle Anreize sollen die Motivation zur Familiengründung erhöhen. Die Liste ließe sich lange fortsetzen.

Dagegen einzuwenden – und einzufordern – ist ein Menschenbild, das Abstand hält aus Respekt vor dem Anderssein des anderen. Das von Fremdsteuerung absieht zugunsten eines Vertrauens in die Eigensteuerung des Individuums. Ein Menschenbild, das dem Individuum mehr zutraut als ein Handeln entlang schlichter Reiz-Reaktions-Schemata. Ein Menschenbild, das die Basis bildet, um auf Motivierung zu verzichten und die Lücke zwischen erwünschtem und erwartetem Verhalten nicht mehr manipulativ zu schließen versucht, sondern auf der Basis von Vereinbarungen und Vertrauen in die Selbstverantwortung des Einzelnen für seine je individuelle und situative Leistungsbereitschaft und Entscheidungen.

Für Führung ergeben sich daraus weitreichende Konsequenzen, die auf einen simplen Nenner gebracht werden können: Anstatt den Mitarbeiter in einer Endlosschleife von Anreizen zu dem gewünschten Verhalten zu bewegen, käme es darauf an, ihn ernst zu nehmen; ihn in seinem So-Sein wahrzunehmen und die eigenen Erwartungen zu kommunizieren. Würden Führungskräfte nur halb so viel über die Motivierung ihrer Mitarbeiter und stattdessen über ihr Menschenbild, ihre eigenen Motive und Erwartungen nachdenken, wäre viel gewonnen.

DER IMPULS AUS DER PRAXIS

»Motivation« ist ein Schlagstock im unternehmensinternen Handgemenge: »Sie haben wohl Ihre Leute nicht richtig motiviert!?« Frage? Aussage? Jedenfalls ein treffsicherer Knüppel aus dem Sack des Manager-Angstmachens. Da der Begriff Motivation in den Augen nahezu sämtlicher Führungskräfte einen positiven Beiklang hat, ist dabei immer wieder zu beobachten, wie er mit leichter Hand zur Diffamierung von Führungsverhalten eingesetzt wird (ohne dass der Bezug gerechtfertigt wäre, wie wir noch sehen werden). Entsprechend gebetsmühlenartig wiederholt wird die Frage: »Wie motiviere ich meine Leute?« Aber die Verantwortung für die Motivation der Mitarbeiter, gerade erst freiwillig, unter Druck oder qua Rollenkonzept übernommen, wird möglichst schnell wieder wegdelegiert.

Zum Beispiel ans Training: »Nun motivieren Sie meine Leute mal so richtig!«, waren die Worte, mit denen mir ein Verkaufsleiter seine Außendienstmannschaft überließ. Das irritierte: Ein Training sollte leisten, was er im Kontakt mit seinen Mitarbeitern nicht bewerkstelligte? Und einigermaßen verzweifelt klingt mir immer noch das Lamento einer Führungskraft auf einem Managementsymposium in den Ohren: »Wie sollen wir unsere Mitarbeiter motivieren, wenn unsere Motivation selbst täglich von oben zerstört wird?« Kein Zweifel: Führungskräfte fühlen sich für die Motivation ihrer Mitarbeiter verantwortlich (das sind sie in gewisser Weise auch, aber nicht so, wie es Unmengen goldener Regeln glauben machen wollen) und stehen dieser Aufgabe aus guten, noch näher zu bestimmenden Gründen oft hilflos gegenüber.

Zu den Anstößen aus der Praxis, die mich das Thema Motivation aufgreifen ließen, gehört auch das grassierende Pay-for-Performance- und Incentive-Fieber, das mittlerweile auch die Topetagen erreicht hat – sogar das Controlling und die Personalarbeit mit nur schwerlich quantifizierbaren Arbeitsergebnissen. Gerade durch Gespräche mit Führungskräften dieser Bereiche wurde mir klar, dass die Infizierung aller Initiative mit der Hoffnung auf Extra-Cash zu einer ganzen Kette paradoxer Begleiterscheinungen führt, die mich sehr bald an der Weisheit der Systeme zweifeln ließen: Das Klima zwischen Kollegen verspanne sich, Individual-Boni verunmöglichten kooperatives Handeln, der Abteilungsegoismus werde in bisher nicht gekanntem Maße angestachelt (»Abteilung« kommt von »abteilen«!). Mit kaum verhohlener Ironie erzählte mir ein Bereichsleiter eines bedeutenden Chemiekonzerns von der Regelpraxis in seinem Unternehmen, Prämien auf längst erbrachte Leistungen und Projekte zu vereinbaren: *easy money* – oft gerade für jene Manager, die der leistungssteigernden Wirkung von Anreizen aller Art vehement das Wort reden.

Auf der Führungsebene kommen zwei weitere Beobachtungen hinzu: Vor allem die schwächeren Führungskräfte interessieren sich für die Tipps und Kniffe der Mitarbeitermotivierung, die erfolgreicheren hingegen verhalten sich anders: Sie motivieren nicht! Sie stehen Anreizsystemen eher mit Skepsis gegenüber und sind bar jeden Antreiber-Verhaltens.

Der Außendienst, aus vielen traditionellen Gründen Dauer(versuchs)objekt der Motivierungs-Klempner, erscheint mir im vertraulichen Gespäch ähnlich distanziert. Auf meinen Reisen mit Außendienstmitarbeitern wurde mir immer wieder hinter vorgehaltener Hand die verdeckte Wirkungslosigkeit der Bonussystematik erklärt: Bonuspläne würden so verhandelt, dass mit ihnen »kein Schlag mehr« als notwendig zu leisten sei. Ganze Trickkisten zur Umgehung der Pläne öffneten sich dem staunenden Auge. Zynismus war das verbreitete Hilfsmittel gegen den nur allzu oft demotivierenden Effekt sogenannter Rennlisten. Man hat mit der Motivierung leben gelernt, sich ihr angepasst. Wenn das Gespräch auf sie kam, war leise Verachtung unüberhörbar.

Nicht Widerspruch gegen eine theoretische Position, sondern praktische Erfahrung bestimmte meine Neugier. Es musste eine Erklärung für diese paradoxen Phänomene geben, wo doch große Teile der Industrie nach den Denkschemata der Motivationstheorien organisiert sind. In Interviews, Mitreisen, Beobachtungen und Mitarbeiterbefragungen bin ich diesen Widersprüchen nachgegangen. Mir ist klar geworden, dass »Motivieren« nichts anderes meint als die fünf großen »B«: *Belohnen, Belobigen, Bestechen, Bedrohen, Bestrafen.* Mir ist klar geworden, dass »Führen« unter der kalten

Sonne der Anreizsysteme immer »Ver-Führen« ist. Und es wurde für mich unabweisbar, dass jede Motivierung mit *mechanischer* Sicherheit ihr eigenes Gegenteil erschafft: Demotivation.

DER KURZE HEBEL DER MOTIVIERUNG

In der Praxis ist allenthalben zu beobachten, dass dort, wo motiviert werden muss, es ohnehin oft zu spät ist. Den »Abgestellten« wieder zu einem »Angestellten« zu machen ist ein überaus schwieriges Geschäft. Wo den Hebel ansetzen? Fast alle Motivierungstechnik hebelt in der *Arbeitssphäre*. Aber selbst wenn alle Bedingungen am Arbeitsplatz so optimal wie möglich gestaltet werden können, so ist allenfalls die notwendige Voraussetzung erfüllt, nicht die hinreichende. Denn es wird schlicht übersehen, dass die Motivation der Mitarbeiter sich aus einer Fülle von Einflüssen, unterschiedlichen Umständen und Gegebenheiten speist, die zum weitaus größten Teil außerhalb der Arbeitssphäre liegen. Ein kurzer Hebel also.

Die Arbeitssituation des Mitarbeiters ist mit den Elementen Aufgabeninhalte, Organisationsstruktur, Budgets, Informationsdichte und Führung für den Vorgesetzten noch einigermaßen steuerbar. Aber schon hier wird die mögliche Einflussnahme kompliziert, weil, wie wir heute wissen, vor allem bei längerfristigen Erwartungsenttäuschungen von Gruppendemotivationen ausgegangen werden muss. Gemeint sind hier breit streuende Demotivationslagen, die über formelle und informelle Kommunikationswege gruppenbildende Einstellungen und Haltungen prägen. Die berüchtigten »Jammerzirkel« sind die bekanntesten Phänomene dieses Typs mit hoher Infektionsdynamik.

Es bleibt aufzuzeigen, welche engen Grenzen die verbleibenden Einflusssphären den Motivierungsversuchen setzen.

Das Individuum

Die Analyse der menschlichen Leistungsmotivation und deren Einfluss auf Entscheidungen haben die Organisationstheoretiker ebenso beschäftigt wie die Philosophen und Psychologen. Dass Handlungsmotive nicht reduziert werden können auf bloß äußere Motive, dass insbesondere rein ökonomische Motive sich zur Erklärung menschlicher Handlungsweisen als völlig unzulänglich erwiesen haben, gehört dabei zu den Konstanten der gesamten Organisationstheorie. Die häufig losgelöste Behandlung der diese Aspekte berührenden Fragen (insbesondere auch die Isolierung und Bevorzugung des ökonomischen Faktors) beruht auf tradierten philosophischen Vorurteilen.

Man geht heute relativ übereinstimmend davon aus, dass bei Handlungsentscheidungen ethische, psychosoziale und wirtschaftliche Aspekte miteinander verknüpft werden, und zwar auf jeweils sehr individuelle Weise und situativ zum Teil außerordentlich unterschiedlich. Viele Studien haben nachgewiesen, dass die Auffassung, die Herzbergschen »Motivatoren« führten zu immer höherer Leistung, nicht gültig ist, sondern dass situative Variablen hierbei eine wesentliche Rolle spielen. Daraus erwächst für die Motivierungsanhänger unter den Führungskräften das Problem, die Motivationslage jedes einzelnen Mitarbeiters genau zu erforschen, etwaige mittelfristige Verschiebungen zu beobachten und sogar situationsbedingte Verwerfungen mit entsprechenden »Gegenmaßnahmen« aufzufangen. Und in der Tat wird in der einschlägigen Literatur verstärkt die Individualisierung der Anreizsysteme gefordert, wird das einfühlsame Aufgreifen der je spezifischen Motivationslage des Mitarbeiters zur Kardinaltugend der Führungskraft erkoren.

»Unmöglich!«, höre ich die Mehrzahl der Vorgesetzten rufen. »Dazu müssten wir alle noch Psychologie studieren und zudem einen 25-Stunden-Tag haben.« So rettet man sich in die Lektüre der regelmäßig veröffentlichten Forschungsberichte zur *allgemeinen* Motivationslage. Je nach Forschungsrichtung beweist dann die eine Erhebung beharrlich die materielle Orientierung der Arbeitnehmer, während die andere das Zeitalter der leistungsscheuen Genusssucht heraufdämmern sieht. Es werden Fragen gestellt: »Wenn Sie die Wahl hätten zwischen mehr Freizeit (bei gleichem Gehalt) oder mehr Gehalt (bei gleicher Freizeit), welche Wahl würden Sie treffen?« Heraus kommen dann irgendwelche Prozentsätze, die vorgeblich die allgemeine Motivationslage der Mitarbeiter hinreichend sicher beschreiben. Da werden »Typen« identifiziert, Mischformen von Typen, differenziert nach Alter und Geschlecht, und Mischformen der Mischformen; was dem einen wichtig ist, gilt dem anderen nichts; die allgemeine »Leute abholen, wo sie stehen«-Praxis kurvt führerlos von einem Motivierungsansatz zum anderen. Was noch nicht in die Mühle der totalen Individualisierung geraten ist, wird dankbar aufgegriffen und zu Schlussfolgerungen verdichtet, die genaue Handlungsanweisungen für die Motivierungsmechanik liefern sollen.

Natürlich wissen die Forscher um die Unschärfe ihrer Erhebungen. Die Führungskräfte, denen die Ergebnisse ja Handlungsorientierung geben sollen, blenden diese Relativierungen jedoch zumeist aus und nehmen das Ergebnis als »Wahrheit« an. Nun ist aber der Soziodiagnostik seit einiger Zeit bekannt, dass die handlungserklärenden *(nach* der Handlung benannten) Motive nicht notwendig auch die handlungssteuernden (*vor* der Handlung wirksamen) Motive sind. Erklärungen – so weiß man auch – sind späte Rationalisierungen meist unbewusster Entscheidungsprozesse, die sich zudem mit der Üblichkeit zu harmonisieren versuchen. Die eigentlich handlungssteuernden Motive bleiben weitgehend im Dunkeln.

Vorsicht ist also geboten, will man aus den regelmäßigen Veröffentlichungen zur »Motivlage der Nation« weitreichende Schlüsse ziehen. Sie liefern Hinweise, mehr nicht. Festzuhalten bleibt, dass die intrapsychischen Ursachen der Entscheidungsfindung außerordentlich komplex sind und sich – wie Hawthorne in den 30er Jahren des vorigen Jahrhunderts schon für Western Electric nachwies – zu einem erheblichen Prozentsatz unberechenbar-spontan artikulieren. Die Führungskraft, die nach dem Motto »Alle wollen nur das eine« eine Motivierungspraxis unterschiedslos für alle Mitarbeiter gleichermaßen exekutiert, hat mithin zwangsläufig für viele Fische den falschen Köder aufgezogen.

Jene Führungskraft aber, die sich psychologisch sensibel in die (je wechselnden) Motivationen ihrer Mitarbeiter hineinfühlt, wird nicht nur einen erheblichen Zeitaufwand betreiben müssen. (Das wäre noch zu legitimieren, wenngleich bei tendenziell sich verbreiternden Führungsspannen das Problem wächst.) Sie wird auch – nach allem, was wir heute über die Psychodynamik der Menschen wissen – in der Mehrzahl mit einer großen Unschärfe ihrer Analyse zu rechnen haben, die noch durch die ebenso naheliegende wie gefährliche Projektion der eigenen Bedürfnisse auf den Mitarbeiter weiter verstärkt wird.

Wen kann es also wundern, wenn Mitarbeiter aufgrund unterschiedlicher Motivationsstrukturen nicht in gleicher Weise auf die Kanalisierungsinstrumente des Unternehmens reagieren? Alle Formen des Rückzugsverhaltens sowie eine ausgeprägte Suchneigung sind die kostspieligen Folgen eines individuell als »unpassend« empfundenen Motivierungssystems. Wer hier hebeln will, muss mithin der völligen Individualisierung der Leistungsanreize das Wort reden. Zeitsparend ist das nicht. Ob es funktioniert, steht dahin.

Die Familie

Ein weiterer die Leistungsmotivation des Mitarbeiters beeinflussender Bereich ist zweifellos die Familie. Schwierigkeiten mit dem Partner sind eine wichtige Produktivitätsbremse. Auch die Wertschätzung, die die Familienmitglieder dem Beruf, der Firma und dem Arbeitseinsatz (als Ursache der Abwesenheit von der Familie) entgegenbringen, ist von hoher Bedeutung für das Selbstwertgefühl.

Die Motive, die die Mitarbeiter zur Mitarbeit im Betrieb veranlassen, werden letztlich weder vom Betrieb initiiert, noch beziehen sie sich auf ihn. Sie werden von anderen Institutionen vorgegeben, zu ganz wesentlichen Teilen von der Familie. Hier wird die Motivausstattung entwickelt, die in das Unternehmen mitgebracht wird. Und hier wirken auch die Sanktionsmechanismen mit unverdeckter Schärfe. Diese Sanktionen können im Wertebereich greifen, wenn etwa die Arbeit in der Waffenwirtschaft auf massiven familieninternen Protest stößt. In anderen Fällen, etwa bei (vordergründig) hochethischen Tätigkeitsfeldern, erfährt die Arbeit volle Unterstützung. Diese Sanktionen können sich jedoch auch schlicht auf den rein quantitativen Umfang der Arbeit beziehungsweise die arbeitsmarktkonformen Mobilitätserfordernisse der Lebensführung beziehen, die den Vater zum kaum noch wiedererkannten »fremden Onkel« werden lassen und dadurch die Stabilität des Familienzusammenhalts gefährden.

Die Unternehmen schenken daher dem familiären Umfeld ihrer Mitarbeiter verstärkt Beachtung. (Bekannt ist das unvermeidliche Familienfoto auf amerikanischen Chef-Schreibtischen, das selbst nach lange zurückliegender Trennung die Fassade aufrechterhält.) Die Ehepartner werden verstärkt in das Berufsleben einbezogen. Ihnen soll das Gefühl vermittelt werden, dass das Unternehmen auch an sie denkt (es denkt natürlich nur mittelbar an sie, gleichsam als unvermeidbares Übel; Ziel des Ganzen ist die Leistungssteigerung und Bindung des Mitarbeiters). Die Hebelmöglichkeiten, der potenziellen Bremsenergie des Ehepartners entgegenzuwirken, sind bekannt: Gutscheine für ein Essen zu zweit, Familienprogramme, Incentive-Reisen, Einbeziehung auf Betriebsfesten bis hin zur Unternehmenskultur als PR-Kampagne. Ehefrauen werden Weiterbildungsangebote gemacht. Das Motto dazu: »Der Erfolg macht nicht glücklich, aber der Glückliche ist erfolgreich.«

Das gesellschaftliche Umfeld

Die individuelle Psychodynamik mit ihren Bedürfnissen, Wünschen und Erwartungen ist ebenso wie der familiäre Hintergrund eingebettet in einen gesamtgesellschaftlichen Rahmen, der der »Motivierbarkeit« von Mitarbeitern mehr und mehr Grenzen setzt. Eine nüchterne Analyse dieser außerbetrieblichen Einflusssphäre hat von folgenden Überlegungen auszugehen:

- Zwar scheint sich das Primat des Politischen über das Ökonomische kaum mehr behaupten zu können; andererseits aber wird die Wirtschaft über viele Kanäle an die Gesellschaft zurückverpflichtet.

  Wer hier hebeln will, muss wissen: Die legitimen Ansprüche der Öffentlichkeit an die umfassende Verantwortung wirtschaftlichen Handelns werden von immer mehr Mitarbeitern geteilt. Schon dadurch wird das Leben im Unternehmen politisiert, wertbezogen, mindestens in dem Sinne, dass die Skrupel (zum Beispiel bei umweltbelastenden Produktionsverfahren, ökologisch fragwürdigen Produkten, Nichtberücksichtigung kommunaler Bedürfnisse) eher wachsen werden.

Ein schlechter Ruf des Unternehmens ist ein kaum zu überschätzender (und kaum »auszuhebelnder«) Wettbewerbsnachteil im Wettlauf um die Zustimmung der eigenen Belegschaft. Da hilft auch keine Firmen-»Philosophie« auf Hochglanzpapier. Aber auch in dem sich abzeichnenden Kampf um die Besten der Jahrgänge wird für ein Unternehmen die öffentliche Zustimmung im umgebenden Meinungsklima grundsätzlich immer wichtiger. Der Wunsch nach einem Leben, das für Beruf und Freizeit dieselben Wertorientierungen verbindlich werden lässt, wird für immer mehr (vor allem junge) Menschen zur handlungsleitenden Zielidee. Die Mitarbeiter geben ihre Einstellungen nicht mehr an den Toren des Unternehmens ab.

Und gegen diese Einstellungen zu motivieren, ist ein wenig taugliches Unterfangen, jedenfalls langfristig. Aber auch schon kurz- und mittelfristig produziert es einen lähmenden Wertekonflikt und verhindert, was für wirklich erfolgreiche Arbeit die einzig hinreichende Voraussetzung ist: *Begeisterung.*

- Diese oben genannte Entwicklung ist richtungsgleich mit einem Phänomen, das mit »neuer Kritikfähigkeit« sicher nicht unzutreffend bezeichnet ist. Die heutigen Arbeitnehmer sind in relativem Wohlstand aufgewachsen und haben eine weitaus bessere Bildung genossen als die Generationen zuvor. Veränderte Sozialisationsbedingungen kommen hinzu, immer mehr junge Menschen wachsen bei nur einem Elternteil auf, als Einzelkinder mit einem hohen Maß an Eigenverantwortung und einer ausgeprägten Individualstruktur. Die rasante technologische Entwicklung hat mit ihren vielfältigen beruflichen Anforderungen dazu geführt, dass die jungen Menschen zu oft hoch qualifizierten Spezialisten ausgebildet werden (was insbesondere viele ältere Manager vor verständliche Probleme stellt).

Und Wohlstand wie Bildung verändern die Einstellung, machen kritikfähiger. Für die hier in Rede stehenden Zusammenhänge ist es wichtig, dass sich aus dieser Konstellation ein besonderes Interesse an Ehrlichkeit, Glaubwürdigkeit und stabiler Partizipation ergibt. Glaubwürdigkeit, Authentizität und menschliche Integrität sind heute die vor allem von jüngeren Arbeitnehmern meistgesuchten Persönlichkeitseigenschaften. Ein Blick auf die Gerontokratie vieler Chefetagen macht die Sprengkraft dieser Wertedynamik deutlich: Diesem neuen Anspruch sind heute nur wenige Topmanager gewachsen.

Ich sehe nicht, wo am kritisch wachen Bewusstsein der jüngeren Generationen der Hebel der Motivierung langfristig erfolgreich anzusetzen wäre. Insbesondere dann nicht, wenn Unglaubwürdigkeit, mangelnde soziale Sensibilität und Feldherrnpose die Chefetage regieren. Nebelwerfen hilft da nur vorübergehend. Keine Winkelzügigkeit, keine Falschheit und kein hohles Pathos entgehen dem geübten

Blick der jungen Individualisten. Und gerade die Besten, die High Potentials unter ihnen, kann man nicht ködern, kann man nicht verführen. Sie wollen ernst genommen werden.

Die Zahlen zur Bevölkerungsentwicklung sind unmissverständlich: Es wird immer weniger junge Menschen geben. Schon jetzt sind die Geschäftsberichte großer Konzerne voll der Klagen, dass viele Stellen qualitativ nicht mehr wunschgemäß besetzt werden können. Unter dem demografischen Diktat der Knappheit ist es fahrlässig, diese wenigen nicht ernst zu nehmen. Der Wettlauf um die wenigen Guten kann sonst nur verloren werden.

Dass aber überhaupt gehebelt wird – das ist eine Frage des Menschenbildes. Das Menschenbild, das der Motivierungsmechanik zugrunde liegt, definiert den Mitarbeiter per se als Problem.

VERDACHT ALS UNTERNEHMENSKULTUR

Ein Problem definieren heißt ein Problem konstruieren. An den folgenden Problemkonstruktionen kann der Leser seine persönlichen Reaktionen überprüfen und die Folgerungen erkennen. Das Problem heißt: »Menschen tun freiwillig nicht das, was sie tun sollen.«

1. »Der Mensch hat eine angeborene Abneigung gegen Arbeit und versucht, ihr aus dem Weg zu gehen, wo immer er kann. Er sucht Lust ohne Anstrengung. Deshalb muss der Mensch unter Druck, Zwang, Strafandrohung und Kontrolle dazu gebracht werden, seinen Beitrag zur Erreichung der Organisationsziele zu leisten.« – Solange das Problem so »konstruiert« wurde, musste man den Hebel beim Mitarbeiter ansetzen und ihn zur Arbeit »anreizen«. Das Unternehmen hatte nur insofern ein Problem, als es sich die Mitarbeiter gefügig machen musste.

   Später wurde das Problem umformuliert und konstruiert als eines, das durch den hedonistischen Zeitgeist geschaffen wurde: »Die Leistungsfreude stirbt aus!« Nun sah sich das Unternehmen nur insoweit in der Verantwortung, als es alle seine Anstrengungen auf die heldenhafte Aufgabe richtete, den

Mitarbeitern ein entschiedenes »Nein« zum Zeitgeist beizubringen beziehungsweise den Geist der Zeit selbst durch allerlei PR-Arbeit zu beeinflussen.

2. Das Problem kann aber auch wie folgt beschrieben werden: »Der körperliche und geistige Einsatz in der Arbeit ist für den Menschen ebenso natürlich wie Spiel und Ruhe. Wenn der Mensch Sinn in seiner Arbeit sieht, wenn die Ziele seiner Arbeit auch ›seine‹ Ziele sind, dann ist er bereit, von sich aus Leistungen zu vollbringen und sich selbst zu kontrollieren. Unter geeigneten Rahmenbedingungen ist der Mensch nicht nur bereit, Verantwortung zu übernehmen, sondern er sucht sie sogar. Scheu vor Verantwortung ist nicht angeboren, sondern die Folge negativer Erfahrung. Der Mensch ist von Natur aus erfinderisch und kreativ, wenn man ihn nur lässt. Diese Potenziale werden jedoch am Arbeitsplatz kaum gefordert und genutzt.«

Jede dieser Problemformulierungen ergibt ein Bild, das man mag oder nicht – entsprechend dem eigenen Bewertungssystem. Die negativ belegte Problemkonstruktion wird rasch zurückgewiesen, aber in der Regel nicht durch ein Menschenbild begründet, sondern durch Rückgriff auf wissenschaftliche Beweise, wie »wissenschaftlich« der Beweis auch immer sein mag.

Die zentrale Frage

Eine ähnliche Problemkonstruktion steht im Hintergrund der Motivierung. Die zentrale Frage der Führungskraft lautet nämlich: *Wie bekomme ich die ganze Arbeitskraft meiner Mitarbeiter?*

Diese Frage beinhaltet unausgesprochen eine Voraussetzung: Die Mitarbeiter leisten aus sich heraus nicht das, was sie sollen, was sie vertraglich vereinbart haben und wofür sie bezahlt werden. Anthropologisch gewendet: Eigentlich wollen Menschen nicht arbeiten, nicht leisten; sie suchen nach Lust ohne Anstrengung, nach Entspannung statt nach Spannung im Leben.

Um es schärfer zu formulieren: Eigentlich – so die implizite Annahme – sind tendenziell alle Mitarbeiter *Betrüger.* Sie betrügen den Arbeitgeber um einen Teil der Arbeitskraft, die er bezahlt.

Ich glaubte kaum, dass das jemand in dieser Zuspitzung behaupten wollte – und wurde doch vom Altmeister der Managementtheorie eines Schlechteren belehrt: »Wenn Sie Chef sind, ist Ihr Mitarbeiter darauf aus, Sie zu betrügen«, ließ sich Peter F. Drucker vernehmen – entweder seine eigenen Erfahrungen projizierend oder sich wenig mühend, genauer hinzusehen.

»Manche haben anderen das Betrügen beigebracht, weil sie fürchteten, betrogen zu werden«, wusste schon Seneca. Projektion: Misstrauisch sind vor allem jene, die enttäuscht wurden, denen das Leben übel mitspielte. Misstrauen ist die Intelligenz der Benachteiligten. Und schon in den 50er Jahren des vorigen Jahrhunderts wies Morton Deutsch nach, dass ein Vorgesetzter nur dann dazu neigt, seinen Mitarbeitern zu misstrauen, wenn er sich selbst misstraut: Ein Chef, der sich selbst verdächtigt, wird entsprechende Erwartungen hegen und damit den Teufelskreis »Misstrauen – Kontrolle – Kontrollumgehung – Misstrauen« in Gang setzen. Peter F. Drucker kommt wohl nicht auf die Idee, den Beitrag der Führungskraft am Verhalten des Mitarbeiters in Rechnung zu stellen.

Aber das ist doch die eigentlich interessante Frage: *Was trägt die Führungskraft dazu bei, dass sich der Mitarbeiter so verhält, wie er sich verhält?*

Der Ursprung der Motivierung

Damit also ist der Ursprung aller Motivierung identifiziert: *Ursprung aller Motivierung ist eine behauptete oder beobachtete Lücke zwischen tatsächlicher und möglicher Arbeitsleistung.*

Die zur Schließung dieser Lücke erfundene Motivierung stellt damit ein Handeln dar, dessen axiomatische Basis unübersehbar Verdacht und Misstrauen sind.

Das System der Motivierung ***ist*** *methodisches Misstrauen.*

Geröllhalde des Misstrauens

Spätestens an diesem Punkt der Überlegung wird deutlich, dass alle Rede über Motivation immer das jeweilige Menschenbild des Redners (zumeist unausgesprochen) mittransportiert, jenes Gemenge aus anthropologischen Grundannahmen, individuellen Erfahrungen und Zeitgeist, das die persönlich und historisch unterschiedlichen Variationen des Themas bedingt. Über Motivation zu diskutieren heißt geradezu, Menschenbilder zu diskutieren.

Pessimistische zumeist: Bei Befragungen stufen viele Führungskräfte selbst ihre engsten Mitarbeiter als arbeitsscheu ein, nur durch materielle Anreize angetrieben und durch Kontrollen diszipliniert. Interessanterweise bewerteten die meisten Führungskräfte ihre eigene Leistungsbereitschaft aber um ein Vielfaches höher. Hingegen gehen Manager – sofern sie selbst Untergebene sind – in ihren eigenen Beziehungen zu übergeordneten Vorgesetzten vom Gleichheitsprinzip aus. Zu nicht geringen Teilen schätzen sie sich sogar hinsichtlich Kreativität, Flexibilität und Innovationsbereitschaft ihren Vorgesetzten gegenüber überlegen ein.

Ich kann eine Erfahrung aus vielen Seminaren und Managementkongressen anfügen: Die Frage »Mit wie viel Prozent Ihrer möglichen Arbeitsleistung tun Sie Ihren Job?« beantworteten Führungskräfte aller (!) Hierarchieebenen unterschiedslos mit annähernd 100 Prozent. Das heißt: Selbstbild und Fremdbild klaffen ganz offensichtlich auseinander. – Auf die Frage »Wie möchten Sie von Ihrem Vorgesetzten motiviert werden?« reagieren Führungskräfte ebenfalls nahezu ausnahmslos ablehnend, halten bezeichnenderweise aber die Motivierung ihrer Mitarbeiter für unabdingbar – eine einigermaßen groteske Haltung, berücksichtigt man, dass fast alle Führungskräfte gleichzeitig auch wieder Mitarbeiter sind.

Verdachtskultur

Hier deutet sich schon zweierlei an. Erstens: Zum Motivieren gehört wesenhaft, dass es asymmetrisch, also von oben nach unten angewendet wird. Zweitens: Es offenbart sich die immanente Zweideutigkeit der Motivierung, die ihrerseits nur plausibel wird, wenn sie mit einem Bein auf der Seite des Leidens steht, gegen das sie zu kämpfen scheint.

Die Wirkungen auf die Kultur eines Unternehmens sind unübersehbar. So bilden die Dienstleistungen des Misstrauens beinahe das allein gültige, konkurrenzlose Angebot, das heute allem Miteinander im Unternehmen aufgenötigt wird. Selbst da, wo von einem Expertenteam ein Management-by-Objectives-Führungssystem eingeführt, die MbO-»Philosophie« auf vielen Seminaren als ebenso ethisch überzeugend wie ziel- und steuerungsbezogen funktional ausgewiesen wird, selbst da wird dennoch unverdrossen weiter-»gelockt« und weiter-»verführt«. Warum? Doch wohl nur, weil Misstrauen das Verhältnis der Führung zu den Geführten nach wie vor beherrscht. Das Ergebnis: eine Verdachtsorganisation.

Ich wurde vor einiger Zeit Zeuge eines Gesprächs zwischen den Topmanagern einer Vertriebsorganisation. Ein Bereichsleiter sagte: »Man müsste dem Außendienst mal so richtig in den ... treten.« Das alles eher flüsternd. Wie ohnehin der Flüsterton offenbar der Komment der Motivierung ist. Vieles darf man nicht laut sagen. Das Wort »Antreiben« in Zimmerlautstärke? Im Kreise von Führungskräften wirft man sich oftmals Blicke stillen Einverständnisses zu, wenn

Meinungen geäußert werden, Mitarbeiter seien im Allgemeinen antriebsschwach und initiativescheu (wobei man nicht erkennt, dass die alltäglichen, scheinbaren Bestätigungen dieses Menschenbildes zum guten Teil auf Selffulfilling-Prophecy-Effekte zurückzuführen sind).

Noch einmal Selffulfilling Prophecy: Misstrauen besitzt laut Niklas Luhmann die unabweisbare Tendenz, sich im sozialen Miteinander zu bestätigen und zu verstärken. Wenn ich misstrauisch bin, wird es sich bewahrheiten. Das daraus resultierende Kontrollsystem funktioniert aber nur so lange, bis Wege gefunden werden, die Kontrolle zu umgehen. Im Spanischen sagt man: »Pensar la ley, pensar la trampa.« (Das Gesetz erfassen heißt, seine Lücken zu entdecken.) Und Robert K. Merton sekundiert: »Misstrauische Vorgesetzte werden es immer erleben, dass Mitarbeiter das Misstrauen durch ihr Verhalten nachträglich rechtfertigen.« Wenn Führungskräfte ihre Mitarbeiter für dumm, antriebslos und unselbstständig halten, dann verhalten sich diese auch so. Mindestens aber lassen die Wahrnehmungsfilter gar kein anderes Urteil zu. Es offenbart sich die für die Motivierung so typische Doppelung der Tendenzen, einerseits die Schließung der Motivationslücke zu begehren, sie andererseits zu hintertreiben, weil man erwartet, von einem fremden Willen getäuscht zu werden.

Man spricht ja auch von »Kontrollspannen«. Im Dunstkreis der Motivierung ist diese Wortschöpfung denn auch sinnvoll und stimmig, weil eine auf Verdacht aufgebaute Unternehmenskultur ein entsprechendes Kontrollverhältnis zwischen Chef und Mitarbeiter definiert. Im Zeichen immer flacherer Hierarchiepyramiden muss sich das Wort »Kontrolle« aber wohl von der »Spanne« lösen und durch die »Vertrauensspanne« ersetzt werden. Vergleichbare Organisationen – Orchester, Kirchen, Krankenhäuser, Partnerunternehmen – funktionieren trotz oft extrem hoher »Vertrauensspannen«. Das heißt: Je flacher die Organisation, desto wichtiger ist eine auf Vertrauen gebaute Unternehmenskultur.

Dem pessimistischen Menschenbild aber entspricht, dass die losgelassene Menschennatur hier und jetzt keinen Optimismus, kein Vertrauen verdiene. Dieses Denken gibt sich hierin positivistisch. Es erklärt sich mit Erfahrung. Betrüger werden als Beleg dafür angeführt, wohin man kommt, wenn man sentimental wird und »modischen Ideologien« nachgibt. Ohne zunächst nach den Zusammenhängen zu fragen oder gar die Selbstbezüglichkeit der Phänomene zu sehen, registriert es, dass Menschen sich oft genug vereinbarungswidrig, habgierig und gemeinschaftsfeindlich verhalten. Ja, darum war und ist für die konservative Managementlehre das missbrauchte Vertrauen so überaus wichtig – weil es den schlagenden Beweis für eine pessimistische Menschenauffassung liefert, die ihrerseits die Basis für autoritäre Reglementierung oder verführende Motivierung bildet.

Es gibt aus dieser Sicht also bereits Betrüger, Antriebslose und Leistungsverweigerer von Natur aus – genau wie es Bäume, Tiere und Sterne gibt. Dieses Denken ignoriert, wie der Mensch *wird*, was er sozial ist. Das tatsächliche Vorkommen von betrügerischen, gierigen, antriebslosen Menschen beweist aber über deren

Wesen noch gar nichts. Die Universalität eines Phänomens ist grundsätzlich kein Beweis, dass es zum Beispiel eine genetische Basis gibt – wie es auch kein Beweis gegen eine genetische Basis ist, wenn hier und da eine Ausnahme in der scheinbar universellen Regel gefunden würde. Denn gewissermaßen einprogrammiert ist dem Menschen kein Verhalten. Angeboren ist immer nur eine »Blaupause«. Damit aus ihr ein Merkmal wird, müssen zu bestimmten Zeiten bestimmte Umweltfaktoren gegeben sein. Dieses Denken ignoriert, dass sich über die hochvernetzten Prozesse die misstrauische Prognose *immer* selbst erfüllt. Und es ignoriert vor allem den eigenen Anteil am Stein des Anstoßes: Die »Motivationslücke« wird von einer behaupteten zur beobachteten.

Die Folge dieses Denkens ist in vielen Unternehmen eine Verdachtskultur, in der das Misstrauen stets sprungbereit lauert. Ein Klima, das Verantwortung oligopolisiert und dadurch Initiative und Ideenentfaltung lähmt, in dem schlechtes Informationsverhalten, einsame Entscheidungen und Cliquenwirtschaft die Tagesordnung bestimmen, in dem alles geregelt und – immerzu (und gerade deshalb!) – motiviert wird. Die *misstrauische* Führungskraft wird flugs zur *leistungsorientierten* umgelogen. Und es entsteht ein für heutige Unternehmen charakteristisches Zwielicht – der allseitige Betrugsverdacht, Misstrauen als Prinzip, Führungskräfte, die ihren eigenen möglichen Betrug projizieren, weil sie sich selbst nicht trauen, auch anderen nicht trauen; kurzum jene Lage, in der Betrüger Betrüger Betrüger nennen.

Was bleibt übrig? Die Doktrin des Verdachts. Sie

geht davon aus, dass Leute ihren Job grundsätzlich nicht gerne tun, sondern besonders angestachelt werden müssen, damit sie ihn überhaupt tun. Schon diese Unterstellung ist die Ouvertüre für die unendliche Kette der Bestätigungen, die die Selffulfilling Prophecy hervorbringt. Eine Bestätigung ist die tatsächliche Anwesenheit lustloser, innerlich gekündigter »Abgestellter«. Bei ihnen geht man nicht davon aus, dass sie eigentlich leistungsbereit sind, aber *aus Gründen* demotiviert sind. Sondern man unterstellt genau umgekehrt, dass sie grundsätzlich nicht gerne arbeiten und man ihnen zusätzliche Gründe liefern muss, damit sie überhaupt arbeiten.

Eine Glaubensfrage? Ich denke, es gibt gute Gründe anzunehmen, dass die erste, optimistische Überlegung problematisch ist, Schwächen hat und eine auf ihr gründende Unternehmenskultur unvollkommen bleibt. Ein Unternehmen, das auf die zweite Annahme baut, steht aber auf dem Flugsand einer unlösbaren Paradoxie. Das funktioniert niemals. In einer Führungslehre, die mehrere Auflagen erlebte, heißt es entsprechend, von jedem Zweifel ungetrübt: »Motivierte Mitarbeiter sind das Ergebnis, nicht der Ausgangspunkt des Führungshandelns.« Nein! Vielmehr sind motivierte Mitarbeiter der Ausgangspunkt, demotivierte Mitarbeiter das Ergebnis dieses Denkens. In einem Satz: *Alles Motivieren ist Demotivieren.*

SISYPHOS: BELOHNEN UND BESTECHEN

Alle Motivierung ist gekennzeichnet durch die Unabschließbarkeit des Sisyphos-Dilemmas.

Wie lautet das Zauberwort, das sogleich aus dem Ärmel gezogen wird, will man motivierte Erfolgssucher noch ein bisschen erfolgreicher machen? »Belohnung«! Keine leichte Aufgabe, fürwahr: die »richtige« Belohnung, in der »richtigen« Höhe, zum »richtigen« Zeitpunkt, »gerecht« auch noch. »Sie müssen Ihren Leuten Belohnung in Aussicht stellen«, lautet dennoch unbeirrt der Rat, der schnell weitere Steigerung verspricht – und der im wahrsten Sinn des Sprichwortes teuer wird, wenn zum Beispiel an Prämie, Zulage und Incentives gedacht wird. Und dieser Rat, in die Tat umgesetzt, »hilft« auch. Scheinbar. Die Umsatzkurve beginnt leicht zu steigen. Leider nur für kurze Zeit. Gerade als man die ersten Sektflaschen öffnen will, neigt sich die Kurve wieder sanft. Was nun? Jammern über die Unzuverlässigkeit der Mitarbeiter? Das Spiel von vorn beginnen? Permanent Prämien wie Hilfsmotoren ans ewige Weiter-so anflanschen? Es eröffnet sich ein absurder Tanz der Raffinessen auf beiden Seiten, bei dem man oft nicht weiß, ob es nicht doch der Fisch ist, der den Angler fängt.

Incentives: mit dem Schlauchboot durch die Wüste

Der »Einsatz« ist bei diesem Spiel nach oben unbegrenzt: Genügte vor drei Jahren noch das Rennrad, musste es ein Jahr später schon die einwöchige Reise zur Tour de France sein. Im letzten Jahr wurden die Mitarbeiter mit einer Weltreise zur Mobilisierung ihrer Kräfte angeregt. Und im nächsten Jahr will man sie gleich mit einem ganzen Hauptgewinn-Katalog aus der Reserve locken. Topangebot: mit dem Schlauchboot durch die Wüste.

Auch hier hat man sich schon durch die Individualisierung des Angebots den verfeinerten Geschmäckern angepasst: maßgeschneiderte Einzelreisen, bei denen der Gewinner sein Ziel und die Reisebedingungen selbst bestimmen kann, oder exotische Angebote, die vom Straßenbahn-Führerschein über Strohhüttenbau auf den Bahamas, Tänze im ägyptischen Pharaonengrab und Feuerlöscheinsätze in Manhattan bis zum Dinner mit Kannibalen auf den Fidschi-Inseln oder zum Hotelfrühstück in Singapur mit einem leibhaftigen Gorilla am Tisch reichen. Ganz zu schweigen von Besuchern in osteuropäischen Badehäusern. Schneller. Weiter. Grotesker. Und wenn es nicht mehr den nötigen Push gibt? Mehr davon!

Die Spitze des Unfugs erfand ein bekannter Metallfabrikant aus Süddeutschland. Er hat sich mit geradezu abnormer Kreativität »Negativ-Incentives« einfallen lassen. Nach dem Motto »Niemand soll leer ausgehen« bietet er für umsatzschwache Verkaufsgruppen etwa eine Fahrradtour durch den novemberverregneten Hunsrück an (bei Sonnenschein fällt die Reise aus), was eben zur Leistungssteigerung und zehn Tagen Mallorca im nächsten Jahr anregen soll. Nur albern? Jedenfalls eine Sechs-Komma-null auf der nach oben offenen Incentive-Skala.

Wohin soll das führen? – Zu wenig mehr als zum Boom der Incentive-Branche. An diesem Boom und an den daraus für die Unternehmen entstehenden Kosten sind die Folgen der Motivierung wirklich *messbar*! Neue Incentives finden reißenden Absatz. Wie alle Analgetika. Doch die Branche ist zynisch und weiß: Incentives haben kurze Beine. Denn es liegt auf der Hand, dass nur um den Preis permanenter Neu-Motivierung motiviert werden kann. Die Belohnung, vielleicht einmal unerwartet und als verdienter Dank ehrlich gewährt, wandelt sich, schaut nach vorne und avanciert zur Bestechung: *Alle Prämie wird zur Rente*. Sie beinhaltet die Verheißung, bei ähnlichen Taten wieder und wieder ... wehe, wenn die Belohnung ausbleibt oder geringer als erwartet ausfällt.

Die bei Incentive-Programmen ausgelegten Leistungsanreize schrauben sich daher von Jahr zu Jahr in die Höhe. Aber die von solcher Bestechung ausgehende Faszination verliert mit jeder neuen Runde. Der Grenznutzen sinkt. Es wird für relativ immer geringere Leistung immer mehr geboten. Von der steuerlichen Problematik – geldwerter Vorteil! – ganz zu schweigen. Um der Versteuerung einer Incentive-Reise zu entgehen, wird der Trip als Fortbildungsveranstaltung mit Rahmenprogramm deklariert. Stattdessen taucht bei einigen geradezu abenteuerlichen Incentives die Frage mancher Mitarbeiter auf: »Was muss das Unternehmen an mir verdienen, wenn es solche Unsummen für Incentives ausgeben kann?« Ob solche Überlegungen motivieren?

Das Gerechtigkeitsproblem

Das Gegenteil gilt: Gerade Außendienstmitarbeiter zeigen bestenfalls eine Abschöpfungsmentalität, die sich angepasst hat und mitnimmt, was halt mitzunehmen ist. Im schlechteren Fall ist die Wirkung demotivierend: Der Verdacht regt sich, dass sie am Unternehmensergebnis nicht angemessen partizipieren. Im schlechtesten Fall aber ist die Wirkung katastrophal: für die Mitarbeiter, die leer ausgehen. So bekommt in jedem zweiten Unternehmen, das Wettbewerbe veranstaltet, nur jeder Zehnte das ersehnte Ticket. Diejenigen, die nicht in den »Genuss« der Incentives kommen, werden das System als ungerecht ansehen und dafür subjektiv gute, nachvollziehbare Gründe haben. Belohnungen müssen aber von der Mehrheit der Mitarbeiter, einschließlich derjenigen, die sie nicht erhalten, als gerecht eingeschätzt werden. Das ist selten. Und wer Incentive-Konstruktionen kennt, weiß, dass das Gerechtigkeitsproblem nicht lösbar ist.

Eine Sisyphosiade. Ein Impotenztraum. Unentwegt streben sie einem Höhepunkt entgegen, zu dem es sie hinaufzieht mit Erlösung versprechender Kraft. Jedoch den Höhepunkt zu erleben ist dem Mängelwesen nicht gestattet: Es erreicht ihn nie. Oder etwa in der kurzen Bewusstseinstrübung bei der Verleihung der Awards-Plakette? Der ständige Vergleich schafft Maßstäbe und

Werteskalen; das Relative ist immer zur Stelle und erkennt keinen wirklichen Höhepunkt an. »Aber der Motivationsschub, den es auslöst ...?« Ja, in der Tat: »Schub« kommt von »schieben«, und wenn es Ihnen um Mitarbeiter geht, die ständig angeschoben werden müssen ...

Ein Bild des ewigen Wollens und Nichtvollbringens: Wie das nie ans Ziel führende Steinewälzen des Sisyphos, so muss die Schraube immer neuer Anreize – wurde sie erst einmal bewegt – endlos weitergedreht werden. Psychologisch sensibel und trainiert von den Seelen-Schraubendrehern unter den Führungskräften oder, wie in diesem Fall, offen ködernd von den Incentive-Schraubendrehern.

Die Frage aber bleibt offen: Wer schraubt wen? Führungskräfte springen wie Douglas Fairbanks in der Incentive-Takelage herum, mit gezogenem Säbel, mal Sieger, mal besiegt, mal Antreiber, mal Getriebener, unberechenbar umhergestoßen auf den Weltmeeren der Manipulation. Mich rührt sie nicht, die Atemnot der Motivierungsrhetoriker, die über die Anspruchsinflation und Verwöhnungssucht ihrer Mitarbeiter klagen. Denn für jeden ist er erkennbar, mitten in der scheinbaren Rationalität der Motivierungslehre: ein doktrinär irrationaler Kern.

Mit der tendenziellen Unabschließbarkeit, dem Sisyphos-Charakter der Motivierung, ist somit ein weiteres kennzeichnendes Element identifiziert. Treibsand der Anreizkultur: In den Wanderdünen der Incentive-Touren sinken alle Beteiligten ein, je fester sie auftreten.

Motiviert Belohnung?

Wie ist dieses Dilemma zu erklären? Welche psychischen Kräfte wirken da im Hintergrund? Die Verhaltensforschung hat dazu Bemerkenswertes zutage gefördert.

Ein alter Mann wurde täglich von den Nachbarskindern gehänselt und beschimpft. Eines Tages griff er zu einer List. Er bot den Kindern einen Euro an, wenn sie am nächsten Tag wiederkämen und ihre Beschimpfungen wiederholten. Die Kinder kamen, ärgerten ihn und holten sich dafür einen Euro ab. Und wieder versprach der alte Mann: »Wenn ihr morgen wiederkommt, dann gebe ich euch 50 Cent.« Und wieder kamen die Kinder und beschimpften ihn gegen Bezahlung. Als der alte Mann sie aufforderte, ihn auch am nächsten Tag, diesmal allerdings gegen 20 Cent, zu ärgern, empörten sich die Kinder: Für so wenig Geld wollten sie ihn nicht beschimpfen. Von da an hatte der alte Mann seine Ruhe.

Der amerikanische Sozialpsychologe Alfie Kohn, von dem dieses Beispiel stammt, bestätigt damit eine ganze Reihe psychologischer Studien, die ein fundamentales Lerngesetz zu widerlegen scheinen: Belohnung ist *nicht* das beste Mittel der Leistungssteigerung. In unserem Beispiel waren die Kinder anfangs intrinsisch motiviert, den alten Mann zu ärgern. Später ärgerten sie ihn nur noch, weil es eine Belohnung dafür gab – ihre intrinsische Motivation wurde durch die Motivierung zerstört; sie wandelte sich in eine extrinsische. Und der Reiz, die Spannung, die Neugier waren verschwunden.

Gibt man Studenten die Möglichkeit, zwischen leichten und schwierigen Aufgaben zu wählen, entscheiden sie sich mehrheitlich für die schwierigeren.

Stellt man monetäre Belohnungen in Aussicht, wählen sie nahezu ausschließlich die einfachen und leicht messbaren Aufgaben. Stereotyp wird das wiederholt, was schon immer funktioniert hat, was aller bisherigen Erfahrung nach schnell und direkt Erfolg verspricht. Innovation und Kreativität bleiben auf der Strecke.

In einer anderen Untersuchung wurden Mädchen aufgefordert, jüngeren Kindern ein neues Spiel beizubringen. Für erfolgreichen »Unterricht« wurde ihnen jeweils eine Freikarte fürs Kino versprochen. Einer anderen Gruppe von Mädchen wurde die gleiche Aufgabe gestellt, nur konnten sie mit keiner Belohnung rechnen. Das erstaunliche Ergebnis: Erfolgreichere »Lehrerinnen« waren jene Mädchen, die die Aufgabe sozusagen »umsonst« übernommen hatten.

Weitere Untersuchungen, im Aufbau ähnlich wie diese, bestätigen: Wenn Kinder mit Belohnungen für eine Aufgabe gewonnen werden, verlieren sie schnell das Interesse, werden unzufrieden und erbringen geringere Leistungen als jene, die eine Aufgabe ohne versprochene Belohnung übernehmen. Der Grund: Sie handeln nicht, weil sie es für sinnvoll halten, sondern weil eine Belohnung ihnen diesen Sinn »ersetzt«.

»Kinder, ja, die sind auch noch nicht verdorben!«, höre ich den Skeptiker einwenden, »wer aber erst eine Belohnungskarriere hinter sich hat, macht nichts mehr ohne zusätzlichen Anreiz.« Wie schön, dass er irrt. Ich erinnere mich noch sehr gut an den Mitarbeiter eines Elektrokonzerns, der mit großem Erfolg ein System zur Personalauswahl an andere Unternehmen verkaufte. Eines Tages erhielt er von der Unternehmensleitung einen Scheck über 5000 Euro. In dem beiliegenden Dankschreiben wurde die Prämie mit der Erwartung verbunden, dass er sich auch weiterhin so für den Verkauf des Systems einsetze. Stante pede stellte der Mitarbeiter seine Bemühungen ein.

Vielleicht nicht der Regelfall, gewiss. Aber es ist doch zu bedenken, dass Prämien alles in den Bannstrahl der Profanisierung ziehen. Insbesondere dann, wenn die Arbeit mit Begeisterung und Initiative getan wird. »Geld ist manchmal wie ein Tritt in den Hintern«, sagt in *Wall Street* der Blaumann-Vater zum Broker-Sohn, der ihm nach einer Hausse mehr als das vorher geliehene Geld zurückgeben will. Aber selbst wenn man in Rechnung stellt, dass es der oben beschriebene Mitarbeiter vielleicht »nicht unbedingt nötig« hatte; sicher ist: Alle Begeisterung für die *Idee* löst sich im Säurebad der Prämie auf.

Incentives werten die gesamte Mitarbeiterschaft zu einer Horde belohnungssüchtiger »Kinder« ab, denen es nicht mehr um ihre Tätigkeit geht, sondern nur noch um die nachfolgende Belohnung. Alle sind zutiefst fremdbestimmt.

Auch für weniger reflektierte Erwachsene geht die Rechnung nur scheinbar auf. Denn unabhängig davon, ob der »erwachsene« Mitarbeiter ohne motivierenden Anreiz tatsächlich oder nur angenommenerweise das gewünschte Verhalten nicht an den Tag gelegt hätte: Die Verhaltensbiologie hat einleuchtend dargetan, dass sich der Mensch schnell an ein immer höheres Reizniveau gewöhnt, er also bald ohne Zusatz-Reiz in der Tat eine geringere Leistungsbereitschaft zeigt.

Das Sisyphos-Dilemma

Aus der Verhaltensbiologie ist in diesem Zusammenhang das Prinzip der »doppelten Quantifizierung« interessant. Es erklärt eine Handlung aus dem Verhältnis der beiden Variablen »Triebstärke« (Motivation) und »Reizstärke« (Motivierung). Bei entsprechender Reizhöhe ist demnach nur noch ein geringer Eigenantrieb nötig, um eine Handlung auszulösen: je höher die Reizstärke, desto geringer die benötigte Triebstärke. Da aber die Reize bekanntermaßen schnell abflachen, müssen sie immer höher geschraubt werden, was zu der allerorten grassierenden Anspruchsinflation führt. Entsprechend sinkt der Eigenantrieb. Die Mittel sabotieren ihre Zwecke. Das aus diesem Zusammenhang abgeleitete Gesetz nenne ich das Sisyphos-Dilemma der Motivierung. Es lautet:

Alle Motivierung zerstört die Motivation.

Dieses – in seinem Folgenreichtum unübersehbare – Gesetz macht aus allen voll motivierten Mitarbeitern mit mechanischer Sicherheit jene Heerscharen demotivierter Misserfolgsvermeider, die unsere Unternehmen bevölkern. Die zuvor allenfalls behauptete Motivationslücke zwischen gemessener und möglicher Arbeitsleistung – der Ursprung der Motivierungsidee – entsteht *tatsächlich*. In einem Wort: Die Motivierung ist die Krankheit, für deren Heilung sie sich hält.

Diese Gesetzmäßigkeit produziert eine ebenso ständig unzufriedene wie lässig abwartende Konsumentenhaltung, die auf den lockenden Pusher/Puller wartet und weiß, dass er kommt, wenn man nur beharrlich genug ist. Man hat sich daran gewöhnt, verwöhnt zu werden. Wie der Kopfgeldjäger des Wilden Westens wartet, bis die Belohnung zur Stellung des Mörders hoch genug ist, so muss man nur mit langem Atem warten, bis die Zeitschraube dem Management die Luft abdreht und der Prämienköder nachhelfen soll. Diese Mechanik kreiert die Verführungsforderung, mit der große Teile der Mitarbeiterschaft an das Management herantreten und die schon so gewohnheitsmäßig eingeübt ist, dass sie offensichtlich niemandem mehr auffällt. Und wenn das Management dann der Erwartung entspricht und der Verführungsforderung erliegt, kreiert es genau das, was es zu vermeiden und zu beheben versuchte. Demotivation. Immer höhere Ansprüche. Immer weniger Eigeninitiative. Warten auf Belohnung statt Selbstverantwortung. Hechelnd jagt das Management den immer neuen Forderungen hinterher. Die Meute hetzt den Jäger.

Unzufriedenheit als Verwöhnungsfolge

Es ist dabei geradezu grotesk, wie in dem Maße, in dem Eigeninitiative, Selbstverpflichtung, kurz: Motivation, zerstört wird, auf Hochglanzpapier von individuellem Unternehmertum, Entrepreneurship und Selbstverantwortung gefaselt wird. Als wolle man herbeireden, was man zuvor zuschüttete.

Damit nicht genug: Wenn bei Erhöhung der Reizstärke die eigene Antriebsenergie nur noch ungenügend abgerufen wird, so bleiben menschliche Aktionspotenziale ungenutzt, zum Beispiel die Lust, Pläne aufgehen zu sehen, Dinge in Gang zu setzen, vor allem aber Kreativität und Neugierverhalten. Die Folge: Frustration, aggressive Langeweile, ständig steigende Ansprüche und die Umleitung der Energie ins Mäkeln und Lamentieren. Die leerlaufende Reiz-Virtuosität der Incentive-Mechaniker erzeugt – Ironie der Verhältnisse! – eine latente Quengeligkeit, Unzufriedenheit als typische Verwöhnungsfolge. Treibstoff für die Jammerzirkel in unseren Unternehmen. *Das* ist die Rendite, die bei Investitionen in immer neue Incentives erzielt wird.

Dabei ist die Undankbarkeit der Mitarbeiter verhaltensökologisch nicht nur zwingend, sondern auch moralisch gerechtfertigt. Denn sie müssen natürlich auch nicht dankbar sein! Incentives und Boni werden mehr und mehr zum Gehaltsanteil, zum vorher budgetierten geldwerten Vorteil, den man eigentlich nur noch »unberechtigterweise« vorenthalten kann (was die Arbeitsgerichte auch genauso sehen). Überdies sind Incentives ja auch beim Wettbewerber üblich. Wenigstens also wäre es fair, den Mitarbeitern nicht vorzutäuschen, Incentives seien eine »Zusatz«-Leistung. Es sind vorher kalkulierte Lohn- und Marketingkosten. Kein Grund zur Dankbarkeit.

Ich hege nur geringe Hoffnung, dass Einsicht in das Sisyphos-Dilemma der Motivierung den Manager unserer Tage schon sehr bald zur Verhaltensänderung veranlasst. Mein Zweifel begründet sich durch die Struktur des Managersystems. Denn die finanziell auf Kurzfristigkeit, schnelle Erfolge, schnelle Job-Rotation und Nach-mir-die-Sintflut-Mentalität angelegte Managerkultur entspricht dem Incentive-Denken wesensgemäß.

Die kurzfristig zweifellos zu erzielenden Steuerungsgewinne spielen kurzfristigen Sicht- und Verhaltensweisen richtungsgleich in die Hände. Diese Mechanik lässt sich beschreiben als Privatisierung des Nutzens und Sozialisierung der (Folge-)Kosten.

Zur Not können sich die Incentive-Schraubendreher mit der Sisyphos-Deutung von Albert Camus trösten, der in dem mythischen Helden das Urbild des heroischen Menschen erblickte, der bewusst das Widersinnige und Absurde des Lebens auf sich nimmt. Wohlan!

MOTIVATION IST NUR *EINE* VORAUSSETZUNG FÜR ERFOLG

Gott. Im Mittelalter war er die Universalerklärung für alles Unverständliche. Wenn die Ernte ausblieb – Gott will uns strafen. Starb jemand zu früh – Gottes Wille. Heute heißt die Universalerklärung für schwache Leistung: Motivation. »Wenn die nur mal richtig rennen würden!« Ein legendärer Fußball-Bezirksligatrainer aus dem Ruhrgebiet war bekannt für den Spruch: »Männer, denkt an die drei großen A's: Abwehr, Angriff, Angagement!« Manche Spieler stehen eben nur auf dem Spielberichtsbogen. Und manche Mitarbeiter kennen Schweiß nur in Verbindung mit der Angst vor dem Chef.

Überhaupt gilt in der Wirtschaft wie im Sport: Wenn also hohe Leistung resultieren soll, dann muss die *Leistungsbereitschaft* hoch sein: Wille, Einsatz, Leidenschaft – Motivation im engeren Sinne. Aber ist es mit dem Nur-richtig-Wollen getan? Ist Leistung eine Frage der Mentalität? Dazu Argentiniens Ex-Nationaltrainer José Pekerman: »Was heißt hier Mentalität? Wenn Sie der Nummer 9 der Deutschen freie Schussbahn lassen, dann ist das ein Fehler der Verteidigung und nicht der Mentalität.«

Allein das Wollen garantiert also noch keine Leistung. Es muss die *Leistungsfähigkeit* hinzukommen:

das Können, Erfahrung, Talent, ein »Händchen« für das Spiel. Wenn sich also zum *Wollen* das *Können* addiert, resultiert dann hohe Leistung?

Es muss noch etwas Drittes vorhanden sein: die *Leistungsmöglichkeit.* Damit sind die *Bedingungen* angesprochen, unter denen eine Leistung erbracht werden soll. Ein Mensch muss eine realistische Chance haben, sein Wollen und Können auch zu entfalten. Dabei spielt das soziale *Dürfen* eine große Rolle, die Spielregeln, die Freiräume, die Institutionen. Im Unternehmen kommt noch mehr hinzu: der Beitrag der Führung, der Kollegen, die Strategie – alles das spielt in den Leistungsbegriff hinein. Aber auch Umstände wie der Wettbewerb oder interne Organisationsstrukturen beeinflussen, ob Sie Ihre Möglichkeiten entfalten können. Das ist im Kern das, was Sportler meinen, wenn sie sagen: »Wir konnten unsere Leistung nicht abrufen.« Was immer so klingt, als müssten sie nur irgendwo anrufen, um ihre Leistung zu erbringen, aber das Fräulein vom Amt hätte sie falsch verbunden. Und es verweist auch auf einen Umstand, den schon Sartre mit abgrundtiefer Philosophenweisheit erkannte: »Die Anwesenheit des Gegners kompliziert alles.«

Leistung ergibt sich immer aus dem Zusammenspiel dieser drei Dimensionen, das heißt sie sind *wechselwirksam.* Wenn zum Beispiel die Leistungsmöglichkeiten beschränkt sind, sterben langsam das Wollen und später auch das Können. Wer andererseits etwas mit ganzem Herzen will, wird in der Regel auch die Fähigkeiten erwerben, sein Ziel zu erreichen. Und wer etwas gut kann, wird es in der Regel auch gerne tun. Hohe Bereitschaft kann geringe Fähigkeit hingegen nur begrenzt ausgleichen. Aufs Ganze gesehen: Tendiert eine der drei Variablen gegen null, geht die Leistung ebenfalls gegen null. Deshalb gilt: »Man wird nicht nur mit spielerischen Mitteln Meister.« (Ottmar Hitzfeld)

Der Mensch muss also *wollen, können und die Chance haben*, wenn Leistung aus seinem Handeln resultieren soll. Verteilen wir diese Dimensionen auf die Verantwortung des Mitarbeiters und auf die Verantwortung der Führungskraft, so sagt die Verhaltensforschung unmissverständlich: Leistungsbereitschaft ist Sache des einzelnen Mitarbeiters. Natürlich nimmt auch die Führungskraft Einfluss auf die Leistungsbereitschaft des Mitarbeiters, aber ein *direkter* Einfluss ist ihr versagt. Der Mensch ist zwar beeinflussbar, aber nicht steuerbar. Er ist keine triviale Maschine, die auf Knopfdruck erwartbares Verhalten mechanisch erzeugt.

Die Erhaltung und Förderung der Leistungsfähigkeit, das Lernen, ist von Chef und Mitarbeiter gemeinsam zu verantworten. Der Chef kann hier anregen und fördern, aber der Mitarbeiter muss auch lernen wollen und können. Die Bereitstellung von Leistungsmöglichkeiten ist so, wie die Dinge nun mal hierarchisch liegen, vorrangig Aufgabe der Führung.

Wenn eine Leistungserwartung enttäuscht wird, wenn also das Ergebnis eines Mitarbeiters nicht den Wünschen des Vorgesetzten entspricht, werden die Ursachen häufig unterschiedlich eingeschätzt: Der Mitarbeiter erzählt eine Opfer-Geschichte, verweist auf mangelnde Leistungsmöglichkeiten, ist in der Regel noch bereit, Defizite seiner Leistungsfähigkeit zuzugestehen, hält sich aber meistens für leistungsbereit. Die

Führungskraft sieht – umgekehrt – die Ursachen selten in Einschränkungen der Leistungsmöglichkeit, stimmt allenfalls Defiziten bei der Leistungsfähigkeit zu, beklagt hingegen vor allem mangelnde Leistungsbereitschaft.

Lassen Sie mich deshalb noch einmal festhalten: Leistung ist mehrdimensional und das Ansetzen an der Leistungsbereitschaft ein entsprechend kurzer Hebel. Wenn die Leistungsmöglichkeiten beschränkt sind und es an der Leistungsfähigkeit fehlt, dann können Sie in die Motivation Ihrer Mitarbeiter investieren, so viel Sie wollen – Sie werden immer nur mittelmäßige Ergebnisse erzielen. Wie auch immer, eine der bedeutendsten Einsichten, die der Fußball der Wirtschaft zur Verfügung stellen kann, stammt von Giovanni Trapattoni: »Ein guter Trainer kann ein Team höchstens 10 Prozent besser machen. Aber ein schlechter Trainer macht ein Team 50 Prozent schlechter.« Im Fußball rückt bei einer schlechten Mannschaftsleistung bekanntlich sofort der Trainer ins Visier. Es wäre einiges gewonnen, wenn dies auch im Unternehmen so wäre. Denn es ist vor allem das Verhältnis zwischen Führung und Geführten, das die Mannschaftsleistung beeinflusst.

KONTAKT IST WICHTIGER ALS LOB

Jeder weiß, dass im Unternehmen nur ein sehr enger emotionaler Verhaltenskanon zulässig ist: Trauer und Freude erlebt man selten, schon häufiger Zorn und Wut. Begeisterung und Leidenschaft ist das, was gewünscht wird – selten werden sie spürbar. »Mehr Gefühl im Management!« – das wird deshalb schon seit vielen Jahren gefordert.

Insbesondere das Loben gilt in der Managementlehre seit ein paar Jahren als besonders »mitmenschliche« Form der Mitarbeiterführung. Analog zum Pfadfinder-Motto »Jeden Tag eine gute Tat« gilt nun als höchste Form der Führungsweisheit: »Du sollst deinen Mitarbeiter täglich einmal loben«. Und eigentlich müsste das Lob den Führungskräften ja auch gefallen, kommt es doch aus dem Gefühl, einem anderen Menschen überlegen zu sein und seine Leistung deshalb beurteilen zu dürfen.

Die Forderung nach häufigerem Lob wird gestützt von vielen Mitarbeiterbefragungen, in denen immer wieder ein Mangel an lobender Anerkennung beklagt wird. Die Klage richtet sich zum Beispiel beim Fußball gegen alte Trainerböcke wie Max Merkel: »Spieler vertragen kein Lob. Sie müssen täglich die Peitsche im Nacken spüren.« Bezeichnend auch der Kommentar Jens Lehmanns zu Dortmunder Zeiten über seinen damaligen Trainer Matthias Sammer: »Er hat uns auch schon mal gelobt. Ich kann mich allerdings nicht daran erinnern, wann das zuletzt der Fall war.« Würden Vorgesetzte mehr loben, so die Logik, wären die Mitarbeiter motivierter und die Ergebnisse besser.

Beim Lob handelt es sich insgesamt um ein Missverständnis. Schieben Sie die Befragungsbögen zur Seite und sprechen Sie Auge in Auge mit einem Ihrer Mitarbeiter, der ganz offen zugibt, dass er gerne mehr gelobt würde und dass ihm das eine oder andere Kompliment schon gut täte. Fragen Sie ihn: »Wie sähe eine Anerkennung aus, über die Sie sich wirklich vorbehaltlos freuen würden?« Dann werden Sie schnell merken: Was die Menschen vermissen, das ist nicht Lob, das ist eigentlich *Kontakt*. Es fehlt an der Wärme des Umgangs, es fehlt an Herzlichkeit. Was sie entbehren, sind Zugewandtheit, echtes Interesse, das Gefühl, dass sie wahrgenommen werden – nicht nur als Produktivfaktor, sondern als Menschen. Gespräche, Lachen, gemeinsame Zeit: Das ist die unbedingte Aufmerksamkeit, nach der wir uns alle sehnen und ohne die wir alle nicht leben können. Leistung ist dafür keine Bedingung, nicht die Voraussetzung. Für diese unbedingte Zuwendung aber haben viele keinen Ausdruck. Deshalb wählen sie ersatzweise den Begriff der bedingten Zuwendung – das Lob. Und führen damit in die Irre: Mit »Lob gegen Leistung« sind Kontakt, Wärme und Herzlichkeit nicht zu ersetzen.

Das also ist dem Lob entgegenzusetzen: *sich mitfreuen* mit dem Erfolg des anderen, dies auch körpersprachlich zeigen, eine wohlwollende Beachtung, gemeinsam Zeit verbringen, Aufmerksamkeit, Gespräche führen, großzügig in der Zustimmung, zurückhaltend im Widerspruch sein, eine Form aktiver Nächstenliebe. Aber keine, die sich opfert, keine, die sich mildtätig herablässt, sondern eine aufrechte Nächstenliebe, die sich gefällt in unbedingter Freundlichkeit, die sich gefällt im Entfalten von Liebenswürdigkeit, grundsätzlich und gegenüber jedem Menschen. Und die klug ist, weil sie die Freude am eigenen Leben verstärkt.

Gewiss ist: Wir können gar nicht genug Liebe, Respekt und Aufmerksamkeit bekommen. Das Lob ist aber selten das richtige Mittel, dem Ausdruck zu geben.

Fußball gibt uns auch hier eine sehr anschauliche Lektion, um was es geht: Männer, die offenbar hormonell entgleisen, sich küssen, die Kleider vom Leib reißen, in ekstatischen Zuckungen aufeinander liegen, vor Freude ganz außer sich sind. Aber auch Männer, die betreten auf dem Rasen knien oder hemmungslos weinen – wo kann man das sonst noch sehen außer im Fußball?

Ist so etwas im Unternehmen undenkbar? Eine Schweizer Künstlerin hat auf der Biennale 2001 in Venedig in einer Videoinstallation auf genau diese Differenz aufmerksam gemacht. Man sieht die Spieler zweier Fußballmannschaften voller Eifer spielen – in feinsten Anzügen. Mit Hingabe reißen sie sich bei Gefühlsausbrüchen das Futter aus den kostbaren Jacken, stülpen sich die Hemden über den Kopf, ziehen sich an den Krawatten. Wie sehr doch das Verhalten vom Spielfeld bestimmt wird!

Was kann man daraus lernen? Im Fußball ist Anerkennung noch das, was es im Kern ist und immer war: Kontakt. Lachen und sich freuen können über die Leistung eines anderen. Es ist der unmittelbare Bezug, die sofortige Reaktion. Kein Lob, keine ausladenden Gesten von oben, keine langen Sätze. Reduziert auf das Wesentliche. Der Fußball lehrt uns, dass Lob nur spontan und nur unter Gleichrangigen glaubwürdig und wertvoll ist.

Ich mache immer wieder die Erfahrung: Da, wo Kontakt ist, da gibt es kaum das Bedürfnis nach Lob. Eine kontaktstarke, warme, freundliche zwischenmenschliche Atmosphäre muss man deshalb nicht gleich zur »emotionalen Intelligenz« aufblasen – Natürlichkeit und Entspanntheit reichen völlig. Deshalb verweist der Wunsch nach Lob letztlich auf ein Führungsdefizit. Der Kern der Führung ist verfehlt – mit und durch andere Menschen erfolgreich sein. Schenken Sie Ihren Mitarbeitern das Wertvollste, das Sie haben: Ihre Lebenszeit. Und speisen Sie sie nicht ab mit der Fast-Food-Zuwendung des Lobs. Ihre Mitarbeiter haben Besseres verdient.

Nachdem Mainz 05 den 1. FC Nürnberg im Februar 2007 überraschend besiegt hatte, fand Nürnbergs damaliger Trainer Hans Meyer die bezeichnenden Worte »Die Leistung der Mainzer ist über jedes Lob erhaben.«

FORDERN STATT VERFÜHREN

Die Motivation jedes Einzelnen ist die natürliche Ordnung der Dinge.

»Was kann man nun von einem Menschen … erwarten? Überschütten Sie ihn mit allen Erdengütern, versenken Sie ihn in Glück bis über die Ohren, bis über den Kopf, sodass an die Oberfläche des Glücks wie zum Wasserspiegel nur noch Bläschen aufsteigen, geben Sie ihm ein pekuniäres Auskommen, dass ihm nichts anderes zu tun übrig bleibt, als zu schlafen, Lebkuchen zu vertilgen und für den Fortbestand der Menschheit zu sorgen – so wird er doch, dieser selbe Mensch, Ihnen auf der Stelle aus purer Undankbarkeit … einen Streich spielen.« Dostojewski, für Nietzsche der größte Psychologe aller Zeiten, schrieb diese Worte, die schon der Volksmund aussprach: »Nichts ist schwerer zu ertragen als eine Reihe von guten Tagen.«

In dem allgemeinen Streben nach Verwöhnung und Lust ohne Anstrengung ist nicht selten in Vergessenheit geraten, was die immer noch oft überhörte Stimme der Verhaltensforschung nicht müde wird zu reklamieren: dass Menschen motiviert *sind*. Es mag unter den Bedingungen des frühen 20. Jahrhunderts und aus der

Sicht Frederick Winslow Taylors so ausgesehen haben, als gäbe es den »angeborenen Instinkt und die Neigung der Menschen, nicht mehr zu arbeiten, als unumgänglich notwendig ist«. Die Forschungen von Konrad Lorenz, Irenäus Eibl-Eibesfeldt, Felix von Cube und anderen (die sich im Übrigen nicht nur mit dem Verhalten von Buntbarschen oder Lachmöwen oder Rotgesichtsmakaken beschäftigen) lassen diese Annahme nicht mehr zu: Alle Menschen verfügen grundsätzlich über kreative Energie, die nach Entfaltung drängt. Menschen verfügen über ein hohes Aktionspotenzial, zu verstehen als die Fähigkeit und die grundsätzliche *Bereitschaft* zu arbeiten.

Ergebnisse der Verhaltensforschung

Wir sind anthropologisch auf zielgerichtete Aktivität ausgerichtet. Wir haben als Menschen hohe Aktionspotenziale, die abgebaut werden wollen – wenn sie nicht in Aggression und Langeweile umschlagen sollen. Problemlösend-erkundendes Verhalten, Neugierig-Sein charakterisiert unsere wahre Wesensart. Unsere Neugier aktivieren, Entdeckerfreude und Lust am Funktionieren spüren – das wollen wir, wenn diese Quellen unserer Energie auch manchmal verschüttet scheinen.

Leistungswille steckt in allen Menschen. So fanden Verhaltensforscher heraus, dass Kinder, die man in der Schulzeit auf einmal nur noch spielen ließ, nach ein paar Tagen freiwillig wieder Unterricht haben wollten, weil ihnen das einseitige Amüsement zu langweilig wurde. Gibt man Affen schwierige Geschicklichkeitsübungen auf, vergessen sie über der spannenden Beschäftigung sofort Hunger und Futterschüssel. Tiere, die in Versuchslabors die Wahl haben, sich ihr Futter durch bestimmte Handlungen selbst zu beschaffen (wie zum Beispiel einen kleinen Hebel zu drücken) oder aber das Futter einfach zu bekommen, ziehen es immer vor, dafür zu arbeiten.

Martin Seligman von der Pennsylvania University zitiert für seinen Ansatz der »Kompetenz« eine Untersuchung, gemäß der Babys lächeln, wenn sie es fertigbringen, einen an einem Faden hängenden Gegenstand in Bewegung zu setzen. Hingegen lächeln sie nicht, wenn die Bewegung nicht von ihnen selbst ausgelöst wurde. Nach Seligman geschieht dies, weil die Fähigkeit zur Situationsbewältigung (wir würden es »Wille« nennen) Freude und Lust am Funktionieren hervorruft. Auch im Beruf: Verkäufer zum Beispiel freuen sich besonders über einen Auftrag, um den sie haben kämpfen müssen. Es besteht kein Zweifel: Wir alle suchen Spannung in unserem Leben.

Selbsteinschätzung: hohe Arbeitsmoral

Selbst lieb gewonnene Bezeichnungen wie »Arbeitgeber« und »Arbeitnehmer« erwiesen sich durch die Einsichten der Verhaltensforschung als unzutreffend und entlarvten jene Täuschung, dass man Leistung sagte und Gegenleistung meinte: Der Arbeitnehmer nimmt nicht Arbeit, sondern Geld. Die Arbeit nimmt der Arbeitgeber. Die neue Einsicht lag darin anzuerkennen, dass Menschen nicht nur Geld nehmen, sondern auch Arbeit geben wollen. Hans Thomas schreibt zu Recht: »Diejenigen, die mit der Forderung nach immer weniger Arbeit der Menschenwürde dienen wollten, gelangen an die Grenze, an der ihnen jene begegnen, die mehr Arbeit wollen, als sie haben. Sie stehen vor dem Dilemma, sich sowohl zum Anwalt eines Grundrechts auf Arbeit erklären zu wollen als auch stets weniger davon zu wünschen.«

Fasst man die Ergebnisse der Verhaltensforschung zusammen, so gilt: Die Praxis der Motivierung geht von einer falschen Grundannahme aus. *Die Motivationslücke existiert grundsätzlich nicht!* Und es ist folgenreich, diese verhaltensbiologische Tatsache zu ignorieren.

Aber natürlich wissen die Motivierungstechniker, wovon sie sprechen, sind doch die Scharen demotivierter Mitarbeiter unübersehbar. Was aber ist Ursache, was Wirkung? Ich gebe zu bedenken, dass sie Opfer ihres eigenen Erfolges sind – und dann sind sie natürlich wieder im Recht. Pawlow wird der Satz zugeschrieben: »Motivation ist die neue Form der Ausbeutung.« Ich bin nur sehr begrenzt dieser Ansicht. »Motivation ist die neue Form der Verwöhnung.« Dies schon eher.

Mancher Leser wird sich an dieser Stelle verwundert die Augen reiben: Läuft die hier vorgestellte Position auf ein Führungskonzept der verhaltensbiologisch abgestützten Peitschenknallerei hinaus? Wird hier ein verqueres »Der Mitarbeiter kann schon, wenn er nur will« unter der Hand restauriert? Es ist schon erstaunlich:

Ich habe noch keinen Mitarbeiter erlebt, der nicht seine persönliche Leistungsbereitschaft grundsätzlich hoch oder sogar sehr hoch einschätzt. Und für den eigenen Aufgabenbereich geht man in der Regel auch voll in die Verantwortung.

Aber der Verdacht sitzt bei den Vertretern der Anreizkultur zu tief, als dass sie dem Glauben schenkten. »Schutzbehauptung!«, sagen sie (und meinen dabei vielleicht ungewollt etwas Richtiges: Möglicherweise wollen sich die Mitarbeiter tatsächlich gegen die Motivierungsbemühungen ihrer Chefs »schützen«) und: »Subjektive Wahrheit!«

In der Tat, sie ist eine subjektive Wahrheit. Aber das zweifelnde Gerede über sie unterstellt, dass es jemanden gibt, der »objektiv« oder »besser« weiß, was Arbeitsmoral »wirklich« ist. Jemand, der die »eigentliche«, hohe Arbeitsmoral definiert und in der Regel immer ein bisschen höher ansetzt, als es der Befragte tut. Diese Haltung bezichtigt den Befragten unausgesprochen der falschen Selbsteinschätzung und glaubt sich des wahren Maßstabs sicher.

Das hat Konsequenzen. Mindestens die, dass eine Mechanik in Gang gesetzt wird, die dem Mitarbeiter vermittelt, seine eben erst bezeugte Leistungsbereitschaft sei ein wankelmütiges Gut und müsse beständig aufs Neue angestachelt werden. Glaubt aber jemand ernsthaft, dass eine nennenswerte Zahl von Mitarbeitern sich überzeugen ließe, ihre Selbsteinschätzung sei eine *Fehl*einschätzung und ihre Aussagen seien nur von relativer Gültigkeit? Glaubt jemand ernsthaft, Mitarbeiter ließen sich straflos und längerfristig über die subjektiv empfundene Schwelle hoher Arbeitsmoral hinaus motivieren?

Die Motivation jedes Einzelnen ist die natürliche Ordnung der Dinge. Das wird für manchen schwer anzuerkennen sein. Aber nicht nur die Verhaltensforschung legt die Frage nahe: Ist es nicht viel sinnvoller, den Mitarbeitern ihre bezeugte Leistungsbereitschaft schlicht zu glauben – und diese dann einzufordern?

Betrachten wir kurz das Phänomen der Non-Profit-Unternehmen, deren Verantwortliche ja oft hervorragende Arbeit leisten. Ich denke an das Rote Kreuz, viele karitativ-kirchliche Einrichtungen sowie vor allem an die Millionen Bürger, die im organisierten Breitensport mit häufig immensem Einsatz ehrenamtlich arbeiten. Es sind Beispiele für den grundsätzlichen Leistungswillen der Menschen – wenn sie ein Spielfeld finden, auf dem es für sie *Sinn* macht, sich voll einzusetzen. Diesen Organisationen fehlt es weder an Mitgliedern noch an Schlagkraft noch an Erfolg. Offensichtlich stellen diese Organisationen »Spielfelder« zur Verfügung, auf denen zu spielen Spaß macht und wo die Antwort auf die Frage nach dem Wozu? überall greifbar wird.

Dimensionen der Leistung

Erinnern wir uns an dieser Stelle noch einmal an die drei Dimensionen, die sich gemeinsam zur Leistung addieren:

- Leistungs*bereitschaft*
- Leistungs*fähigkeit*
- Leistungs*möglichkeit*

Verteilen wir diese Dimensionen auf die Verantwortung des Mitarbeiters und auf die Verantwortung der Führungskraft, so macht die Verhaltensforschung unmissverständlich klar: Die Leistungsbereitschaft – diese soll ja durch die Motivierung gesteigert werden – fällt grundsätzlich in die Verantwortung des Mitarbeiters. Er bringt sie gleichsam »mit«.

Aber selbst wenn die Verhaltensforschung nicht zu entsprechenden Ergebnissen gekommen wäre, ist hier eine klare Managemententscheidung, der *Wille* zur Gestaltung einer entsprechenden Unternehmenskultur, fällig – weil alle Motivierung sich am Ende als Demotivierung entpuppt: Leistungs*bereitschaft* ist Sache des einzelnen Mitarbeiters, nicht der Führungskraft.

Die Führungskraft ist schlecht beraten, wenn sie glaubt, die Leistungsbereitschaft des Mitarbeiters anstacheln zu müssen oder sogar über einen längeren Zeitraum und gegen den freiwilligen Leistungswillen des Mitarbeiters auf höherem Niveau halten zu können. Falls sie meint, »motivierend« für Leistungs*bereitschaft* Verantwortung übernehmen zu müssen, bewegt sie sich im Bereich einer kräftezehrenden und in der Konsequenz demotivierenden Überzuständigkeit. Das wurde schon gezeigt. Gewiss ist jedenfalls, dass die Motivation des Mitarbeiters in dem Maße schwindet, in dem die Führungskraft die Leistungs*bereitschaft* des Mitarbeiters in Zweifel zieht und anzustacheln versucht. In genau diesem Sinne ist die Last der immer neuen Motivierung von den Schultern der Führungskräfte zu nehmen.

Das Scheitern der Motivierung wird besonders augenfällig, wenn man sich vor Augen führt, dass Leistung sich immer aus dem Zusammenspiel aller drei Dimensionen ergibt, die Motivierung aber – und das ist außerordentlich wichtig! – lediglich auf eine einzige, nämlich die Leistungs*bereitschaft* zielt. Ein gigantischer Aufwand für ein kleines Ziel. Ich kann dies nicht deutlich genug sagen: *Alle Motivierung zielt ausschließlich auf die Leistungsbereitschaft.* Die beiden anderen Dimensionen von Leistung werden von ihren Instrumenten nicht erfasst!

Falls aber bei schwacher Leistung die Ursachen in mangelnder Leistungs*fähigkeit* oder gar fehlender Leistungs*möglichkeit* liegen, blaken die Ampeln der Motivierung ins Leere. Sie ändert im positiven Sinn nichts an der Sache. Im Gegenteil: Sie zerstört sogar das, was vielleicht noch intakt ist: die Leistungs*bereitschaft*.

Fordern

Es ist an diesem Punkt angezeigt, daran zu erinnern, was von der Motivierung verschüttet wird: das Recht der Führungskraft, klare Forderungen zu stellen, Vereinbarungen zu treffen und diese zu kontrollieren. Sie hat das Recht, auf Einhaltung von Vereinbarungen und Arbeitsverträgen zu bestehen sowie Leistung auf der Grundlage definierter Ziele zu verlangen. Sie hat das Recht (und die Pflicht!), bei Nichteinhaltung von Absprachen offen zu konfrontieren und zu kritisieren (»offen« heißt klar und gerade, keineswegs unfair oder schroff!). Sie hat das Recht, Konsequenzen in die Wege zu leiten. Es kann nicht angehen, dass sich eine Firma bei schwachen Leistungen damit begnügt, dass die Bonus-Malus-Automatik, nicht ausgezahlte Prämien oder andere selbstregelnde Strafsysteme lediglich ein verqueres Gerechtigkeitsgefühl befriedigen. Eine Führungskraft hat die Aufgabe, nachzuforschen, wieso die vereinbarte Leistung nicht erbracht wurde (und sich dabei selbst als möglicherweise leistungsbehindernder Faktor in Rechnung zu stellen). Wie soll sich Führung sonst legitimieren?

Eine Führungskraft kann überdies – und das erscheint mir besonders wichtig zu betonen – mit dem Mitarbeiter Leistungen vereinbaren, die dieser eigentlich aus sich heraus und freiwillig nicht erbringen will. Aber sie sollte nicht »verführen«, nicht im Eisenhowerschen Sinn dem Mitarbeiter vorzugaukeln versuchen, dass dieser selbst »es will«.

Aufs Ganze gesehen, erscheint mir ein klares Forderungsverhältnis zwischen Führungskraft und Mitarbeiter erheblich leistungsorientierter und konsequenter als Belohnungs-Bestrafungs-Systeme, die sich selbst regeln. Es ist konsequenter im Interesse von *Leistung*. Hier wird Führung beim Wort genommen. Wer glaubt, mein Vorschlag münde in Sozialapostelei und gleichmacherische Sozialformen, hat nichts begriffen. Mir geht es vielmehr um die Reetablierung von Führung als Führung. Alle wollen die Führungskraft als aktiven Unternehmer. Ein Unternehmer heißt aber Unternehmer, weil er etwas unternimmt, und nicht, weil er passiv bleibt.

Auch Warren Bennis und Burt Nanus beschreiben in ihrem oft zitierten Buch *Führungskräfte* jene als vorbildlich, die nicht verwöhnen, sondern herausfordern.

Zum Beleg zitieren sie Edwin H. Land, den Gründer von Polaroid: »Das Erste, was man natürlich tut, ist, dem Betreffenden das Gefühl zu geben, dass die jeweilige Aufgabe eminent wichtig und nahezu unmöglich zu bewältigen ist ... Das ist der nötige Ansporn, der Menschen stark macht und sie geistig auf die richtige Fährte setzt.« Nein! So nicht. In diesen Worten lebt nach wie vor der Geist des Vorgaukelns, der Doppelzüngigkeit, der Verführung. Das ist keine klare Forderung, das ist schlicht Lüge. Noch einmal Bennis und Nanus: »Vertrauen ist das Öl, das die Räder einer Organisation am Laufen hält.« Ja. Allerdings: In der zitierten Weise ist niemals Klarheit zwischen Führungskraft und Mitarbeiter, ist niemals Vertrauen in realistische und angemessene Forderungen als Basis von Leistungsvereinbarung möglich.

Viel scheint mithin schon gewonnen, wenn die verdeckt abwertende und durch viele unerkannte Nebenwirkungen kontraproduktive Motivierungspraxis durch ein klares Forderungsverhältnis ersetzt würde.

Vereinbaren

Führen ist schwierig. Schwierig vor allem, wenn man genau diese Tatsache nicht anerkennt. In der Regel greift man dann zu Führungsmanualen der Abteilung »How to ...« – und ist meistens enttäuscht. Denn diese werden geschrieben unter Absehung von der wichtigsten Voraussetzung: der individuellen Persönlichkeit jeder Führungskraft. Und keine tausend Seiten Führungslehre können die Komplexität des Führungsalltags annähernd einfangen. Kein Ratschlag ist dabei von vornherein gut oder schlecht. Was bei dem einen funktioniert und also »gut« ist, gerät dem anderen zum Fehlschlag. Es gibt nicht *das* Patentrezept, das bei allem und jedem funktioniert. Alles trägt sein Gegenteil in sich, hat seine Schattenseiten, verursacht auch Ungewolltes. Besser scheint mir in jedem Fall zu sein, die Konsequenzen des individuellen Führungshandelns so weit wie möglich (auch in ihrer zweiten und dritten Ableitung) und für jede Situation vorher abzuschätzen. Und dann bewusst zu wählen. Die Kunst des Führens scheint mir genau darin zu liegen. Dann werden sich die Dinge so ereignen, wie ich sie gewählt habe. Eines kann ich dann jedenfalls nicht mehr tun: klagen, dass Führen schwierig sei.

Weil das so selten beachtet wird, sind über Führung im Unternehmen mittlerweile einige Bibliotheken geschrieben worden. Unter den Publikationen findet sich sicher viel Wissenswertes und Hilfreiches. Skeptisch bin ich gegenüber den sogenannten Führungs*stilen* und Führungs*techniken*. Bei den unter diesen Überschriften angebotenen und mit hoher ökonomisch-ethischer Effizienz aufgeladenen Verhaltensweisen wird in der Regel unterstellt, sie seien im Handumdrehen zu imitieren, gleichsam »frei wählbar«. Die Handhabung von Führungsstilen ist dabei denen von Videos nicht unähnlich, die man in den Recorder einlegt, sich anschaut und bei Gefallen dann »draufhat«. Wenn überhaupt, dann beschäftigen sich Führungskräfte aber karrierebedingt erst als etwa 30-Jährige intensiv mit Wissen um Kommunikation und Menschenführung – in einem Alter, in dem viele Verhaltensweisen fest geprägt und die bekannten und bisher offensichtlich »erfolgreichen« Verhaltensmuster (man ist ja auf diese Weise aufgestiegen!) mit großen Beharrungsenergien befrachtet sind.

Nimmt man hinzu, dass die Führungsstil-Idee einen gewissermaßen »einheitlichen« Mitarbeiter voraussetzt, den es natürlich so niemals gibt, so wird deutlich, dass das schlichte Kopieren von Führungsstilen weder der Individualität der Führungskraft noch der des Mitarbeiters, mithin der Komplexität der Realität nicht gerecht wird.

Und vieles davon »führt« mir wortwörtlich »zu weit«. Denn ich bin zu der Überzeugung gekommen, dass – lassen wir einmal »Selbstverständlichkeiten« wie Freundlichkeit und Höflichkeit beiseite – nur eine Führung gerechtfertigt ist, die sich auf einige eng umgrenzte Funktionen beschränkt, und dass jede darüber hinausgehende Führung die Menschenwürde verletzt und mithin unzulässig ist. Und dass diese Minimalführung ebenso erfolgreich wie richtig ist.

Obwohl schon mancherorts das »Ende der Strategien« eingeläutet wird, scheint mir unter diesen wenigen Funktionen eine nach wie vor sehr wichtig zu sein: *Leistung vereinbaren und kontrollieren.* Es ist immer wieder grotesk zu sehen, wie Führungskräfte über die mangelnde Leistung (sie meinen meistens Leistungsbereitschaft) ihrer Mitarbeiter klagen, aber in den seltensten Fällen positiv formulieren können, wie denn die von ihnen geforderte hohe Leistung tatsächlich aussehen soll. Was ist das: 100 Prozent der vereinbarten Leistung? Erhebungen zeigen zudem, dass Führungskräfte aller Hierarchiestufen dazu neigen, die eigene Leistung hoch zu bewerten und die Leistung anderer Unternehmensmitarbeiter abzuwerten, weil sie glauben, entscheidend mehr zum Unternehmenserfolg beigetragen zu haben. Paradoxerweise stützen sie jedoch immer noch den weitverbreiteten, aber durch nichts begründeten Glauben an einen Zusammenhang zwischen Arbeit, Leistung und Einkommen: Hohe Gehälter sollen ja zu besonderen Anstrengungen motivieren.

Leistung ist nichts Absolutes. Leistung ist eine Frage der Erwartung. Der Erfolg einer Verkaufskampagne zum Beispiel hängt sehr davon ab, wie sich die tatsächlich erzielten Resultate gegen die Erwartungen der Unternehmensleitung ausnehmen. Diese Erwartungen muss die Führungskraft definieren und mit dem Mitarbeiter vereinbaren. Einerlei ob »hard facts« im Sinne von Umsatzzahlen oder ähnlich Quantifizierbarem oder ob »soft facts« wie Verhalten oder eher qualitativ Zugängliches: Was wir brauchen, sind funktionierende Kommunikations- und Verhandlungsprozesse, die immer wieder für beide Seiten gleichermaßen tragfähige Vereinbarungen erzeugen. Die Personalabteilungen, häufig nur wenig mehr als die Einwohnermeldeämter der Unternehmen, haben aus dieser Sicht die Aufgabe, Strukturen zu schaffen, die eine möglichst individuelle Vereinbarung von Leistung und Gegenleistung zulassen.

»Kenn ich schon; machen wir schon lange. MbO – Management by Objectives – heißt das bei uns und ist ein alter Hut.« Ja, in der Tat: ein alter Hut. Aber es hat sich mir zu keinem Zeitpunkt erschlossen, dass, wenn ich mit meinem Mitarbeiter Ziele vereinbare und eine wirkliche Übereinkunft erziele, ich ihn noch zusätzlich motivieren soll. Entweder ich nehme Mitarbeiter ernst, dann sind sie vereinbarungsfähig. Oder ich nehme sie nicht ernst, dann brauche ich keine Vereinbarungen und kann mir den Abstimmungsaufwand sparen.

Die Schwierigkeit liegt aber noch woanders: »Führen durch Zielvereinbarung« heißt es, »Führen durch Zielvorgabe« ist es zumeist. Die »big shots« an der Unternehmensspitze erlegen in der Regel ihren mittleren Führungskräften extrem kurzfristige Finanzziele auf. Auf diese Weise überwälzen sie einfach die kurzfristigen Ansprüche auf monetär sichtbaren Erfolg, der schlicht immer weiter heruntergebrochen wird. Was übrig bleibt, sind häufig nicht mehr als Zahlendiktate. »Unser Gruppenleiter kommt in die Planungssitzung mit einer festgelegten Umsatzzahl, die wir als Gruppe erreichen müssen. Diese hat er seinerseits von seinem Vorgesetzten bekommen. Was uns als Verhandlungsspielraum bleibt, ist die Aufteilung der Gesamtzahl untereinander. Unsere Erfahrungen im Markt spielen bei der Erstellung der Planzahl keine Rolle.« So ein erfahrener Außendienstler ironisch, der das Ganze als »part of the game« achselzuckend hinnimmt. Motivierend?

Ich verzichte an dieser Stelle auf die technischen Abläufe, da mich hier vor allem die Wirkung interessiert, die von lediglich »vorgesetzten« Zielen ausgeht, an deren Zustandekommen der Mitarbeiter keinen Anteil hatte. Diese ist allerdings kaum weitreichend genug einzuschätzen. Auf der psychologischen Ebene kommt darin eine Geringschätzung, ein Nicht-ernst-Nehmen zum Ausdruck, das nicht nur den Mitarbeiter abwertet, sondern auch vor der Führungskraft nicht haltmacht: Der »Vorgesetzte« wird schlicht zum »Vorsetzer«.

Wer als Führungskraft glaubt, einfach Ziele vorsetzen und sie nicht mit seinem Mitarbeiter als Partner verhandeln zu müssen, muss die Konsequenzen tragen. Erzielt wird auf diese Weise vielleicht eine Anpassungsleistung des Mitarbeiters. Sie wird aber niemals die volle Zustimmung, ein ganzes, von Herzen kommendes »Ja« zu diesen Zielen erhalten, denn es waren und bleiben die Ziele des Chefs, nicht des Mitarbeiters. Der Mitarbeiter sagt vielleicht »Ja«, obwohl er »Nein« meint. *Das* und nur das ist die Wurzel allen Stresses, aller Ent-Identifikation. Dadurch entsteht die Motivationslücke *tatsächlich*.

Konsensmanagement

Eine Entscheidung heißt Entscheidung, weil sie scheidet. Wer glaubt, allein entscheiden zu müssen, hat sich nur zu häufig von seinem Mitarbeiter geschieden. Was wir stattdessen brauchen, ist Konsensmanagement, sind konsensgestützte, nicht machtgestützte Entscheidungen. »Konsens« heißt »gemeinsamer Sinn«. Was wir brauchen, sind Führungskräfte, die ihre Mitarbeiter als Partner ernst nehmen und mit ihnen Konsens und Übereinkunft herstellen können; die nicht polarisieren, sondern integrieren; die nicht ausschließen, sondern einschließen. Umsetzen statt durchsetzen.

Das bedeutet: sicherlich lange Entscheidungsprozesse mit hohem Energie- und Zeitaufwand, in die aber möglichst viele Sichtweisen einbezogen werden, sodass dann auf breitem Konsens entschieden wird. Wer da sagt, der Zeitaufwand sei zu hoch, dem halte ich entgegen, dass ohne diesen Konsens diese Zeit einfach nur verschoben und im Anschluss an die Entscheidung nachinvestiert wird: in Jammereien und Reparaturen, weil die Aktion ohne die volle Zustimmung aller Beteiligten einfach weniger optimal laufen muss!

Ein offenes Spiel mit offenem Ausgang, in dem souveräne Akteure miteinander freie Verträge schließen oder Tauschbeziehungen eingehen – das scheint die Zukunft organisatorischer Verhältnisse zu sein. Gemeint ist die Zielvereinbarung im Gegenstromverfahren, das Ziele weder rein demokratisch abstimmt noch autoritär von oben vorgibt, sondern Ziele vielmehr als das Ergebnis gemeinsam erarbeiteter Einsicht vereinbart. Bei klaren Vereinbarungen in diesem Sinne gibt es keine Motivationsprobleme.

Imperative

Übertragen wir diese Sichtweise auf die Entscheidungsordnung eines Unternehmens, so ist nach wie vor die Entscheidung auf möglichst breiter konsensualer Basis zu fordern. Das aber wird in der operativen Alltagshektik nicht immer möglich sein. Es gilt dann das Postulat: »Entscheide so, dass die Freiräume deines Mitarbeiters nachher größer sind als vorher.«

Auch das wird in dieser Reinform sich nicht immer durchführen lassen; daher ist vorsichtiger, realistischer zu fordern: »Entscheide so, dass die Freiräume deines Mitarbeiters nachher nicht kleiner sind als vorher.«

Das Mindestmaß an Führungsweisheit aber müsste lauten: »Sei dir bewusst, dass deine Entscheidungen sich auf die Freiräume deines Mitarbeiters auswirken können, und kalkuliere den Preis, den dein Mitarbeiter und mittelbar auch du selbst dafür zahlt.« Und dieser Preis kann für beide überaus hoch sein: Spaß und Lebensfreude auch – und gerade – im Beruf. So gilt denn hier:

Motivation ist unwidersprechlich Sache des Einzelnen. Ihr Freiraum zu geben ist Sache der Führung.

In Anlehnung an das Wort von Karl Jaspers »Was der Mensch ist, das ist er durch die Sache, die er zur seinen macht«, muss mit dem vielbeschworenen »Unternehmertum im Unternehmen« ernst gemacht werden. Das heißt Freiräume, Bewegungsfreiheit zu schaffen, demotivierende (Richtlinien-)Blockaden von Energien und Entfaltungswillen abzubauen. Das bedeutet Enttabuisierung formeller Regelungen zugunsten von Problematisierung. Das meint, Durchlässigkeiten zu fördern, Wahlmöglichkeiten zu erhöhen. Es ist wahr: Vor den Erfolg haben die Götter den Spaß gesetzt. Wir brauchen also eine Unternehmenskultur, in der die Mitarbeiter den ihnen entgegengebrachten Respekt als eine Gelegenheit erkennen, ihren eigenen Gestaltungsraum selbstverantwortlich wahrzunehmen. Dann kann ich eine Sache zur meinen machen. Nur dann bin ich völlig »bei der Sache«. Nur dann arbeite ich mit Leidenschaft an meiner Aufgabe. Begeisterung? Ja. Aber für *meine* Sache, weil ich mich nur für *meine* Sache begeistern kann. Alles andere ist Illusion. Und der »Mythos Motivation«.

»Eine Sache zur meinen machen« ist zugleich ein Appell an die Selbstverantwortung des Mitarbeiters (nahezu jede Führungskraft ist ja gleichzeitig auch wieder unterstellter Mitarbeiter). Während Laufbahnen ihre Sicherheit verlieren und die Zukunft von Unternehmen unvorhersehbarer wird, können – und müssen heute – Menschen die Verantwortung für ihren eigenen beruflichen Lebensweg übernehmen. Das gilt für die Wahl des Unternehmens. Das gilt für die Wahl des Arbeitsplatzes. Das gilt aber auch für die Freiräume innerhalb des Jobs. Niemand kann es sich heute noch leisten, einfach abzuwarten, dass die Dinge von allein besser, gerechter, freizügiger werden. Freiraum gilt es nicht zu postulieren, wie es überall geschieht, wo er nicht vorhanden ist. Sondern zu erobern. Denn kaum ein Unternehmen wird dem Einzelnen von sich aus den Freiraum geben, den er braucht. Den muss er sich schon holen.

QUELLEN

Die Kapitel in Teil 1 dieses Buches stammen aus folgenden Büchern von Reinhard K. Sprenger:

Die Entscheidung liegt bei dir! Wege aus der alltäglichen Unzufriedenheit. Frankfurt/New York: Campus 2010 (14. Auflage), S. 21–45 und 219–227.

Aufstand des Individuums. Warum wir Führung komplett neu denken müssen. Frankfurt/New York: Campus 2000 (2. Auflage), S. 59–60 und 193–195.

Der dressierte Bürger. Warum wir weniger Staat und mehr Selbstvertrauen brauchen. Frankfurt/New York: Campus 2005, S. 157–162 und 181–184.

Die Kapitel in Teil 2 dieses Buches stammen aus folgenden Büchern von Reinhard K. Sprenger:

Die Entscheidung liegt bei dir! Wege aus der alltäglichen Unzufriedenheit. Frankfurt/New York: Campus 2010 (14. Auflage), S. 140–145 und 206–213.

Das Prinzip Selbstverantwortung. Wege zur Motivation. Frankfurt/New York: Campus 2007 (12. Auflage), S. 36 f., 165–182 und 185–188.

Radikal führen. Frankfurt/New York: Campus 2012, S. 275–282.

Aufstand des Individuums. Warum wir Führung komplett neu denken müssen. Frankfurt/New York: Campus 2000 (2. Auflage), S. 75–79, 124, 161–166, 205 f. und 210 f.

Die Kapitel in Teil 3 dieses Buches stammen aus folgenden Büchern von Reinhard K. Sprenger:

Vertrauen führt. Worauf es im Unternehmen wirklich ankommt. Frankfurt/New York: Campus 2007 (3. Auflage), S. 15–25, 85–94 und 99–121.

Radikal führen. Frankfurt/New York: Campus 2012, S. 263–270.

Der dressierte Bürger. Warum wir weniger Staat und mehr Selbstvertrauen brauchen. Frankfurt/New York: Campus 2005, S. 184–188.

Die Kapitel in Teil 4 dieses Buches stammen aus folgenden Büchern von Reinhard K. Sprenger:

Mythos Motivation. Wege aus einer Sackgasse. Frankfurt/New York: Campus 2010 (19. Auflage), S. 19–21, 35–49, 69–77, 171–182 und 240 f.

Gut aufgestellt. Fußballstrategien für Manager. Frankfurt/New York: Campus 2008, S. 24–26 und S. 97–99.

REGISTER